# SENIOR TREND 2024

## 시니어 트렌드 2024

## 머리말

2024년 어떻게 설계하고 있나요?
매해 새롭게 시작하지만, 퇴직이나 은퇴를 앞둔 분들께는
2024년은 이전과 다른 '인생의 새로운 막'을 여는 시점입니다.

시니어 트렌드는 퇴직 후 삶에 대해, 특히 '취업·창업·창직' 트렌드 키워드를 소개합니다. 또한 은퇴 후 삶에 대한 진지한 성찰과 준비를 위한 분께 '건강·현금흐름·시간' 실생활 사례를 통해 '인생 설계 방향'의 단서를 줍니다. 점차 현실 속에서 체감되는 초고령사회를 맞아, 현장 종사자께도 '미래 신산업'의 단서를 주고자 썼습니다.

시니어 트렌드는 '글로벌 트렌드, 비즈니스 트렌드, 라이프 스타일'을 중심으로 다루고 있습니다. 글로벌 트렌드를 통해 '종합적'으로 2024년을 바라볼 수 있습니다. 비즈니스 트렌드를 통해서 '정확하게' 고령친화산업을 예측할 수 있습니다. 라이프스타일을 통해서 '세밀하게' 시니어의 삶을 들여다볼 수 있습니다.

시니어 트렌드는 객관적인 트렌드 지표와 함께 37명의 전문가 기고를 통해 작성되었습니다. 100여 개 트렌드 키워드 사례를 제공합니다. 향후 서적 외에도 '동영상이나 세미나'를 통해 관심 분야별로 콘텐츠를 소개할 예정입니다. 이 책을 읽고자 하시는 분은 '글로벌 트렌드, 비즈니스 트렌드, 라이프스타일, 건강, 현금흐름, 시간'별 구성된 관심 있는 키워드나 전문가를 중심으로 볼 수 있습니다.

시니어 트렌드 2024를 통해 퇴직이나 은퇴 후 삶을 새롭게 디자인하고(Re Design), 우선순위를 재조정(Re Priority)할 수 있기를 바랍니다. 이 책이 퇴직이나 은퇴 후 삶에 대해 '호기심'을 가지고 이웃과 '어울리며' 나아가 '자기다움'을 만드는데 단서가 되길 진심으로 소망합니다.

2023년 11월
저자 **최학희**

# 추천사

## 박영란

강남대학교 실버산업학과 교수
국제제론테크놀로지학회 부회장

대한민국은 초고령사회 위기를 목전에 두고 있다. 2030년이 지나면 50대 이상 인구가 전체인구의 절반을 넘길 것이라는 관측 속에 노후가 불확실하고 불안한 사람이 늘고 있습니다. 통계청이 발표한 2023 고령자 통계에 의하면 자신의 현재 삶에 만족하는 고령자는 34.3%이고, 사회·경제적 성취는 31.2%에 불과합니다. 또한 세 명 가운데 한 명은 노후 준비를 전혀 하지 못하고 있는 것으로 나타납니다. 이와 같은 수치는 100세 시대를 살아가는 우리의 미래가 그리 밝지만은 않다는 현실을 알려줍니다.

한편 최근에는 초고령사회를 새로운 기회로 인식하고 고령친화산업 또는 시니어 비즈니스 관점에서 접근하는 개인과 조직이 증가하고 있습니다. 정부가 2006년 「고령친화산업진흥법」을 제정하고 다양한 분야에서 노인을 주요 수요자로 하는 제품 또는 서비스를 생산하는 것이 경제 성장의 새로운 동력이 될 것으로 기대했으나, 지난 10여 년 동안 고령친화산업의 성장은 기대에 미치지 못했습니다. 그러나 최근 베이비붐 세대를 겨냥한 신사업들이 증가하면서 시니어 비즈니스 지형에 새로운 변화가 나타나고 있으며, 공공과 민간 영역 모두 고령친화산업의 디지털 전환 및 장수경제(Longevity economy) 성장에 주목하고 있습니다.

「시니어 트렌드 2024」는 37명의 전문가가 100여개의 키워드를 통해 초고령사회 위기를 함께 헤쳐나갈 방향을 제시하고 있습니다. 이 책은 건강, 현금흐름, 시간의 세 영역에서 '라이프 스타일', '비즈니스 트렌드', '글로벌 트렌드' 의 세 축을 중심으로 다양한 경험과 관점을 가진 개인들의 생각과 목소리를 담고 있습니다. 각 분야에서 활동하는 전문가들이 제공하는 융복합적인 콘텐츠가 초고령사회를 맞이하는 개인의 건강하고 행복한 노후생활은 물론 시니어 비즈니스의 성공을 추구하는 기업의 길잡이가 되기를 기대합니다.

# 한눈에 보는 시니어 트렌드 2024

| 키워드 | | 시니어 트렌드 2024 키워드 | 전문가 | 책 페이지 |
|---|---|---|---|---|
| 건강 | 라이프 스타일 | 에이징테크 | 이병희 | 114 |
| | | 웰(WELL)과 스포츠 | 이해원 | 121 |
| | | 맨발걷기 | 이창희 | 123 |
| | | 스포츠 커뮤니티 | 집필진 | 42 |
| | | 노인 우울증 | | 48 |
| | | 마음 챙김 | | 51 |
| | 비즈니스 트렌드 | 디지털 헬스케어와 디지털 주치의 | 양재혁 | 185 |
| | | 노인 동반로봇 | 정의정 | 187 |
| | | 커뮤니티 케어 | 정용재 | 192 |
| | | 작은 장례 | 전승욱 | 207 |
| | | 연화식 푸드 | 최정환 | 214 |
| | | 스마트 돌봄 | 집필진 | 191 |
| | | 노인장기요양보험 | | 142 |
| | | 치매 예방 | | |
| | | 민간 투자 | | 136 |
| | | 스마트 돌봄 & 소통 | | |
| | | 모빌리티 & 인공지능 | | |
| | | 주거지원 지역 돌봄 | | 171 |
| | | 급식 서비스 | | 163 |
| | | 우수식품 & 케어푸드 | | 167 |
| | | 유니버설 K푸드 | | |
| | | 노인 다빈도 질환 & 예방 | | 150 |
| | | 정기진단 & 스마트 예방 | | |
| | | 일상생활 지원 | | |
| | | 디지털 치료제 | | |
| | | 보조기기 재활 지원 | | 156 |
| | | 디지털 헬스케어 | | |
| | | 노화 방지 & 개인 맞춤형 | | 159 |

# 차례

# 시니어 트렌드 2024를
# 발간하며

# 1-1.
# 트렌드 방향

    트렌드(Trend, 유행)는 한 사회의 어느 시점에서 특정 생각, 표현 방식, 제품 등이 그 사회에 침투 또는 확산해 나가는 과정에 있는 상태를 나타내고, 때때로는 경향을 의미하는 때도 있다. 매년 새해가 되면 수많은 전문가는 자신의 분야별 새로운 트렌드를 전망한다. 그 전망은 먼 미래에 대한 예측인 경우도 있고, 현학적인 표현으로 사실만을 나열한 경우도 있다.

    국내에 실버산업이라는 용어가 등장하기 시작한 시점은 대략 2000년대 초기다. 대학을 중심으로 실버산업 관련 학과가 등장하고, 2008년 노인장기요양보험이 등장하면서 실버산업이 본격화되었다. 2023년 장기요양 수입/지출 예산 규모는 144,739억 원에 달할 정도로 시장은 커지고 있다.[1] 고령친화산업도 2021년에 제조업이 약 22.3조 원, 서비스업이 약 50.0조 원으로 총 72.3조 원(금융산업 제외)에 달한다.[2]

    65세 이상 인구 비중이 전체 인구 대비 20% 이상인 초고령사회를 목전에 두고 있다. 전체 인구의 약 1/5이 노인인 사회가 가져올 변화는 우리가 예전에 봐왔던 것과는 양과 질에서 차

---

1) https://www.nhis.or.kr/announce/wbhaec11607m01.do
2) 한국보건산업진흥원, 2021년 고령친화산업 제조 서비스업 실태조사 및 분석, 2023년

10

이를 보일 것이다. 언론뿐 아니라 일상생활에서 '부모님 치매 돌봄, 고독사, 상속 분쟁' 등을 듣는 빈도는 눈에 띄게 증가할 것이며, 선거에 민감할 수밖에 없는 정치권에서는 고령자의 관심사에 더욱 귀를 기울이고 관련된 정책을 선보일 것이다.

이러한 아직 경험한 적이 없는 세상, 즉 사망자가 출생자보다 많고, 상속 분쟁이 이혼소송보다 많아진 세상에서는 트렌드에 대한 새로운 접근이 필요하다. 현학적 표현으로 점철된 명백한 사실(Facts)의 나열보다는 더 나은 시니어 삶을 향한 '방향'에 주목할 필요가 있다. 따라서 '시니어 트렌드 2024'에서는 소음 거리가 되는 트렌드가 아니라, 대안을 찾아보고 새로운 가능성에 주목하는 '방향'을 제시하는 데 초점을 두고자 한다.

# 1-2
# 3가지 관점 #글로벌 트렌드 #비즈니스 트렌드 #라이프 스타일

'시니어 트렌드 2024'에서는 '글로벌 트렌드, 비즈니스 트렌드, 라이프 스타일'이라는 세 가지 관점에서 새로운 방향을 탐색해 보고자 한다.

먼저 글로벌 트렌드는 국내뿐 아니라 전 세계적인 동향을 살펴본다는 접근이다. 예를 들어 노인장기요양보험이나 커뮤니티케어 등이 갑작스럽게 등장한 것으로 보이나, 이러한 제도는 고령 선진국인 일본이나 유럽 등을 벤치마킹하면서 시작되었다. 현재 거대 고령 인구를 가지고 있는 중국의 경우, 고령화에 정책적인 관심을 가졌던 초기에는 일본, 독일뿐만 아니라 우리나라에도 방문해 도입할 정책이나 산업 등을 탐색했었다. 최근 우리나라의 1인당 국내총생산(GDP)이 2021년 기준으로 약 35,000달러[3]에 달하는 등 삶의 질이 높아지자, 북유럽 등의 고령 정책에 눈과 귀를 돌리는 것도 자연스러운 현상이 되었다.

둘째로 비즈니스 트렌드라는 관점에서 바라보아야 시니어의 삶이 정확히 보인다. 매해 한국보건산업진흥원에서 실시하는 고령친화산업 제조·서비스업 실태조사 및 분석 보고서를 통해 고령자 대상 산업의 규모를 가늠해 볼 수 있는데, 전체 시장 규모는 2021년 기준으로 약

---

3) https://kosis.kr/statHtml/statHtml.do?orgId=101&tblId=DT_2KAA904_OECD

72조 원에 달한다. 크게 제조업과 서비스업으로 구분하며, 제조업은 '용품, 의약품, 의료기기, 식품, 화장품'을, 서비스업은 '요양, 여가, 주거, 급식, 금융'을 중점적으로 다룬다. 실태조사 특성상 생산액을 기준으로 하며, 수집이 가능한 1·2차 자료를 중심으로 파악하고 있다. 이러한 구분은 고령친화산업 진흥법을 기반으로 하며, 법에서는 '고령친화산업'을 '고령친화 제품 등을 연구·개발·제조·건축·제공·유통 또는 판매하는 업'이라고 정의하고 있다. 이는 법과 제도에서 정의한 기준에서 산업현장에서 제조 서비스에 종사하는 기업가와 새롭게 등장하는 스타트업의 동향 등을 파악하는 접근이다.

▌고령친화산업 제조·서비스업 실태조사 및 분석 보고서, 한국보건산업진흥원, 2021년

끝으로 라이프 스타일 관점에서 봐야 시니어의 삶을 제대로 조망해 볼 수 있다. 사람의 삶의 조건을 3가지 축으로만 정의한다면, '현금흐름(돈), 건강, 시간'을 들 수 있다. 나이가 들어감에 따라 현금흐름의 구조는 변한다. 일반적으로 다수의 수입원이 되는 근로소득의 규모는 상대적으로 줄어들게 되며, 노인의 국민연금, 기초연금 등 공공기관에서 개인에게 지급하는 소득인 공적이전소득[4]은 약 26%에 달한다. OECD 평균 공적이전소득 약 57%에는 훨씬 밑도는 수준이지만, 노인의 삶에 있어 근로소득의 비중을 일부 대체하는 소득원이다. 건강에 있어서도 기대수명은 평균 83세인 반면, 건강수명은 73세[5]다. 건강수명은 기대여명에서 질병과 사고 등으로 인해 일찍 죽거나 건강하고 생산적인 삶이 손상된 기간을 빼고 계산한 건강한 인간으로서 살아가는 기간이다. 기대수명에서 건강수명을 뺀 약 10년은 건강문제를 안고 살아가는 시기이다. 무엇보다 시간이라는 관점에서 보면, 시니어의 삶은 보다 근원적인 문제에 부딪힌다. 상대적으로 일이 줄어들고, 남은 시간을 여가로 대체하는 것이다. 또한, 이전에 비해 줄어든 이동 동선과 사회관계망에서 고립되지 않도록 하는 과제가 주어진다. 줄어든 현금흐름과 건강자산을 가지고, 시간자산을 증대시키는 것이 쉬운 일은 아니다. 일반적으로 움츠러들기 쉽고 외로운 시간으로 채워지기 쉽다. '품격 있는 노년기를 위한 24가지 체크리스트'에서 필자가 제시한 비재무적인 영역인 '사회적 나이듦, 소명적 나이듦, 영성적 나이듦, 지성적 나이듦, 감정적 나이듦'은 모두 시간과 관련되어 있다. 보다 세밀하게는 '개인적 인연, 사회적 인연, 배움, 나눔, 영성, 유산, 평생학습, 디지털 라이프, 정서적 건강, 소통과 공감 등'이 시간자산을 구축할 영역이다.

---

4) https://futurechosun.com/archives/65901

5) OECD, World Health Statistics, 2021

# 품격 있는 노년기를 위한 24가지 체크리스트, 시에나파트너스, 2023년

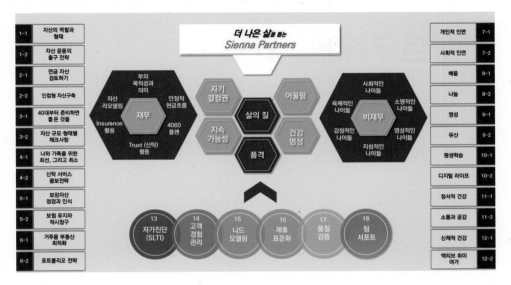

이렇듯 시니어 라이프 스타일 관점에서는 '현금흐름, 건강, 시간'의 세 축을 둘러싸고, 매슬로우가 말한 욕구 5단계의 '생리적 의식주 욕구와 안정감 안전의 욕구'를 넘어선 '소속감, 사랑, 존중, 존경, 인정, 그리고 자아실현'을 향한 다양한 삶의 모습들을 살펴볼 것이다.

# 매슬로우 욕구 5단계

# 1-3

# 트렌트 키워드 지도

시니어 트렌드 2024 키워드의 한 축인 Y축은 '건강, 현금흐름, 시간'이라는 삶의 관점에서, X축은 이를 '라이프 스타일, 비즈니스 트렌드, 글로벌 트렌드'라는 시각에서 교차해서 보았다. 각각을 전문가 그룹과 집필진이 작성해 뽑았고, 주요 키워드는 아래 표와 같다.

## ▌시니어 트렌드 2024 키워드 지도

| | 라이프 스타일 | | 비즈니스 트렌드 | | 글로벌 트렌드 | |
|---|---|---|---|---|---|---|
| | 전문가 그룹 | 집필진 | 전문가 그룹 | 집필진 | 전문가 그룹 | 집필진 |
| 건강 | • 에이징테크<br>• 웰(WELL)과 스포츠<br>• 맨발걷기 | • 스포츠 커뮤니티<br>• 노인우울증<br>• 멍 때림<br>• 웰다잉 | • 디지털 헬스케어와 디지털주치의<br>• 노인 동반로봇<br>• 스마트돌봄<br>• 커뮤니티 케어<br>• 작은 장례<br>• 현화식 푸드 | • 노인장기요양보험<br>• 커뮤니티 케어<br>• 치매예방<br>• 민간투자<br>• 스마트 돌봄 & 소통<br>• 모빌리티 & 인공지능<br>• 주거지원 지역돌봄<br>• 급식서비스 | • 치매친화적, 1인가구, 고독사<br>• 웰다잉 세대 | • AIRP(Aging In Right Place)<br>• UD(Universal Design)<br>• 세대공감 커뮤니티<br>• 건강/여가/ 소통 기술지원 |

| | | | | | | |
|---|---|---|---|---|---|---|
| | | | • 우수식품 & 케어푸드<br>• 유니버셜 K푸드<br>• 노인 다빈도 질환 & 예방<br>• 정기진단 & 스마트예방<br>• 일상생활지원<br>• 디지털 치료제<br>• 보조기기 재활지원<br>• 디지털 헬스케어<br>• 노화방지 & 개인 맞춤형 | | |
| 현금흐름 | • 시니어 소비자<br>• 콘텐츠 생산자 시니어<br>• 국채(시간분산 투자) | • 1백만 원의 가치<br>• 노인일자리<br>• 노인금융사기<br>• 거주 부동산 최적화<br>• 주택연금<br>• 주거공동체 | • 돌봄여행동반자<br>• 시니어 특화 금융<br>• 자산승계신탁, 기업승계<br>• 본인결정<br>• 유튜브 쇼핑<br>• 라이브 커머스와 비디오 커머스<br>• 평생 커리어 설계<br>• 자기돌봄과 노인돌봄 일자리<br>• 베이비붐 세대 일 코디네이터 | • 장수건강 재무 리스크<br>• 디지털금융<br>• 치매 1인 가구 | • 시니어복지파이 조리 준비할 올빼미<br>• 조부모 경제<br>• 사회적 경제<br>• 각자도생 vs 시민적 돌봄 | • 금융노년학<br>• 조부모경제 |
| 시간 | • 벌사를 다는 사람들<br>• 노인 시민<br>• 생활 인구<br>• 에센셜리즘<br>• ChatGPT<br>• 품위 있는 디지털 라이프<br>• 품격 있는 노년기와 레거시 | • 외로움 고독 장관<br>• 소셜 미션 탐험가<br>• 사회봉사<br>• 호기심천국<br>• 디지털 라이프<br>• 시간부자 | • 시니어 디지털 에이징<br>• 도시<br>• 노인을 위한 집, 시니어 코리빙 하우스<br>• 유튜브 콘텐츠 커머스 | • 고령친화도시 & 혁신주거<br>• 버킷 리스트 & 액티브 시니어<br>• 디지털 크리에이터<br>• 가상세계 | • Grey Voter<br>• 롱런과 롱런 | • 창의적인 노년기<br>• 제3의 아지트<br>• 여행+학습+커뮤니티 모델 |

전체적으로 볼 때 '비즈니스 트렌드'에서 집필진이 선정한 키워드 수가 가장 많다. 이는 고령친화산업이라는 관점에서 현장에서 일어나고 있는 정책이나 산업의 흐름을 반영하였기에 구체적인 키워드들로 등장함을 알 수 있다. 또한 고령층 삶에 있어서는 '건강'에 대한 키워드 수가 많다. 이는 '고령층'이라는 정의에서 알 수 있듯이, 나이 듦의 과정을 담아내기 때문이다. 구체적으로는 연령으로 구분하는데, 이는 사회역할과도 밀접하다. 노화 과정에서 자연스럽게 등장하는 '건강'은 죽음을 향한 연결고리에서 가장 분명하다.

고령층 삶의 관점인 '건강, 현금흐름, 시간'의 측면에서도 주된 변화 특징을 찾을 수 있다. 일반적으로 40~50대에 주된 일자리를 그만둔다. 냉엄한 현실 속에서 근로소득은 최저시급에 맞춰진다. 가족 돌봄 정도나 현금흐름 여력에 따라, 근로시간으로 월수입을 늘리려 한다. 일자리 현장을 한 번이라고 경험했다면 이 말이 무슨 뜻인지 쉽게 체감될 것이다. 60세라는 나이는 또 다른 넘기 힘든 장벽이다. 근로조건은 열악해지면서 겉으로 보이는 신체 나이가 신경 쓰이는 단계인 Age Points(연령 포인트)의 현실을 경험한다. 최근에는 50대에서도 노인 일자리를 찾는 사례가 늘고 있다. 그만큼 최저시급에 맞춰진 일자리 현실을 반영함을 볼 수 있다. 상대적으로 현금 여력이 있는 고령층은 주 2~3회에 15시간 내외의 일자리/일거리를 희망한다. 그러나 건강수명이 지나는 시점에는 시간에 관한 관심이 급증한다. 더 이상 일자리나 사회역할에서 자리를 찾기 어려워짐에 따라, 시간 관리를 어떻게 할지 고민한다. 이처럼 시니어 트렌드 키워드는 Age Points의 변화에 따라 각각의 관심사를 담고 있다. 아직은 우리 사회가 건강과 일자리 등을 통한 '현금 흐름'에 관한 관심이 고조되고 있다. 그러나 점차 후기고령자의 비중이 늘면서 관심은 점차 '시간과 웰에이징(Well Aging)과 웰다잉(Well Dying)'을 향해 키워드 비중이 늘 것으로 보인다.

트렌드 키워드 지도를 '라이프 스타일, 비즈니스 트렌드, 글로벌 트렌드' 관점에서 보면 '라이프 스타일'에 대한 현실적인 고민과 화두가 등장함을 알 수 있다. 한 번도 경험해 보지 못한 장수 시대가 펼쳐진 것이다. 예전의 환갑잔치 후 여생을 정리하던 삶이 크게 바뀌었다. 현장에서는 70대에도 마치 50대 같은 체력과 정신력으로 현역으로 살아가는 분들을 볼 수 있고,

100세를 넘어서도 여전히 활동하는 분들을 어렵지 않게 본다. 60세가 평균 수명이던 시대에서는 상상하지도, 한 번도 경험하지 못한 일들이 펼쳐진다. 외국 사례에서 소개되는 '학습-일-여가-학습-일-여가...'의 흐름은 아직 머릿속에서만 자리 잡고 있다. '롱런(Long-Run)'하듯이 새로운 역할과 노년의 모습을 탐색한다. '평생 커리어 설계'는 평생 현역의 모습을 보여준다. 마치 고등학교 3학년이 진로 설계를 하듯이, 그리고 IT 전문학원에서 포트폴리오(Portpolio)를 만든 경험이 IT업계 취업에서 중요하듯이, 3040세대에 특화된 헤드헌터의 전문성이 노인 일자리에도 접목하는 새로운 삶과 시대가 펼쳐지고 있다. 'Bertha(여성복의 장식깃)를 다는 사람들'처럼 시니어는 다양한 모습으로 활력 있게 살아간다. '노인 시민'이 갖춰야 할 자질에 대해 고민하며, '유산'을 후대에 남기기 위해 흔적을 남긴다.

글로벌 트렌드 관점에서도 더 영향력 있는 'Grey Voter'로서 '조부모 경제(Grandparents Economy)'를 통해 유산을 남기려 한다. 환경위기에 적극적으로 대처하며, 창의적인 노년기를 꿈꾸고 실행하는 미래 모델을 선보인다.

비즈니스 트렌드·관점에서는 고령층의 시공간 이동 동선에 따라 상품과 서비스를 홍보하고 판매하며, 나아가 신뢰라는 가치로 고객을 자산화하는 노력이 엿보인다. 그를 위해 고령층 삶을 생활시간표 속에서 면밀하게 분석하며, 소비자로서 지출하는 내역을 가계부로 탐색한다. 디지털 환경 속에서 고령층의 이동 동선을 분석하고 점유하려는 활동 또한 커질 것이다. 여전히 공공의 역할 속에서 '보건복지와 사회안전망' 정책의 비중이 크게 자리 잡고 있다. 점차 고령층 라이프 스타일에 기초한 삶의 이동 동선을 따라 비즈니스를 펼치려는 노력을 더욱 강화될 것이다. 이러한 노력은 '치매 1인 가구'와 같은 변화와 함께, 이전보다 넉넉한 재산을 확보한 고령층을 대상으로 한 '특화금융'과 시니어의 '본인 결정'을 지지하는 모델로 구체화될 것이다. 고령층 삶의 핵심축인 '먹고 마시고 자는 것(주거와 식생활)'을 기본으로 고령층의 주머니 사정에 따라 비즈니스 기회가 펼쳐질 것이다. 중요한 흐름은 '건강을 지원하고, 외로움이라는 시간의 적을 막는' 방향으로 비즈니스 기회가 펼쳐질 것이다.

## ┃ 시니어 트렌드 변화 방향

| | 라이프 스타일 | | 비즈니스 트렌드 | | 글로벌 트렌드 | | |
|---|---|---|---|---|---|---|---|
| 건강 | • 에이징테크<br>• 웰(WELL)과 스포츠<br>• 맨발걷기 | • 스포츠 커뮤니티<br>• 노인우울증<br>• 멍 때림<br>• 웰다잉 | • 디지털 헬스케어와 디지털주치의<br>• 노인 동반로봇<br>• 스마트돌봄<br>• 커뮤니티 케어<br>• 작은 장례<br>• 현화식 푸드 | • 노인장기요양 보험<br>• 커뮤니티 케어<br>• 치매예방<br>• 민간투자<br>• 스마트 돌봄 & 소통<br>• 모빌리티 & 인공지능<br>• 주거지원 지역돌봄<br>• 급식서비스<br>• 우수식품 & 케어푸드<br>• 유니버셜 K푸드<br>• 노인 다빈도 질환 & 예방<br>• 정기진단 & 스마트예방<br>• 일상생활지원<br>• 디지털 치료제<br>• 보조기기 재활지원<br>• 디지털 헬스케어<br>• 노화방지 & 개인 맞춤형 | • 치매친화적, 1인가구, 고독사<br>• 웰다잉 세대 | • AIRP(Aging In Right Place)<br>• UD(Universal Design)<br>• 세대공감 커뮤니티<br>• 건강/여가/소통 기술지원 | 양극화 가속 |
| 현금흐름 | • 시니어 소비자<br>• 콘텐츠 생산자 시니어<br>• 국채(시간분산 투자) | • 1백만 원의 가치<br>• 노인일자리<br>• 노인금융사기<br>• 거주 부동산 최적화<br>• 주택연금<br>• 주거공동체 | • 돌봄여행동반자<br>• 시니어 특화 금융<br>• 자산승계신탁, 기업승계<br>• 본인결정<br>• 유튜브 쇼핑<br>• 라이브 커머스와 비디오 커머스<br>• 평생 커리어 설계 | • 장수건강 재무 리스크<br>• 디지털금융<br>• 치매 1인 가구 | • 시니어복지파이 조리 준비할 올빼미<br>• 조부모 경제<br>• 사회적 경제<br>• 각자도생 vs 시민적 돌봄 | • 금융노년학<br>• 조부모경제 | |

| 시간 | | | • 자기돌봄과 노인돌봄 일자리<br>• 베이비붐 세대 일 코디네이터 | | | |
|---|---|---|---|---|---|---|
| **시간** | • 노인시민<br>• 디지털 라이프<br>• 디지털 에이징<br>• 콘텐츠 생산자<br>• 롱런<br>• Bertha를 다는 사람들 | • 외로움 고독 장관<br>• 소셜 미션 탐험가<br>• 사회봉사<br>• 호기심천국<br>• 디지털 라이프<br>• 시간부자 | • 시니어 디지털 에이징<br>• 도시<br>• 노인을 위한 집, 시니어 코리빙 하우스<br>• 유튜브 콘텐츠 커머스 | • 고령친화도시 & 혁신주거<br>• 버킷 리스트 & 액티브 시니어<br>• 디지털 크리에이터<br>• 가상세계 | • Grey Voter<br>• 롱런과 롱런 | • 창의적인 노년기<br>• 제3의 아지트<br>• 여행＋학습＋커뮤니티 모델 |
| **품격 있는 삶 모색** | | | | | | |

　이러한 2024년 고령층을 둘러싼 환경은 삶에서 '양극화'가 후년에도 심해질 것이다. 주된 일자리를 떠난 고령층이 선택한 '최저임금에 맞춰진 일자리, 소상공인 자영업자가 겪은 구조적 어려움, 투자 실패가 불러온 위기, 과도한 사교육비 부담, 부모 돌봄에 따른 경력 단절과 돌봄 부담 등'은 다수의 고령층에게 삶의 여유보다는 위기감으로 등장하고 있다. 필자가 심층 인터뷰에서 만난 수많은 고령층은 깊은 슬픔에 빠져 있다. 연금 부자인 고령층도 상당수 존재하지만, 모두가 '낀 세대'로서 겪는 아픔을 지니고 있다. 양극화는 더욱 심해지고 있다. '우울증이나 고독사 등'의 사회적 아픔의 현실은 더 적나라하게 드러날 수 있다. 반면 또 하나의 희망을 볼 수 있다. '품격 있는 삶'에 대한 관심이 커지는 점이다. 이전보다 상대적으로 현금흐름 여력이 있는 고령층은 자신의 눈높이에 맞는 삶의 모습을 찾아 나서고 있다. 과중한 부동산 비중을 조절하거나, 주거지를 생활비가 적게 드는 곳으로 이주한다. 국민연금과 함께 부족한 생활비는 노인 일자리 등을 통해 충당한다. 더 이상 남과 비교하기보다는, 남은 새로운 삶을 다시 준비하고 자신답게 살아가기를 꿈꾸고 있다. 이미 먼저 퇴직 후 삶의 모습을 보여준 선배들의 경험치를 보고 배울 수 있다. 과도한 욕심보다는 주어진 Age Points 상황에 맞게 조절할 것이다. 삶의 방향을 보다 자신만의 가치를 높이는 '목적의식과 지속가능성'에 맞춰 움직일 것이다. 자신과 가족에 관한 관심을 넘어서서 사회 전반의 품격과 후대에 대한 삶을 위하는 모습이 선보여질 것이다. 그러한 단서들을 시니어 트렌드 2024 키워드에서 찾아볼 수 있다.

## 시니어 트렌드 2024 키워드

| 키워드 구분 | | 시니어 트렌드 2024 키워드 | 전문가 | 책 페이지 |
|---|---|---|---|---|
| 건강 | 라이프 스타일 | 에이징테크 | 이병희 | 114 |
| | | 웰(WELL)과 스포츠 | 이해원 | 121 |
| | | 맨발걷기 | 이창희 | 123 |
| | | 스포츠 커뮤니티 | 집필진 | 42 |
| | | 노인 우울증 | | 48 |
| | | 마음 챙김 | | 51 |
| | 비즈니스 트렌드 | 디지털 헬스케어와 디지털 주치의 | 양재혁 | 185 |
| | | 노인 동반로봇 | 정의정 | 187 |
| | | 커뮤니티 케어 | 정용재 | 192 |
| | | 작은 장례 | 전승욱 | 207 |
| | | 연화식 푸드 | 최정환 | 214 |
| | | 스마트 돌봄 | 집필진 | 191 |
| | | 노인장기요양보험 | | 142 |
| | | 치매 예방 | | |
| | | 민간 투자 | | |
| | | 스마트 돌봄 & 소통 | | 136 |
| | | 모빌리티 & 인공지능 | | |
| | | 주거지원 지역 돌봄 | | 171 |
| | | 급식 서비스 | | 163 |
| | | 우수식품 & 케어푸드 | | 167 |
| | | 유니버설 K푸드 | | |
| | | 노인 다빈도 질환 & 예방 | | 150 |
| | | 정기진단 & 스마트 예방 | | |
| | | 일상생활 지원 | | |
| | | 디지털 치료제 | | |
| | | 보조기기 재활 지원 | | 156 |
| | | 디지털 헬스케어 | | |
| | | 노화 방지 & 개인 맞춤형 | | 159 |

| | | | |
|---|---|---|---|
| | | 치매친화적, 1인가구, 고독사 | 조범훈 | 256 |
| | | 268 | 이양원 | 272 |
| | 글로벌<br>트렌드 | AIP | 집필진 | 235 |
| | | Eden 요양원 모델 | | 236 |
| | | 치매 커뮤니티 | | 238 |
| | | 제론 테크 | | 241 |
| | | 의료 빅데이터 | | 243 |
| | | 돌봄 기술 | | 242 |
| | | 이너 뷰티 테크 | | 245 |
| 현금<br>흐름 | 라이프<br>스타일 | 시니어 소비자 | 조연미 | 106 |
| | | 콘텐츠 생산자 시니어 | 김수연 | 119 |
| | | 국채(시간분산투자) | 최원준 | 124 |
| | | 유산과 품격 | 집필진 | 127 |
| | | 1백만 원의 가치 | | 58 |
| | | 유산 | | 77 |
| | | 노인 일자리 | | 63 |
| | | 노인금융사기 | | 79 |
| | | 거주 부동산 최적화 | | 91 |
| | | 주택연금 | | 95 |
| | | 주거공동체 | | 97 |
| | 비즈니스<br>트렌드 | 돌봄여행동반자 | 유은선 | 189 |
| | | 시니어 특화금융 | 김병태 | 197 |
| | | 자산승계신탁, 기업승계 | 신관식 | 199 |
| | | 본인 결정 | 이지연 | 202 |
| | | 유튜브 쇼핑 | 이준호 | 216 |
| | | 라이브 커머스와 비디오 커머스 | 권순길 | 219 |
| | | 평생 커리어 설계 | 이기호 | 221 |
| | | 자기돌봄과 노인돌봄 일자리 | 윤서희 | 223 |
| | | 베이비붐 세대 일 코디네이터 | 집필진 | 225 |

| | | | |
|---|---|---|---|
| 비즈니스 트렌드 | 시니어 디지털 에이징 | 황지영 | 183 |
| | 도시 | 황문영 | 194 |
| | 시니어 코리빙하우스 | 김수동 | 205 |
| | 고령친화도시 & 혁신 주거 | 집필진 | 171 |
| | 버킷리스트 & 액티브 시니어 | | 176 |
| | 디지털 크리에이터 | | |
| | 가상 세계 | | 159 |
| 글로벌 트렌드 | 노년 투표층(Grey Voter) | 정용재 | 261 |
| | 롱런과 롱런 (Long Run & Long Learn) | 김재희 | 269 |
| | 지역미술관 | 집필진 | 251 |
| | 두뇌 헬스클럽 | | 252 |
| | NCCA(국립창조노화센터) | | 253 |

2

# 라이프 스타일

# 2-1
# 2024 시니어
# 라이프 스타일 방향[6]

'건강, 현금흐름, 시간'을 어떻게 보낼지는 고령층의 삶에 있어 가장 중요한 세 가지 키워드이다. 먼저 나이가 들어가며 피하기 어려운 한 가지 분명한 변화는 노화다. 기대수명에서 전체 인구의 평균 질병 및 장애 기간을 제외한 수명인 '건강수명'은 2019년 기준 73.1세다. 대표적인 질병인 만성질환의 경우 65세 이상 노인인구의 약 90~95%는 1개 이상을 보유하고 있다. 일반적으로 약 90% 이상의 노인은 1개 이상의 만성질환을 앓는다고는 하지만, 약 10%의 건강한 시니어는 그렇지 않다. 건강수명도 73세 전후의 변화보다 훨씬 빠른 경우가 있고, 100세를 넘기는 예외도 있다. 중요한 것은 각자의 현재 건강 상태에 대한 정확한 검진과 이를 바탕으로 한 건강수명의 유지다. 주변을 둘러보면 60~70세부터 건강관리를 시작한 사례도 어렵지 않게 찾아볼 수 있다. 비단 신체적인 건강 외에도 정신적인 부분도 더욱 중요해지고 있다. 특히 치매의 경우 85세 이상에서는 약 39%가 발생하고 있어 경각심이 커지고 있다.[6]

현금흐름 측면에서도 50대를 정점으로 은퇴 시점이 되면서 근로소득이 줄어들며 노후에 대한 걱정과 부담이 커진다. 특히 노인의 가처분소득 빈곤율(전체 중위 50% 기준 미달률)은

---

6)  조한종 외, 시니어 레거시, 시대인, 2023년

고연령으로 갈수록 높다. 이는 주로 근로소득이 가능했던 퇴직 전과 비교해 상대적으로 수입원이 줄어들거나 사라지기 때문이다. 은퇴 후 근로소득이 줄어드는 반면, 소비지출은 전체 대비 약 65%로 줄어든다. 전체 연령의 월 소비에서 차지하는 교육비 지출이 2% 내외로 줄어드는 반면, 보건 지출은 14%로 이전보다 늘어나는 특징을 보인다. 평균적으로 지출이 이전보다 약 35%를 줄어들지만, 소득도 고령이 될수록 함께 줄어든다.

건강이나 현금흐름보다 어쩌면 더 막막한 노후 미래는 시간의 활용일 듯싶다. 시간활용에서도 은퇴 전 근로활동을 중심으로 한 활발한 활동이 여가로 대체된다. 나이가 들어감에 따라 건강이나 현금흐름 여건과 맞물려, 시간활용에 있어 시공간의 활동 범위가 점차 줄어드는 경향을 보인다. 그래서인지 노인을 대상으로 인터뷰하면, 대중교통으로 15분에서 30분 이내를 선호한다. 이는 노인뿐 아니라 50대를 전후해서 일자리나 일거리를 구할 때 선호하는 부분이기도 하다. 은퇴 전에는 시간 대부분을 직장이나 사업장에서 보내고, 남는 시간을 여가로 선용할 수 있었다. 은퇴 후에는 시간 대부분을 차지하던 일과 관련된 활동 시간이 비게 된다. 은퇴 전의 생활 리듬을 유지하려 약속도 잡고 '제3의 장소'도 방문하며 시간·공간 동선을 유지하려 한다. 그조차도 시간이 지남에 따라 '이동 동선의 폭'이 점차 줄어들게 된다. 노화와 함께 이동성(Mobility)에 제약이라도 생기면 그 활동 반경은 더욱 줄어든다. 지금처럼 디지털 세계 속 활동이 늘어나는 시기에는 적응력에 따라 더욱 고립된 모습에 처하게 된다. 점차 무료함에 익숙해지다 보면, 1인 가구 증가 속도 및 활동 제한 여부와 맞물려 우울증까지 강화되는 경향을 보인다. 스포츠 참여와 같은 적극적 여가의 비중은 10% 미만이며, 취미·오락도 절반가량에 그치는 부분에 주목할 필요가 있다. 반면 최근 베이비붐 세대를 중심으로 한 액티브 시니어는 '관광·여행(63%), 운동·스포츠 직접 하기(51%)'에 대한 관심이 모든 연령대 중 가장 높다.

시니어 라이프 스타일의 중심축인 '건강, 현금흐름, 시간'을 연령대별로 차이를 분석해 보면 그 미세한 변화의 방향을 가늠해 볼 수 있다. 첫째, 통계청의 연령별 성별 일반건강검진 판정 현황을 보면, 2021년 기준으로 노인인구로 편입되기 직전인 60~64세 190만 명 중 정상

A와 정상B(경계)는 약 24%(약 46만 명)인 반면 유질환자는 약 45%(약 85만 명)이다. 건강수명이 지난 75~79세 약 40만 명을 기준으로 정상A와 정상B(경계)는 약 9%(약 4만 명)이며, 유질환자는 약 68%(약 27만 명)이다. 60~64세와 75~70세만 비교해도 건강상태가 정상인 비율인 각각 24%와 9%로 현격한 차이가 있음을 알 수 있다. 즉, 75세 이상에서는 10명 중 9명은 유질환자로 볼 수 있을 정도로 건강상태는 변화한다. 왜 고령층이 헬스케어에 관심이 더욱 높아지는지를 잘 이해할 수 있는 대목이다.

**▌연령별 성별 일반건강검진 판정 현황, 통계청, 2021년 기준**[7]

(단위 : 명)

| 연령별(1) | 성별(1) | 2021 3) 계 소계 | 정상A 소계 | 정상B(경계) 소계 | 질환의심 실인원 | 일반 질환의심 | 4) 고혈압, 당뇨병 질환의심 | 유질환자 소계 |
|---|---|---|---|---|---|---|---|---|
| 50 ~ 54세 | 합계 | 2,169,033 | 180,537 | 680,433 | 774,355 | 669,725 | 246,553 | 533,708 |
| | 남자 | 1,088,087 | 58,385 | 290,462 | 414,851 | 356,046 | 152,095 | 324,389 |
| | 여자 | 1,080,946 | 122,152 | 389,971 | 359,504 | 313,679 | 94,458 | 209,319 |
| 55 ~ 59세 | 합계 | 1,658,287 | 106,089 | 440,289 | 541,751 | 462,278 | 180,665 | 570,158 |
| | 남자 | 830,717 | 34,764 | 196,060 | 285,059 | 239,941 | 109,452 | 314,834 |
| | 여자 | 827,570 | 71,325 | 244,229 | 256,692 | 222,337 | 71,213 | 255,324 |
| 60 ~ 64세 | 합계 | 1,903,711 | 69,344 | 386,383 | 594,497 | 520,072 | 187,416 | 853,487 |
| | 남자 | 904,064 | 24,065 | 166,547 | 287,096 | 247,345 | 104,320 | 426,356 |
| | 여자 | 999,647 | 45,279 | 219,836 | 307,401 | 272,727 | 83,096 | 427,131 |
| 65 ~ 69세 | 합계 | 1,098,440 | 23,812 | 164,708 | 310,264 | 271,785 | 100,451 | 599,656 |
| | 남자 | 526,920 | 13,306 | 82,450 | 142,409 | 120,022 | 53,815 | 288,755 |
| | 여자 | 571,520 | 10,506 | 82,258 | 167,855 | 151,763 | 46,636 | 310,901 |
| 70 ~ 74세 | 합계 | 889,496 | 16,301 | 102,381 | 207,282 | 177,925 | 74,248 | 563,532 |
| | 남자 | 420,451 | 7,885 | 50,761 | 105,606 | 90,388 | 38,747 | 256,199 |
| | 여자 | 469,045 | 8,416 | 51,620 | 101,676 | 87,537 | 35,501 | 307,333 |
| 75 ~ 79세 | 합계 | 403,381 | 4,544 | 33,658 | 92,787 | 81,512 | 33,758 | 272,392 |
| | 남자 | 187,605 | 2,398 | 17,813 | 49,141 | 43,101 | 17,881 | 118,253 |
| | 여자 | 215,776 | 2,146 | 15,845 | 43,646 | 38,411 | 15,877 | 154,139 |
| 80 ~ 84세 | 합계 | 305,973 | 2,242 | 18,348 | 71,725 | 65,231 | 24,895 | 213,658 |
| | 남자 | 138,648 | 1,192 | 9,899 | 38,816 | 35,273 | 13,180 | 88,741 |
| | 여자 | 167,325 | 1,050 | 8,449 | 32,909 | 29,958 | 11,715 | 124,917 |
| 85세 이상 | 합계 | 85,863 | 665 | 4,328 | 22,152 | 20,430 | 7,567 | 58,718 |
| | 남자 | 33,779 | 294 | 1,974 | 10,404 | 9,613 | 3,494 | 21,107 |
| | 여자 | 52,084 | 371 | 2,354 | 11,748 | 10,817 | 4,073 | 37,611 |

고령층의 대표적인 정신 건강지표인 치매에서도 연령별로 차이를 보인다. 보건복지부 2020년 자료에 따르면, 60~64세 치매환자 유병률은 0.61이다. 반면 75~79세는 11.83으로 급격히 높아짐을 알 수 있다. 여기서 더해 85세 이상은 무려 38.71으로 10명 중 4명이 치매환자임을 알 수 있다.

---

7) https://kosis.kr/statHtml/statHtml.do?orgId=350&tblId=DT_35007_N099

## ▍시·군·구별 치매현황, 보건복지부, 2020년[8]

| 시점 | 행정구역(시도)별 | 행정구역(기조)별 | 성별 | 연령별 | 노인인구수 | 치매환자수 | 치매환자유병률 |
|---|---|---|---|---|---|---|---|
| 2020 | 전국 | 전국 | 전체 | 60~64세 | 3804709.5 | 23350.26 | 0.61 |
| 2020 | 전국 | 전국 | 전체 | 65~69세 | 2635592 | 36620.52 | 1.39 |
| 2020 | 전국 | 전국 | 전체 | 70~74세 | 2000708.5 | 77236.58 | 3.86 |
| 2020 | 전국 | 전국 | 전체 | 75~79세 | 1602662.5 | 189626.57 | 11.83 |
| 2020 | 전국 | 전국 | 전체 | 80~84세 | 1110911.5 | 232892.5 | 20.96 |
| 2020 | 전국 | 전국 | 전체 | 85세이상 | 784800 | 303815.65 | 38.71 |
| 2020 | 전국 | 전국 | 전체 | 60세이상 | 11939384 | 863542.09 | 7.23 |
| 2020 | 전국 | 전국 | 전체 | 65세이상 | 8134674.5 | 840191.82 | 10.33 |

둘째, 현금흐름 측면에서 보면 연간 총소득에서 연령별 규모나 내용에서 차이를 보인다. 60~64세의 2021년 평균소득은 273만 원이며 중위소득은 197만 원이다. 반면 65세 이상자의 평균소득은 178만 원이며 중위소득은 126만 원이다. 노인이 되면서 직전 연령인 60~64세 대비 각각 95만 원(-35%), 71만 원(-36%)이 줄어든 금액이다.

## ▍성별 연령별 소득, 통계청, 2021년[9]

(단위 : 만원)

| 성별(1) | 연령대별(1) | 2017 평균소득 | 2017 중위소득 | 2018 평균소득 | 2018 중위소득 | 2019 평균소득 | 2019 중위소득 | 2020 평균소득 | 2020 중위소득 | 2021 평균소득 | 2021 중위소득 |
|---|---|---|---|---|---|---|---|---|---|---|---|
| 총계 | 총계 | 287 | 210 | 297 | 220 | 309 | 234 | 320 | 242 | 333 | 250 |
| | 19세 이하 | 74 | 50 | 78 | 50 | 84 | 52 | 96 | 61 | 89 | 56 |
| | 20~24세 | 149 | 144 | 155 | 159 | 168 | 179 | 173 | 183 | 180 | 189 |
| | 25~29세 | 229 | 213 | 237 | 221 | 251 | 237 | 258 | 241 | 271 | 250 |
| | 30~34세 | 290 | 265 | 299 | 272 | 312 | 285 | 319 | 290 | 333 | 300 |
| | 35~39세 | 331 | 295 | 341 | 302 | 356 | 317 | 368 | 325 | 388 | 336 |
| | 40~44세 | 348 | 284 | 362 | 298 | 379 | 317 | 392 | 329 | 413 | 343 |
| | 45~49세 | 355 | 251 | 367 | 262 | 382 | 280 | 394 | 293 | 414 | 306 |
| | 50~54세 | 351 | 226 | 360 | 236 | 375 | 250 | 388 | 261 | 407 | 273 |
| | 55~59세 | 312 | 199 | 320 | 205 | 337 | 220 | 352 | 230 | 365 | 240 |
| | 60~64세 | 234 | 159 | 235 | 169 | 254 | 184 | 263 | 190 | 273 | 197 |
| | 65세 이상 | 154 | 105 | 168 | 122 | 162 | 112 | 172 | 118 | 178 | 126 |

이렇게 줄어든 소득은 소비지출에도 영향을 미친다. 대부분 근로소득의 감소가 미치는 영향으로 추정되는데, 줄어든 소득여력은 길어진 노후와 소비지출에서 변화로 이어진다. 60세

---

8)  https://www.data.go.kr/data/15073342/fileData.do

9)  https://kosis.kr/statHtml/statHtml.do?orgId=101&tblId=DT_1EP_2010&conn_path=I2

이상 가구의 월평균 소비지출[10]을 살펴보면, 전체 연령의 소비지출액은 약 290만 원인 반면 60세 이상 가구는 약 190만 원으로 약 34% 줄어든 것을 알 수 있다. 세부 항목에서는 60세 이상 가구에서는 '식료품(21.2%) > 주거·수도·광열(15.9%) > 보건(13.9%) > 교통(11.4%) > 음식·숙박(10.7%) > 오락·문화(5.2%) > 통신(5.0%) > 의류·신발(3.3%)'의 순서를 보이며, 교육은 전체 연령 소비지출에서 차지하던 9.7%에서 1.7%로 급격히 줄어듦을 알 수 있다. 물론 평균 지출액이기에 세부적으로는 노후의 삶에서 발생하는 현금흐름의 수준에 따라 편차가 클 수 있다. 다만 전반적으로는 기본적인 생활인 식료품과 주거·수도·광열, 그리고 보건, 교통이 전체의 약 62%를 차지하는 기본적인 구성임에 주목해야 한다. 또한 나이가 들어감에 따라 보건지출이 전체 연령의 9.3% 비중에서 60세 이상에서는 13.9%로 약 49%나 증가함이 눈에 띈다. 부족한 소득은 노인은 2020년 기준으로 사적이전소득에서 약 12%를, 공적이전소득에서 약 22%를 지원[11]받아 부족한 부분을 채워감을 엿볼 수 있다.

셋째, 시간에서는 50대는 일에 4시간 20분을 사용하나, 65세 이상은 1시간 28분에 그친다. 또한 문화 및 여가활동은 50대는 3시간 35분이며, 65세 이상은 5시간 26분으로 증가한다. 이동은 50대의 1시간 42분에서 65세 이상에서는 1시간 12분으로 줄어든다. 즉 평균시간에서의 큰 변화는 일자리의 변화로 인해 50대 대비 2시간 53분의 여분의 시간이 남는다. 여기에 주로 일 관련 이동으로 추정되는 이동도 30분 가량 남게 되고, 이는 주로 문화 및 여가활동으로 111분이 쓰이는 것으로 보인다.

---

10) 한국소비자원, 2019 고령 소비자의 소비생활 진단 및 시사점, 2020년

11) https://kosis.kr 통계청 국가통계포털

## ▌연령대별 평균시간, KOSIS, 2019년[12]

(단위 : 시간:분)

| 연령대별 | 행동분류별 | 2019<br>요일평균<br>계 |
|---|---|---|
| 50~59세(50대) | 계 | 24:00 |
| | 개인유지 | 11:19 |
| | 일 | 4:20 |
| | 학습 | 0:05 |
| | 가정관리 | 1:52 |
| | 가족 및 가구원 돌보기 | 0:08 |
| | 자원봉사 및 무급연수 | 0:01 |
| | 교제 및 참여활동 | 0:57 |
| | 문화 및 여가활동 | 3:35 |
| | 이동 | 1:42 |
| | 기타 | - |
| 65세 이상 | 계 | 24:00 |
| | 개인유지 | 12:10 |
| | 일 | 1:28 |
| | 학습 | 0:02 |
| | 가정관리 | 2:09 |
| | 가족 및 가구원 돌보기 | 0:08 |
| | 자원봉사 및 무급연수 | 0:02 |
| | 교제 및 참여활동 | 1:23 |
| | 문화 및 여가활동 | 5:26 |
| | 이동 | 1:12 |
| | 기타 | - |

시간활용의 질(Quality)에 있어서 문화 및 여가활동의 경우 65세 이상의 2020년 기준 여가 · 문화활동 참여율[13]을 보면, 스포츠 참여와 같은 적극적 여가의 비중은 10% 미만이며, 취미 · 오락도 절반가량에 그치는 부분에 주목할 필요가 있다. 최근 베이비붐 세대를 중심으로 한 액티브 시니어의 등장은 이러한 생활시간표의 변화가 감지된다. 이들은 '관광 · 여행(63%), 운동 · 스포츠 직접하기(51%)에 대한 관심이 모든 연령대 중 가장 높았다.[14] 더 충실한

12) https://kosis.kr/statHtml/statHtml.do?orgId=101&tblId=DT_1TS202004&vw_cd=MT_ZTITLE&list_id=B_9_002_001&seqNo=&lang_mode=ko&language=kor&obj_var_id=&itm_id=&conn_path=MT_ZTITLE

13) https://doi.org/10.5392/JKCA.2022.22.01.611

14) 한국보건사회연구원, 노인의 여가 및 정보화 현황, 2021년

생활시간표를 적극적으로 채우려는 관심과 노력이 엿보인다.

　나이가 들어간다는 것은 '건강, 현금흐름, 시간' 세 가지 중심축의 변화를 뜻한다. 이는 시니어 라이프 스타일에도 거시적인 환경변화의 배경으로 작동한다. 이러한 환경변화 속에서 최근 주목하는 라이프 스타일 키워드는 '품격'이다. 시니어 레거시에서 소개하고 있는 '품격 있는 노년기를 위한 체크리스트'를 '건강, 시간, 현금흐름'의 세 가지 축으로 재구성해서 살펴보면 다음과 같다.

# | SLTI(Senior Lifeways Type Indicator) 지표 구성

| 재무/비재무 | 라이프 지표 | 6대 지표 | 12개 세부 항목 | 24개 세부 항목 |
|---|---|---|---|---|
| 재무 | 현금흐름 | 자기 결정권 | 4060 플랜 | 40대부터 준비하면 좋은 것들 |
| | | | | 자산규모 형태별 체크 사항 |
| | | | Trust(신탁) 활용 | 나와 가족을 위한 최선, 최소 |
| | | | | 신탁서비스 콤보 전략 |
| | | 지속 가능성 | Insurance 활용 | 보장자산 점검과 인식 |
| | | | | 보험 유지와 적시 청구 |
| | | | 자산 리모델링 | 거주용 부동산 최적화 |
| | | | | 포트폴리오 전략 |
| 비재무 | 시간 | 삶의 질 | 부의 목적성과 의미 | 자산의 역할과 형태 |
| | | | | 자산 운용의 출구 전략 |
| | | | 안정적 현금흐름 | 연금자산 검토하기 |
| | | | | 인컴형 자산 구축 |
| | | 품격 | 소명적인 나이듦 | 배움 |
| | | | | 나눔 |
| | | | 지성적인 나이듦 | 평생교육 |
| | | | | 디지털 라이프 |
| | 건강 | 어울림 | 사회적인 나이듦 | 개인적 인연 |
| | | | | 사회적 인연 |
| | | | 감정적인 나이듦 | 정서적 건강 |
| | | | | 소통과 공감 |
| | | 건강과 영성 | 육체적인 나이듦 | 신체적 건강 |
| | | | | 액티브 취미 여가 |
| | | | 영성적인 나이듦 | 영성 |
| | | | | 유산 |

# 어울림 #외로움 고독 장관 #스포츠 커뮤니티 #소셜 미션 탐색가

    사람은 나이가 들어가면서 사회적으로도 나이가 들어간다. 가정, 지역사회, 국가적으로 역할과 책임이 달라진다. 나이듦에 따른 개인 스스로의 인식과 사회에서 바라보는 인식의 변화가 수반된다. 누구나 나이가 들어가면서 사회적 역할에서 조금씩 벗어나거나 새로운 역할을 맡게 된다. 또한 그들이 속한 집단과의 관계와 상호작용 방식도 변화한다. 사회적인 나이듦은 생물학적 노화(물리적 · 생리학적 · 인지적 변화)와 달리 개인이 사회적으로 변화하는 방식으로, 나이듦의 과정에서 경험하는 사회적 상호작용, 사회적 지위, 사회적 관계 그리고 고령자 본인이 아닌 사람들과의 관계를 다룬다. 가족과 친척 같은 혈연적인 관계의 개인적 인연과 지역사회 또는 사회 생활하며 맺은 이웃이나 동료, 동무 같은 사회적 인연을 갖게 된다.

    나이가 들어가면서 어울림이 더욱 중요해지는 이유는 첫 번째로 노화에 있다. 대부분 노화로 인해 점차 활동 영역이 축소된다. 비단 이동(Mobility)뿐 아니라 시력이나 청력과 같은 부분에서도 장애가 발생한다. 50대만 넘어서도 눈이 침침해지거나 그동안 신체관리를 잘못한 흔적으로 체형변화와 같은 크고 작은 불편들을 경험한다. 이는 자연스럽게 이동거리에 대한 부담이나 소통거리의 장애로도 나타난다. 고령자친화도시(Aging Friendly City)와 같은 개념들도 노화에 대한 대응으로 관심을 받게 된다.

    두 번째로 어울림이 중요한 이유는 크고 작은 상실 경험에 기인한다. 대표적으로 '슈퍼노인 증후군, 빈둥지증후군, 애도증후군' 등을 꼽을 수 있다. 사회적 역할 상실로 발생하는 슈퍼노인증후군은 은퇴 이후에도 현업에 있을 때처럼 바쁜 일상을 살아야 한다는 강박에 시달리는 증후군이다. 은퇴와 나이듦으로 인해 과거보다 역할 발휘를 못 하는 상황에 죄책감을 느끼거나 스스로를 사회 낙오자로 여기며 괴로워한다. 또는 무리한 계획을 세워 일정을 소화하느라 건강이 악화되기도 한다. 이러한 증상은 퇴직이나 은퇴 전의 경험이 화려할수록 더 강하게 나타난다. 은퇴 이후에 갑작스럽게 텅 빈 일정 변화와 이전의 꽉 찬 활동의 빈자리가 더욱 크게 느껴진다. 또는 이전에 못 하던 취미에 푹 빠지는 경우도 있다. 필자도 퇴직 후 가진 2~3년의 퇴직 허니문 동안 맨발로 북한산과 알프스, 히말라야까지 걸었던 기억이 난다. 맨발로 다녔기에 발바닥을 벌에 쏘이기도 했다. 대학 시절에 좋아하던 테니스에도 푹 빠졌었다. 추운 겨울에 땀에 흠뻑 젖은 등줄기를 보며 큰 희열을 느끼던 기억도 생생하다. 그러나 빈 시간을 이왕이면 건강한 활동으로 채우려던 노력은 부작용을 주기도 한다. 과도한 맨발걷기로 땅을 쳐다보며 걷다 보니 생긴 목디스크라던지, 충분한 사전 스트레칭 없이 과도한 운동에 의한 허리부상 등이 그 예다. 주변의 퇴직자를 관찰하다 보면, 초기의 과도한 활동의 부작용을 종종 보곤 한다. 그런데 이는 건강 측면의 위험뿐 아니라 재무적인 손실까지 동반한다. 명함을 만들려고 노력하는 가운데, 혹자는 월세로 수백만 원 나가는 오피스텔을 계약한다. 처음에야 이전의 경력으로 지인이나 후배들의 도움으로 활발한 모양을 보이지만, 몇 년 지나지 않아 텅 빈 사무실로 변한다. 그나마 모아두었던 현금도 사업구상이라는 핑계로 크게 지출한다. 여기서 더 나가 당장 생계활동을 해야 한다는 중압감은 준비가 부족한 창업으로 이어진다. 이중 다수는 지속하기 어려운 매출과 수익에 노출된다. 살아남거나 큰 수익을 낸다고 하더라도 퇴직 전 생각하던 삶과는 다른 경우가 확률적으로 상당히 높다. 사업을 유지한다는 것 자체가 매우 어렵고 처절한 생존의 문제임을 확인하는 데 그리 오랜 시간이 걸리지 않는다. 이것저것 시도하다 다른 사람들과의 경쟁심도 발생한다. 자신의 퇴직 전 타이틀과 경험이 퇴직 이후 소상공인인 자신의 상황과 비슷할 거란 착각에 빠진다. 창업 초기의 스타트업이 마치 대기업과 같은 사고와 움직임으로 사업을 폼나게 운영하려 하지만, 이내 처절한 실패를 맛볼 확률이 상당하다. 그나마 7년 이상 버틴 사업자의 경우도 속 사정을 살펴보면, 말로 하기 어려운 고난의 경험을 수북이 쌓아놓고 있는 경우가 태반이다. 언론이나 주변에 등장하는 아주 소수의 성공이 자신의 스토리일 것이라는 기대가 깨지는 데 그리 오랜 시간이 필요하지 않다.

민간영역 외에도 공공영역에서 큰 지위에 있던 경우도 유사한 슈퍼노인증후군에 시달리는 경우가 늘고 있다. 소위 '왕년에'라는 자부심이 은퇴 후의 삶에서 변했음을 느끼는 것은 이제는 흔한 현상이 되어가고 있다. 사회적 관계에서 조금씩 실망한 고령자는 가정에서의 역할에 관심을 가지려 한다. '삼식이'라는 불명예를 떨쳐버리고자 남성 시니어 요리교실에도 참여해 본다. 퇴직 전에는 너무 바빠 주말도 가족과 함께 시간을 보내지 못 해 봤는데, 이제라도 함께 소통하려고 노력한다. 그런데 현실은 처참할 수 있다. 최근 MZ 세대는 2~3년 차이도 세대차이를 느낀다고 말한다. 하물며 가족 구성원 간의 나이 차는 수십 년이 기본이다. 가족이라는 구성체계로 같은 공간에 있었지만, 소통의 양과 질이 충분하지 못한 경우도 많다. 이제라도 자녀들과 함께 소중한 시간을 보내려 하지만, 그들은 훌쩍 커버렸다.

가정에서의 역할상실인 '빈둥지 증후군'이 기다리고 있다. 빈둥지 증후군은 자녀가 취직, 결혼 등으로 출가 또는 독립하며, 주 양육자였던 부모가 상실감과 외로움 등을 느끼는 증상이다. 이는 여성에게서 특히 강한데, 갱년기와 맞물려 나타나는 경우가 많아 '폐경기 증후군'의 한 갈래로 보기도 한다.[15] 일반적으로 우울증을 비롯해 목적상실로 인한 무기력증, 자녀의 독립생활 및 스스로에 대한 불안감 등을 호소한다고 알려져 있다. 시간이 더 흘러 배우자와의 사별인 애도증후군에도 노출된다. 사랑했던 사람과의 사별로 인해 신체적 · 정신적으로 어려움을 겪는 증상이다. 애도증후군은 사별 후 수개월, 수년이 지났음에도 극도의 슬픔이 지속되거나 눈물이 나고 우울증이나 불면증에 시달리는 등 정상적인 생활이 불가능해지기도 한다. 이는 비단 사랑하는 사람뿐 아니라 대상과도 관련이 있다. 반려동물의 죽음에 따른 펫로스(Pet Loss) 증후군이 이를 반영한다. 깊은 유대감을 느낀 반려동물의 상실도 슬픔을 동반한다. 반려동물이 없는 경우에는 주변의 지인의 사망 소식 특히 친구의 죽음을 접하면 상실감을 크게 느낀다. 점점 세상에서 사랑하는 대상이 줄어들고 사라진다는 슬픔은 깊은 우울감으로 자리잡기도 한다.

어울림이 필요한 또 다른 이유는 시대 특성을 반영하기 때문이다. 즉 현대인들은 의식주뿐 아니라 삶을 조금 더 잘 살아가고 싶은 고민을 하는 세대다. 베이비붐 세대가 노인 세대에 합류하면서, 경제적인 측면에서 더 여유 있는 계층의 수가 늘고 있다. 충분한 경제발전을 이룬

---

15) 브라보마이라이프, 상실의 세대 사라지지 않는 나로 살아가기, 2023년 7월

결과, 소득수준의 차이는 있을지언정 대부분 굶어 죽을 걱정을 하는 경우는 많지 않다. 사람들은 어떻게 하면 더 행복해질 수 있을지, 나란 사람은 어떤 사람인지, 어떤 방법으로 자아실현을 할 수 있을지 고민하기 시작했다. 그 중심에는 나의 위치를 설명하는 사회적인 나이듦(Social Aging)이 자리잡고 있다. 노년기에도 여전히 가족, 친척, 이웃, 친구와의 관계는 중요하다. 이러한 어울림은 사회적으로 연결되어 있음을 느끼게 하며, 이웃들을 통한 정서적 안정감과 사회적 연결성을 제공받는다. 이는 활동적인 노년기로 이끌어 함께 어울려 여가활동을 즐기거나 봉사활동을 하면서 신체적 건강, 정서적 안정감과 더불어 성장과 발전에도 영향을 미친다.

사례 1 **외로움 고독 장관**

고령 선진국에서는 어울림이 원활하지 못해 발생하는 외로움 문제를 사회 차원에서 다뤄야 한다고 강조한다. 영국은 2018년 1월, 세계 최초로 '외로움부장관(Minister for Loneliness)' 직을 신설하고, 사회체육부장관 겸직으로 임명했다.[16] 외로움을 줄이는 일이 의료비는 물론 교통사고와 범죄, 극단적인 선택을 줄이는 것과 직결된다고 봤기 때문이다. 영국은 Loneliness Awareness Week(외로움인식주간)[17]을 통해 외로움에 대한 인식을 높이고 사람들이 외로움에 대해 이야기하도록 하는 데 전념하는 캠페인도 펼치고 있으며, 외로움에 대해 가족과 친구, 또는 동료와 대화를 나누면서 지원 커뮤니티를 만든다.

❙ **외로움인식주간 캠페인, Marmalade Trust 자선단체 주최**

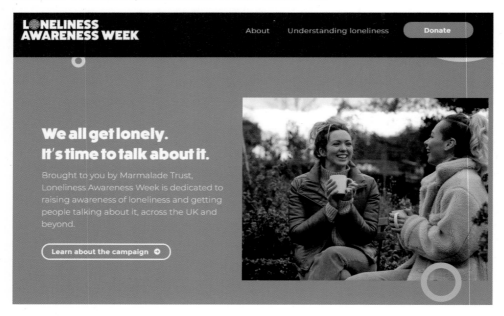

16) https://www.joongang.co.kr/article/25083848

17) https://www.lonelinessawarenessweek.org/

일본 역시 코로나19 이후 극단적 선택을 하는 이들이 급증하면서 2021년 2월 '고독 · 고립 담당 장관'을 임명하고, 총리관저 내각관방에 고독 · 고립 대책실을 출범시켰다. 이는 국가 책임 아래 고독에 방치된 사람들을 본격 지원하겠다는 의지다. 고독 · 고립 대책 담당실에서는 소셜미디어를 활용한 실태 파악 및 고독 · 고립 관계 단체의 제휴 지원, 고독 · 고립 대책에 임하는 NPO(비영리기관)에 대한 긴급 지원책을 추진하고 있다. 기본 방향[18]은 '고립 · 고립에 빠져도 지원을 요구하는 소리를 내기 쉬운 사회를 만든다.'로 결정하였다. 고독 · 고립에 빠진 사람을 끊임없는 상담 지원으로 연결시키며, 사람과 사람 간의 '유대'를 실감할 수 있는 지역 만들기를 추진한다. 이를 위해 고독 · 고립 대책에 힘쓰는 NPO(비영리기관) 등의 활동을 세심하게 지원하고 연계를 강화하는 방향으로 추진되고 있다.

우리나라도 2021년 기준 고독사 사망자 수[19]가 총 3,378명으로 증가 추세에 있다. 2021년 기준 연령대별 자살률[20]은 인구 10만 명당 80세 이상(61.3명)이 가장 높았고, 뒤이어 70대(41.8명), 50대(30.1명), 60대(28.4명) 순으로 나타났다. 이러한 배경에는 노인들 스스로 사회적 가치가 없는 사람이라고 여기면서 고립감이나 외로움, 우울함 등을 느끼게 되었고, 삶의 의욕도 잃어간 점이 크게 반영되었다. 노인자살은 가족구조 변화와 은퇴 후 사회적 역할의 축소 · 상실, 배우자 사망, 신체기능 저하, 경제력 감소 등 노년기에 맞닥뜨리는 여러 가지 삶의 변화와 문제들이 복합적으로 작용해서 발생한다.[21] 초고령사회를 맞아 65세 이상 노인인구가 전체의 20%에 근접하고 있어, 외로움 고독 장관에 관한 관심이 점차 커질 것으로 전망된다.

---

18)  서울시복지재단, 한일 고립가구—고독사 예방 위한 교류 협력 강화 보도문, 2023.7.19

19)  https://www.mohw.go.kr/react/al/sal0301vw.jsp?PAR_MENU_ID=04&MENU_ID=0403&page=1&CONT_SEQ=374084

20)  https://www.mohw.go.kr/react/al/sal0301vw.jsp?PAR_MENU_ID=04&MENU_ID=0403&page=1&CONT_SEQ=373035

21)  https://health.chosun.com/site/data/html_dir/2023/01/31/2023013101761.html

만약 은퇴 후에 신체도 건강하고 현금흐름도 탄탄한 고령자가 있다고 가정하자. 그들의 가장 큰 관심사는 무엇일까? 고액 자산가를 중심으로 한 심층 인터뷰를 진행해 보니, 함께 어울릴 수 있는 스포츠 커뮤니티에 관한 요구가 큰 사례가 있었다. 안정적인 현금흐름 구조를 만들기 위해 바삐 활동해 온 그는 건강도 챙기고, 새로운 친구도 만날 수 있는 모임을 추천받기를 원했다. 스포츠와 관련해서 겪은 몇몇 사례를 보면, 골프를 칠 경우에는 함께 즐기는 사람들이 줄어드는 것에 대한 두려움을 발견할 수 있다. 나이가 들며 스스로 운전하기도 힘들어지고, 함께 하던 지인들도 점차 건강 문제에 시달리는 것을 보게 된다. 특히 은퇴 후 골프를 즐기겠다고 마음먹고 지인이 적은 곳에 이주한 고령자일 경우 곤란에 처하기도 한다. 새로운 장소에서 새로운 친구들을 사귀기라도 하면 좋지만, 그게 말처럼 쉽지만은 않다. 게다가 적잖게 발생하는 비용 또한 문제가 된다. 노년의 삶에서 모아둔 돈의 규모에 상관없이 자산이 줄어드는 것을 보는 것이 편하지만은 않다. 비용을 줄이려는 노력은 점차 골프보다는 다른 운동이나 스포츠를 향하게 한다. 필자의 또 다른 지인은 축구와 같이 다소 과격한 운동을 택했는데, 일정 나이가 되고 작은 부상에 대한 공포로 그만두게 된 경우를 볼 수 있다. 배드민턴이나 자전거를 즐기는 사람도 크고 작은 부상을 겪고는 움츠리게 된다. 가장 흔한 취미로 꼽는 등산조차도 일반적으로 볼 때 일정 나이가 넘는 순간 무릎관절에 대한 부담으로 빈도나 정도를 줄이는 모습을 본다. 수영이나 필라테스와 같은 노인에게 추천되는 운동의 경우, 어울림의 빈도가 줄어들어 새로운 소통의 가능성을 찾는 방향을 찾는다. 예를 들어 노블카운티의 경우 수영장을 지역주민에게 개방하고 아이들이 함께 즐기도록 한다. 앞으로 점차 필라테스와 같은 재활에 대한 수요는 꾸준할 것으로 보인다. 노화의 속도를 늦추고, 일정 부분 훼손된 신체 균형을 스트레칭이나 전문적인 재활지원과 병행하려는 시도는 관심을 받을 것이다. 다만 정적인 활동이기에 여기에는 지도인력과의 소통이나 함께 어울리는 동료들과의 친밀감을 높이는 활동이 병행되어야 한다. 지인 중 중대 질병으로 신체적 사회적 활동이 줄어든 사례가 있다. 일자리나 일반적인 사교모임이 어려워졌지만, 그나마 당구 실력이 출중하고 어울림의 경험이 많았다. 지금도 여전히 하루의 상당 부분을 마치 제3의 장소처럼 활용한다. 그곳에는 놀이와 스포츠가 있고, 사람이 있고, 어울림이 있다.

일본의 요양시설 중 스포츠센터의 역할을 병행하도록 설계된 사례[22]가 있다. 해피라이프 (간병사업자)를 경영하는 쓰지카와 야스시는 피트니스센터를 운영한다. 일반적으로 생각할 때, 재활치료에 특화된 고령자 전용 시설을 떠올리기 쉽다. 그러나 그는 주로 킥복싱 다이어 트, 퍼스널 트레이닝, 요가 같은 20~30대를 대상으로 한 피트니스센터를 운영한다. 이는 간 병 인재와 이용자를 확보하기 위한 것으로, 트레이너로 활동하는 젊은 인재를 간병 사업에 활 용하는 방안을 모색하려는 목적이 있다. 또한 회원들의 간병 상담을 통해 피트니스 사업과 고 령자를 위한 재활 사업의 연결고리를 찾고 있다. 고령층을 위한 스포츠 커뮤니티는 20~30 대를 대상으로 한 피트니스센터와는 결이 살짝 다르지만, 세대 간 어울림이라는 키워드가 은 근하게 묻어 있다. 결국 스포츠 커뮤니티는 사람들이 자연스럽게 건강과 소통을 증진하는 어 울림의 현장이다. 지금도 동네 게이트볼장에서 고령층의 웃고 떠드는 소리가 생생하다. "오 늘 점심 내기는 진 팀에서 냉면 사는 거야."

### 사례 3 소셜 미션 탐색가

베이비붐 세대의 은퇴가 본격화되면서 더 활동적인 액티브 시니어가 늘고 있다. 경제발전 과 민주화운동을 겪은 이들은 이전 고령층보다 신체적·경제적으로 윤택한 편이다. 무엇보다 서울시50플러스재단과 같은 지원조직들의 활발한 활동의 혜택을 맛본 세대다. 퇴직을 앞두 고 인생재설계라든지 새로운 일자리라든지 다양한 탐색의 가능성과 사례를 살펴볼 수 있다. 그래서인지 선배 고령자들이 창직이라는 개념으로 만들어 놓은 길을 주변에서 어렵지 않게 볼 수 있다. 공공기관 및 대기업을 중심으로 한 퇴직 준비 단계의 사전교육 프로그램들도 일 정 부분 새로운 시각을 갖는 데 도움을 주었다. 무엇보다 사회적기업(Social Venture)을 육

---

22)   쓰지카와 야스시, 요양 간병 창업&비즈니스, 2017

성하는 한국사회적기업진흥원이 2010년 12월에 발족되면서 다양한 시도들이 진행되었고, 2005년 설립된 한국노인인력개발원을 중심으로 한 시니어클럽 연계 노인일자리사업도 새로운 가능성을 탐색하는 지원군이 되었다. 여기에 2005년에 설립된 희망제작소의 다양한 탐색과 실험들이 새로운 소셜 미션(Social Mission)으로 노후의 삶의 목표로 지향하는 이들의 탄생을 도왔다. 예를 들어, 여러 시도들을 거쳐 신중년의 길잡이 되겠다는 '패스파인더(Path Finder)'처럼 팬슈머 활동을 만들어내고 있다. 김만희 대표는 좋아하는 것과 일을 연결하는 방법으로 '재미와 실행–가치와 같이–도전과 실행'을 거쳐 신중년이 가치 있는 인생 2막을 열수 있다고 강조한다. 그는 지역과 관계를 맺는 것도 신중년의 필요와 성향에 따라 '지역여행–지역 살아보기 탐색–지역 살아보기–지역 팬슈머 활동–장기 살아보기–귀농귀촌'이라는 로드맵을 직접 체험하며 수년째 실천하고 있다.

**▌패스파인더, 신중년 지역과 관계 맺기**

신중년, 필요와 성향에 따라 지역과 다양한 관계 맺기

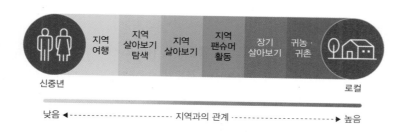

필자가 활동하는 사단법인 시니어라이프는 매주 정기 모임을 통해 학습과 소통을 이어가고 있다. 코로나19 시기에 어쩔 수 없이 시도한 Zoom을 통한 미팅 경험은 이후 구성원들이 각기 다른 지역이나 해외 방문 시에도 연결되어 학습과 소통을 지속하고 있다. 매년 핵심 연구 과제를 설정해 공동으로 학습하고 실천방안을 모색하는데, 2023년은 'K시니어 라이프 스타일'을 과제로 삼았다. 2019년에는 '시니어 프라이드, 시니어 라이프의 5가지 제언'이라는 저

작물을 제작하고, 공공교육을 시도했다. 참여자는 50대부터 70대 후반까지로 구성되어 있으며, 철학, 건강, 커뮤니티, 디지털, 비즈니스, 푸드, 문화예술, 디자인 등 각 분야에 전문성과 관심을 가진 이들이 모여 활동했다. 이들 중 다수는 매일 설레는 삶을 살아가고, 매일 같은 공간을 거닐더라도 노년이 주는 탐색을 즐기며, 스스로 연구과제를 설정해 학습하고 공유한다. 아침에 가방을 메고 길을 나서는 모습에서, 책장을 넘기며 사색하는 모습에서, 과거의 화려함보다는 오늘과 내일을 위하는 마음에서 소셜 미션을 엿본다.

또한 기후위기와 환경문제에 행동하는 노인을 의미하는 '그레이 그린(Grey Green)'이 국내에서도 출범했다. '60+기후행동'은 '손주들이 살아갈 지구, 노년이 함께 지키겠습니다.'라고 창립선언문에 밝혔다. 그들은 '지금 여기가 긴급 상황이고 재난 상황이라는 엄중한 사실을 환기하고 싶었다. 화재를 진압하기 위해 출동하는 소방차와 같은, 생사의 기로에 있는 생명을 구하러 달려가는 소방대원과 같은 심정'이라며 기후위기 대응을 촉구한다. 모임을 이끄는 고령자들은 삶의 관심과 목적을 자신만을 위한 것을 넘어서서, 손주들이 살아갈 지구환경으로 지경을 넓히고 있다.

최근에 오래된 선배 노인의 삶을 보면서, 존경스럽다는 표현까지 생각이 든 사례가 있다. 평생을 자신보다는 이웃을 위해 살아가는 것을 생각과 행동으로 보여준 선배다. 10여 년 전에만 해도 그의 '다 해준다.'라는 소개 인사를 독특한 것으로만 인식했었다. 그러나 시간이 지나며 선배의 삶의 궤적을 지켜보면서, 그 말이 정말이구나 무릎을 치게 되었다. 노인인구에 합류하면서 국민연금생활이 가능해지자 이제는 조금 더 내려놓고, 이웃을 향한 일들을 모색하고 있다. 아무도 관심 없을 듯한 장애인 인식사업이나 불법 이민자 지원 활동 같은 사업들이다. 어떻게 사회문제를 정확하게 파악해서 현실세계에서 통제 가능한 방식으로 풀어갈지를 진지하게 고민한다. 아주 작은 시작점이라도 할 수 있는 본질 영역에 관련된 일에 집중해서 긴 호흡으로 성과를 만들어낸다. 설혹 성공하지는 못할지라도, 그가 만나는 소외된 이웃의 '찐 친구'로는 남는다. 겸손과 이웃을 향한 마음은 말과 행동에도 고스란히 나타난다. 소위 '왕년에'라는 화려한 경력과 성과는 절대 그에게서 나오지 않는다. 어느 자리에서든 똑같은 자세로 소셜 미션에 일관성 있게 진심으로 대한다. 10여 년이 지나서야 그의 '다 해준다.'라는 말이 얼마나 무게감 있는 말인지 새삼 깨닫는다.

우리는 나이가 들어가면서, 과거의 성취와 활동범위에서 위축되는 현실에 부딪힌다. 건강 문제와 현금흐름 문제가 그러하다. 치열한 삶을 살아오면서 생존과 경쟁에 익숙하던 삶에 잠시 쉼과 돌아봄이 필요하다. 현실은 '외로움과 고독'으로 점철되기 쉬운 환경이지만, '어울림'이라는 단서로 우리는 활동범위와 관심영역을 조금씩 넓혀가야 한다. 가족과 친척과의 어울림을 통해 크고 작은 일상에서 적극적인 관여, 지원과 사회적 연결성을 제공받을 수 있다. 또한 노년기에 사회적 인연과 함께 사회적 우정을 고민하고 실천한다면 삶의 보람이 더해지고 관계의 만족도가 올라간다. 인생의 전반전에서 가족 구성원들을 위한 삶을 최우선으로 갖고 살았다면, 후반기와 노년기에는 고개를 들고 주변을 둘러보며 여유와 너그러움으로 관계를 배려하고 사회적 우정을 채울 수 있는 모습을 더 많이 보면 좋겠다.

# 영성 #이제는 영성적 나이듦을 생각할 때 #노인 우울증, 멍때리기 #맨발 걷기

매더라이프웨이즈(Matherlifeways)는 성공적 노년기를 '신체적, 인지적, 사회적 기능이 유지되는 동안 개인의 본질적인 가치와 인간성이 존중되고 발전하는 과정'으로 정의한다. 그리고 성공적 노화를 위해 제시하는 6가지 중 '영성적(Spiritual)'이 있다. 이 개념은 종교적인 것뿐만 아니라, 인간의 본질과 가치, 의미 있는 관계, 사회적 연결, 그리고 내적 성장 등과 관련된 것을 의미한다.

영성적인 나이듦이 특히 노년에 중요한 이유가 있다. 노년기는 다른 연령층과 달리 질병과 위기에 더 쉽게 노출되기 쉬우며, 노화에 따른 신체적·정신적 기능이 감퇴하는 시기이다. 노년기에는 입원, 치료, 외로움, 고독, 우울감 등이 있을 가능성이 크기에 이전 시기보다 많은 영적 돌봄이 필요하다. 이러한 경험이 맞물리며, 종종 자신의 삶과 죽음에 대한 진지한 고민을 하게 된다. 이때, 종교나 철학적인 신념이나 내적인 가치관을 바탕으로 자신의 인생의 의미를 새롭게 이해하고 그 의미를 깨우치는 데 도움이 된다. 종교나 영성은 사회적인 연대감을 형성하고 공동체 활동을 통해 서로를 지지하고 돌봐 줄 수 있는 기회를 제공한다. 영성을 가진 노인들은 더 긍정적인 마인드와 감정 상태를 유지할 가능성이 높고, 자신의 인생을 긍정적으로 인식하고 세상을 더 긍정적인 눈으로 바라보게 해준다. 또한 영성은 건강한 라이프 스타일을 유지하는 데에도 도움을 준다. 예를 들어, 명상이나 기도 등의 종교적인 실천은 스트레스와 불안을 줄이는 데 도움이 되며, 이는 노인들이 건강하고 안정적인 삶을 유지하는 데에도 큰 도움이 된다. 이러한 이유로 인해, 영성이나 종교는 노년의 삶의 질과 행복감을 높이는 데 중요한 역할을 한다.

**삶이 지루해요. 노인 우울증**

노년기 정신건강 영역에서 우울은 가장 흔히 경험할 수 있는 부정적 정서 중 하나다. 일반적인 우울 증상은 기분 저하, 의욕 저하, 식욕 저하, 수면의 변화, 불안 · 초조, 피로감, 죄책감, 집중력 감퇴, 자살사고 등이다. 서울아산병원 정신건강의학과에서 제공하는 노년기 우울증의 진단항목[23]을 통해 우울증의 의심 여부를 확인할 수 있다.

## ▌노년기 우울증 진단항목

다음 우울증 척도를 통해서 우울증이 의심되는 경우를 선별할 수 있는데 5점 이상일 경우 우울증을 의심할 수 있다.

지난 1주 동안의 자신의 기분을 잘 나타낸다고 생각되면 〈예〉 그렇지 않으면 〈아니오〉에 표시를 하여 주십시오.

| 지난 한주 동안의 느낌 | 예 | 아니오 |
|---|---|---|
| 1. 현재의 생활에 대체적으로 만족하십니까? | | |
| 2. 요즈음 들어 활동량이나 의욕이 많이 떨어지셨습니까? | | |
| 3. 자신이 헛되이 살고 있다고 느끼십니까? | | |
| 4. 생활이 지루하게 느껴질 때가 많습니까? | | |
| 5. 평소에 기분은 상쾌한 편이십니까? | | |
| 6. 자신에게 불길한 일이 닥칠 것 같아 불안하십니까? | | |
| 7. 대체로 마음이 즐거운 편이십니까? | | |
| 8. 절망적이라는 느낌이 자주 드십니까? | | |
| 9. 바깥에 나가기가 싫고 집에만 있고 싶습니까? | | |
| 10. 비슷한 나이의 다른 노인들보다 기억력이 더 나쁘다고 느끼십니까? | | |
| 13. 기력이 좋은 편이십니까? | | |
| 14. 지금 자신의 처지가 아무런 희망도 없다고 느끼십니까? | | |
| 15. 자신이 다른 사람들의 처지보다 더 못하다고 생각하십니까? | | |

23) https://amc.seoul.kr/asan/depts/psy/K/bbsDetail.do?menuId=862&contentId=213594

노년 우울증의 임상 양상이 젊은 연령의 우울장애와 큰 차이를 보이는 것은 아니나 각각의 증상별 빈도에 있어서 몇 가지 차이점이 있다.[24] 노년기는 신체적·정신적 기능 저하, 배우자 상실, 은퇴, 자녀와의 분리 등 노인이 경험하는 부정적 생애 사건 경험 위험과 맞물리면서, 타 연령대에 비해 더욱 우울에 취약하기 쉬우며, 극복하기 어렵다는 특징을 보인다. 대표적인 부정적인 생애 사건 경험은 정상적인 노화로 인한 신체기능 저하를 경험하는 것이다. 과거 무리 없이 수행했던 많은 활동들을 서서히 하지 못하게 되면서 좌절감을 느끼고 자존감이 낮아지게 된다. 예전에는 가볍게 드나들던 문턱도, 어느 순간 넘어지는 빌미가 된다. 생각과 달라진 신체기능은 부정적인 감정을 갖게 한다. 이럴 때 유니버셜 디자인(Universal Design)을 통해 문턱을 없애는 것이 가장 대표적인 방법이다.

최근에는 코로나19로 인해 잦은 병치레와 함께 면역 저하 등 호흡기질환으로 고생하는 경우가 늘고 있다. 심각한 문제까지 가지 않았더라도, 신체적으로나 심리적으로 우울해진다. 나이가 들며 골절 등으로 보조기기의 도움을 받는 상황이 되면 마음은 더욱 움츠러든다. 여기에 더해 노년기는 다양한 만성질환을 본격적으로 동반하는 시기다. 흔히 고혈압, 당뇨, 고지혈증, 퇴행성 관절질환들을 경험하게 되는데, 이에 따라 식사나 외부 활동을 하는데 많은 지장을 받는다. 특히 만성적인 통증은 삶의 질을 감소시키는 중요한 요인이다. 이러한 스트레스로 인해 노인들은 우울감, 상실감 등에 더 쉽게 노출된다.

신체적 기능 저하와 만성질환에 더해 노년기는 활발한 사회, 경제적 활동의 마무리 시기다. 이전보다 줄어들거나 사라진 근로소득의 빈 공백은 경제적 어려움으로 연결되고, 제3의 장소마저 찾지 못한 고령자는 활동 공간이 점차 축소되기 쉽고, 점차 사회적 고립은 가속화된다. 또한 노인의 우울은 노년기 삶 전반에 영향을 미칠 뿐만 아니라, 심할 경우 자살이나 사망에 이르게 하는 원인이 되기도 한다. 노년기 정신건강 악화는 위와 같이 삶의 전반적인 위험과 관계되어 있고, 이에 대한 개입의 시급성이 강조된다.[25]

---

24) https://amc.seoul.kr/asan/depts/psy/K/bbsDetail.do?menuId=862&contentId=213594

25) https://www.kihasa.re.kr/hswr/assets/pdf/1084/journal-39-2-192.pdf

우울증은 스스로 해결하려고 하지 말고 전문가의 도움을 받는 것이 좋다. 적절한 치료를 하면 환자의 약 80%에서 완전히 회복 가능하며, 20% 미만은 만성적으로 된다고 알려져 있다.[26] 정확한 검사 후 진단을 받고 상황에 맞는 치료와 함께 규칙적인 운동과 균형 잡힌 식사, 충분한 휴식이 중요하다. 우울증이 의심될 때 주의할 것은 제대로 된 진단이나 치료 없이 단순하게 기력을 보충하기 위해 건강식품이나 비타민 같은 영양제를 복용한다거나, 안정제나 수면제를 장기간 복용하는 것이다. 특히 무조건 휴식이 중요하다고 하여 조용한 곳에서 쓸쓸히 휴식을 취하는 것은 하지 말아야 한다고 전문가들은 전한다. 환자는 혼자 걱정하기보다 전문적인 도움을 받아야 한다. 대신 치료 시작 후 갑자기 좋아질 것으로 기대하지 않아야 한다. 중대한 의사 결정은 병이 나은 후로 연기하고, 무엇보다 다른 사람들과 함께 지내면서 기분을 좋게 만드는 활동에 참가하는 것이 좋다. 우울증 노인이 해야 할 활동으로는 가벼운 운동, 영화, 산책, 종교, 사회활동이 추천된다. 하루 30분 이상 일주일에 3~5회 규칙적인 운동이 좋다. '비타민, 미네랄, 물, 신선한 과일과 야채 등'의 식사와 규칙적인 수면 습관도 도움이 된다. 서울아산병원 정신의학과 이중선 교수는 우울증 환자의 가족들에게 세심한 배려를 강조하며, 환자의 어려움을 충분히 들어주고, 이행하고, 공감하고, 격려해주라고 조언한다.

이렇듯 노년기의 우울증은 쇠약해지는 신체, 축소되는 활동 범위, 줄어드는 재무 능력과 함께 폭증하는 시간에 대한 종합적인 우선순위 재조정(Re-priority)과 삶의 새로운 디자인(Re-design)이 복합적으로 이뤄져야 하는 피하기 어려운 과제다. 전문가들은 혼자가 아닌 함께 어울려 소통하고, 평상시의 삶을 건강하게 유지할 수 있는 시간으로 채워가는 것의 중요성을 지적한다. 그 해결의 한 축에는 내적으로 의미 있는 삶과 깊숙이 연관된 영성적 나이듦이 자리 잡고 있음은 또한 분명하다.

---

26) https://www.korea.kr/news/healthView.do?newsId=148793659

사람들에게 힘과 활력을 주는 '힐링'을 위한 한 방법으로 '멍때리기'가 인기를 얻고 있다. 모닥불을 바라보는 '불멍', 물을 바라보는 '물멍', 숲을 바라보는 '숲멍' 등 아무 생각 없이 눈앞의 풍경을 바라보며 마음의 편안함을 느끼는 사람이 늘고 있다.[27]

멍때리기는 아무 생각 없이 멍하게 있는 것을 말한다. 명상이 의도적으로 호흡을 고르고 의식을 정제하는 방식이라면, 멍때리기는 비의도적으로 생각을 비우는 방식이다. 마치 몸이 스트레칭을 통해 이완되듯이, 뇌는 멍때리기를 통해 이완되는 셈이다. 이러한 멍때림은 정치·사회 뉴스와 SNS, 유튜브 등 온갖 자극적인 콘텐츠들에 노출되는 것과도 관련이 깊다. 유튜브 이용률만 보더라도 50대 95.4%, 60대 99.3%, 70대 100%를 기록했다.[28] 특히 코로나19를 겪으며 무료하고 우울한 시간을 뭔가 자극적인 콘텐츠로 채우는 습관이 어느 정도 형성된 것으로 보인다. 계속 정보를 처리하고, 깊게 생각하는 등 과도하게 뇌에 부담을 주면 뇌에 스트레스가 쌓이게 된다. 이는 신체적이나 감정적 문제로까지 이어질 수 있다. 가천대 길병원 정신건강의학과 나경세 교수는 "뇌 한가운데에 지나치게 활성화됐을 때 오히려 안 좋아지는 부분이 있다."며 "잡념, 후회 등의 생각을 계속했을 때 활성화되는데 이는 우울증을 유발하는 대표적인 기전이기도 하다."고 말한다.[29] 멍때리기를 하면 과활성화되던 뇌의 부분이 휴식 시간을 가지게 된다. 동시에 'DMN(Default Mode Network)'이라 불리는 뇌의 특정 부위가 활성화되는데, DMN은 멍때리거나 잠을 자는 등 외부 자극이 없을 때 활성화된다.

아무것도 하지 않는 멍때리기는 뇌 전체의 활동이 멈추는 것이 아니라, 집중할 때 활성화되는 영역과는 다른 부위가 작동한다. 기억 측면에서는 불필요한 정보를 삭제하고 기억을 축적함으로써 뇌의 공간을 정리한다. 단기기억을 장기기억으로 응고화하는 것을 돕고, 의사소통 측면에서는 축적한 기억과 경험을 연결함으로써 새로운 생각을 가능케 한다. 또한 외부와 분

---

27) https://bravo.etoday.co.kr/view/atc_view/12749

28) https://www.mk.co.kr/news/it/10704580

29) https://m.health.chosun.com/svc/news_view.html?contid=2021031702701

리된 '나'라는 자아를 확립함으로써 타인에 대한 공감을 도우며,[30] 다음에 일어날 상황을 대비해 비울 건 비우고, 기억해야 할 정보는 정리해 다시 효율적으로 일하기 좋은 환경을 만든다. 본인이 원해서 하루에 1~2번, 15분 정도 아무 생각 없이 휴식을 취하는 것은 뇌 건강관리를 잘하는 것이다.

하지만 동전의 양면처럼 멍때리기에도 '좋은 멍'과 '나쁜 멍'이 있다. 책 「멍때려라」의 저자인 서울 강북삼성병원 정신건강의학과 신동원 교수는 "좋은 멍때림은 과거의 여러 경험과 정보를 편집하고 재구성해 통찰을 얻을 수 있고, 다가오는 미래에 대한 새로운 아이디어를 얻는 효과가 있다."고 전한다. 반면 "나쁜 멍때림은 원하지 않는 생각에 계속 머무르게 한다. 나쁜 생각이 꼬리에 꼬리를 물어 부정적인 '감정 기억'이 지속되어 우울·불안 등 해결책 없는 감정 소모로 이어질 수 있다. 지나치게 자주 멍때리는 것도 좋지 않다."고 조언한다.[31]

멍때리기와 함께 뇌를 자극하는 방법도 병행하는 것이 좋다.[32] 하루 한 번 자주 사용하지 않는 손을 사용해 보자. 손 글씨 쓰기, 바느질, 악기연주, 종이접기 등 정교하게 손을 쓰는 동작에서 평소에 주로 쓰지 않는 손을 써보자. 뇌에 새로운 신경망이 생긴다. 소리 내어 책을 읽어 보자. 눈은 비록 침침하더라도, 종이책을 손으로 넘기며 소리 내어 읽어 보자. 속으로 읽을 때와는 또 다른 뇌 부위에 자극을 준다. 일상생활에서 쉽게 시도해 볼 것은 안 가던 길을 가보는 것이다. 늘 다니던 길에서 벗어나 일주일에 한 번 정도는 이 길 저 길 돌아서 가보자. 조그만 새로운 시도도 뇌에 자극을 줄 수 있다. 또한 지금까지 알려진 가장 확실한 치매 예방법인 약간 숨차게 걷기를 해보자. 경북대병원에 따르면 하체 근력이 약한 노인의 경우 인지기능이 떨어지는데, 빨리 걷는 운동만 해도 하체 근육이 줄어드는 것을 막을 수 있다고 한다. 한 번씩 '숨이 약간 찰 정도'로 걸음 속도를 올려 보자. 운동도 되고 치매 예방도 된다.

30) https://psytimes.co.kr/news/view.php?idx=6788

31) https://m.kmib.co.kr/view.asp?arcid=0923754123

32) https://www.junsungki.com/magazine/post-detail.do?id=1785&group=HEALTH

서울아산병원 노년내과 정희원 교수는 느리게 늙는 방법으로 4M을 제시한다.[33] 노인의학적 개념의 4M은 '이동성(Mobility), 건강과 질병(Medical Issues), 나에게 중요한 것(What Matters)과 함께 마음 건강(Mentation)'을 제시한다. 그는 뭔가를 빨리 이뤄야 한다는 생각에 스트레스를 많이 받는 현상을 가속노화에 빗대어 설명한다. 그는 「당신도 느리게 나이 들 수 있습니다」라는 책을 통해 '스마트폰 조금 보세요. 건강하게 식사하세요. 많이 걸으세요.'를 조언한다. 나아가 마음챙김(Mindfullness)도 강조한다. 마음챙김은 어려운 명상이 아니라, 지금 이 순간에 머물러 있고, 그 순간을 실재감 있게 경험하는 것 자체로 마음챙김이 된다고 전한다. 그러나 이를 잘 알면서도 제대로 따라하지 못하는 사람이 많다. 느리게 늙는 비결을 알려주는 노인의학이 긴요한 이유다. 몸에 깃들고 담겨있는 게 마음이다. 둘 다 건강해야 하지만 굳이 따지면 마음부터라고 여긴다. 스마트폰을 놓고 몸의 어디가 긴장하는지, 코로 드나드는 호흡과 오르내릴 배를 보는 것만도 훌륭한 마음챙김이다. 마음챙김 때는 호흡에 신경을 쓰지 않는 게 기본원칙이다. 자연스러운 호흡을 보기 위해서는 호흡 조절도 필요하다. 그냥 쉽게, 복식호흡을 부드럽게 연습하는 것도 좋다. 손을 갈비뼈 아래 배 위에 올려놓고 복식호흡을 느껴본다.

'멍때림, 명상, 마음챙김' 이 키워드들은 노년의 삶이 개인적인 성장과 깊은 내면의 평화를 추구하는 영성적인 삶과도 깊이 연결되어 있다. 노년에는 영성적인 실천을 통해 자신의 내면에 집중하고, 삶의 의미와 목적에 대한 새로운 시각을 얻는 시기가 아닐까?

---

33) https://kor.theasian.asia/archives/336474

**백두산 포근한 흙 위를 맨발로 걷기, 맨발 걷기**

전국에서 불고 있는 맨발 걷기 열풍으로 산과 숲, 바닷가, 그리고 도심 공원에서까지 맨발로 걷는 사람들을 어렵지 않게 볼 수 있다. 맨발로 걷기의 장점으로 발에 닿는 시원한 감촉, 흙의 기분 좋은 질감, 자연과 하나 되는 즐거움을 꼽는다. 맨발로 걸으면서 보이고, 느껴지고, 달라지는 것들에 대해 '건강'해진다고 이야기한다. 맨발걷기시민운동본부의 박동창 회장은 맨발로 촉촉한 땅을 밟으면 행복한 마음이 들고 마음도 너그러워진다고 말한다. 신발과 양말을 벗고 맨발로 대지를 느끼라고 조언한다.[34] 필자도 퇴직 후 맨발로 북한산 구석구석을 거닌 적이 있다. 첫 시작은 북한산 둘레길로 시작해서, 점차 산 정상들로 넓혀갔다. 그렇게 3여 년을 맨발 걷기를 하다 보니, 히말라야와 알프스, 그리고 백두산까지 맨발로 걸었다. 맨발 걷기에 푹 빠져 있을 당시 경험한 장점은 지압 효과, 무리가 없는 걸음, 자연스러움, 무좀 제거, 혈액 순환과 집중력, 몸에 자극을 줌, 말랑말랑해지는 발, 위험을 감지하는 발의 센싱 능력 등이었다.

맨발걷기시민운동본부 박동창 회장은 "맨발 걷기가 몸에 좋기는 하지만 조심해야 할 것도 있다."며 주의 사항을 강조한다.[35] 충분히 스트레칭과 각 관절을 돌려주는 준비운동을 해야 부상 위험을 줄일 수 있다. 또한 시선을 항상 1m 앞을 주시해야 한다. 맨발로 걷기에 돌 조각, 밤 가시, 유리 조각 등 위험물을 피해서 걸어야 한다. 나아가 파상풍 예방접종도 10년에 한 번 정도 맞아 혹시 모를 위험에 대비하라고 권한다. 필자의 맨발 걷기의 경험에 비춰 전한다면, '왜 걷는지'를 생각하며 걷기를 권한다. 즉, 땅이라는 자연과 하나 되는 자연스러움과 평온함이 핵심이기에, 이왕이면 좋은 날씨에 좋은 길을 택해 걸으라고 권하고 싶다. 아직도 몸에서 기억하는 최고의 맨발 걷기는 백두산 중턱에 수십 년 보존된 흙 위를 걷는 것이었다. 그 푹신함과 부드러움은 내가 땅과 하나 되는 행복감을 주기에 충분했다. 도심에서 시도한다면, 이왕이면 비가 촉촉이 온 다음 날 깨끗한 환경의 길을 걸으라고 권한다. 나아가 너무 땅

---

34) https://www.joongang.co.kr/article/25013553

35) https://www.donga.com/news/lt/article/all/20220918/115501830/1

을 쳐다보면 숙인 목에 무리가 생길 수 있음에 조심할 필요가 있다. 그래서 이왕이면 안전하고 깨끗한 환경의 땅을 밟을 것을 추천한다.

주변 70~80대 고령자들의 삶을 들여다보면, 하루의 상당 부분을 산책이나 걷기로 보내는 것을 알 수 있다. 걷는 것은 사람으로서 자연스러운 행위다. 나이가 들어 몸이 불편해지면 이동 반경이 줄어들고, 나아가 집과 근처로 축소된다. 혹시라도 휠체어를 타게 되면 그 불편함은 가중된다. 노년에 낙상은 와상까지 이어지며, 걷지 못하는 불행에 빠지기도 한다. 그래서 고령자가 걷지 못하게 되면 신체기능이 급속히 떨어지는 것을 볼 수 있다. 걷기 좋은 날씨와 환경이라면, 신발을 벗고 자연 속으로 맨발로 거닐어 보라. 걸을 수 있다는 축복을 체감하며, 많은 맨발 걷기 참여자들이 말하는 잡념 대신에 '흥얼거림과 내적 평안함'이 다가올 것이다. 마음의 소리를 듣고, 자연과 교감하며, 영성적인 나이듦(Spiritual Aging)을 체험하는 기회가 놓여 있다.

2024년은 코로나 우울을 이어 가계부채 및 고금리에 따른 경제위기가 조금 더 가속화될 위험이 있다. 점점 심해지는 양극화는 한계 가구나 소상공인들의 고충 속에서 여러 모양으로 우울증의 모습으로 나타날 수 있다. 양극화가 심화되면서 느끼게 될 상대적 박탈감 또한 이전보다 더욱 가속될 위험이 있다. 특수청소업을 하는 김새별 바이오해저드 대표는 중장년 고독사가 늘고 있다고 경종을 울린다. 심한 경우 먹고 살 방법을 찾지 못해 자살로 이어지는 현장을 종종 접한다고 전한다.[36] 반면 언론이나 SNS를 통해 들려오는 자신과 다른 삶의 모습은 더 큰 좌절과 우울로 빠지게 할 가능성이 있다. 최근 전문가 심층좌담회에서 사회를 하다 보면, MZ세대뿐 아니라 노년층에서도 '정신적인 치료와 지원'을 중요한 정책과제로 꼽는 것을 종종 본다. 그만큼 외로움과 우울증이 커지는 사회다. 노년기에서조차 남들과 비교하거나 나의 성공이라는 끊임없는 강박증은 영성적인 나이듦과는 거리가 먼 위험요소다. 노년기에 품격을 생각하고 삶을 아름답게 마무리하기 위해서는 우울증을 넘어서기 위한 작은 실천들이 필요하다. '주도적인 멍때림과 맨발 걷기'는 개인이 할 수 있는 소소하지만 중요한 행동들이다.

---

36) https://www.yna.co.kr/view/AKR20220227056800004

# 평생 현역  #최고의 은퇴 준비  #월 1백만 원의 가치  #사회봉사 활동  #노인일자리

은퇴 후 어떤 방법이 재무적으로 안정적인지에 대해 누구나 고민한다. 주된 일자리를 떠나 재취업이나 일거리를 찾아 부족한 수입원을 채우려 노력한다. 현역 시절에 일에 전념했던 시니어들은 몸이 건강할 때까지 최선을 다해 일자리를 다시 찾는다. 갖은 노력에도 근로소득 관점에서는 이전보다 항상 부족할 뿐임을 아는 데 그리 오랜 시간이 걸리지 않는다. 퇴직 후 지출을 줄이고 연금을 기반으로 노후를 준비하려 노력하곤 한다. 고령 선진국의 경우를 보면, 예상하지 못한 인플레이션이나 모기지 대출을 받던 이자가 급증하거나 예상치 못한 사고를 겪는 사례를 보곤 한다. 절약만으로는 지출이 수입보다 큰 상황을 역전하기는 힘들다. 신체 노화와 함께 소득의 감소는 우울증을 동반하기도 한다. 이러한 상황에서 트러스톤자산운용 연금포럼의 강창희 대표는 '평생 현역'을 강조한다. 지출을 줄이고 연금을 최대한으로 준비하는 것보다도 재무적으로 더 훌륭한 노후 준비 방법이 바로 평생 현역임을 제시한다.

필자는 퇴직 후 4번의 창업과 4번의 창직 그리고 4개의 비영리단체를 만들고 운영한 경험이 있다. 여러 시도를 통해서 배운 점은 생각보다 무척 어렵다는 점이다. 퇴직 전, 주된 일자리에서 냈던 성과는 나의 노력과 함께 조직의 뒷받침이 있었다는 점을 깨닫기까지 그리 오래 걸리지 않는다. 고위 임원으로 퇴직한 경우라도 소위 퇴직 허니문 기간이 지나면 수많은 퇴직자나 은퇴자 중 한 명으로 사라진다. 시장은 새롭게 경쟁하며, 더 젊은 사람과 갓 퇴직한 시니어에게 일자리의 기회를 주려 한다. 이러한 현실은 각 분야의 대가였던 분들에게도 별반 다르지 않다. 퇴직 전과 똑같은 역할을 하겠다는 기대는 과욕이다. 대기업이나 스타트업 대표들의 인터뷰에서도 일자리 구하기의 어려운 현실을 듣곤 한다. 아무리 고령자 친화 기업일지라도, 시니어와 일하다 보면 은근히 신경 쓸 일도 많고, 무엇보다 커뮤니케이션이 어렵다고 불평한다. 이런 불편함은 기업뿐 아니라 비영리단체나 기관 대표들도 공통으로 하는 이야기다. 기업이나 기관 처지에서는 일을 지시하고 처리하기를 바라지만, 시니어들은 정도의 차이는 있어도 대부분 '왕년에' 했었던 경험을 은근히 내세우거나 그 경험에 기반해 일을 처리하려는 경향이 있다. 경륜과 성실은 명확한 장점이지만, 빠르게 변화하는 시대 속에서는 커뮤니케이션의 톤과 방식이 다름은 어쩔 수 없는 일이다. 주판을 잘 두거나 타이핑이 빠르거나 파워포인트를 잘 만들어서 취직했던 선배들의 이야기는 지금과 다를 수 있다. 챗GTP가 등장한 시대에는 더욱 빛바랜 경험일 수도 있다. 일의 본질은 같다더라도, 일하는 방식의 차이는 장벽으로 존재한다. MZ세대는 문자를 통해 업무를 진행하고, 출장길로 목적지에서 만나 헤어지는 것을 선호한다. 그런데 시니어 세대는 일반적으로 전화나 대면 미팅이 진행되어야 하고, 함께 다녀야 한다. 이런 비즈니스 태도는 지금 세대의 방식과는 다를 수밖에 없다. 무엇보다 그들이 이끄는 시대에 시니어가 결을 맞춰주어야 하는데, 이게 보통 쉬운 일은 아니다.

　'평생 현역'은 생각보다 쉽게 찾아지지 않는다. 퇴직 후에는 사람들은 일반적으로 이전에 하던 일과 거리가 먼 일을 찾곤 한다. 필자도 마케팅이나 기획 전문가이지만, 초반에는 그것과 거리가 먼 일만 찾았었다. 시간이 지나면서 주로 마케팅과 관련된 일거리가 들어왔지만 외면했었다. 퇴직 후 10여 년이 지난 지금은 그나마 이전 경험과 상관성이 높은 분야로 나를 맞춰 가고 있고, 그렇게 평생 현역의 가능성을 높이고 있다. 이전처럼 소득이나 승진과 같은 목표로는 뭔가 부족한 것이 평생 현역이다. 주된 일자리처럼 큰 규모나 성과를 내기 어려운 기반이기도 하나, 무엇보다 삶의 가치나 존재 의미에 대한 방향성과 관련이 더 깊다. 소득뿐 아니라, 하루 생활시간표를 채워야 하는 더 중요한 의미를 갖는 것이 평생 현역이다. 그 길이 개인 취미생활일지라도 자신에게 더 의미 있는 가치와 결부될 때 지속성과 자발적인 전문성이 결부된다. 마치 인생이 1막으로 끝나거나 2막으로 마무리되는 것이 아니듯, '학습-일-휴식-학습-일-휴식'의 지속적인 과정이 필요한 때가 퇴직 후 삶이다. 어린아이가 부모의 돌봄 속에서 유치원부터 대학 과정을 거쳐 일자리를 찾듯이 퇴직 후에는 새로운 방향성과 일을 찾기 위한 탐색과 쉼의 과정이 필요하다. 이미 수많은 퇴직 선배들은 비슷한 길을 걸어왔다. 재취업, 창업, 창직 등의 사례는 이미 차고 넘친다. 그들의 경험에 귀 기울이며 조금은 느긋하게, 그러나 진중하게 새로운 인생의 평생 현역의 개념을 만들어 갈 필요가 있다. 한때 프로젝트 스완(Project SWAN)이라는 거창한 시니어 케어 플랫폼 모델에 매진하다 실패 후, 이런 생각이 들었다. '다시 밑바닥부터 차근차근 모든 것을 경험해야겠다.' 여전히 1~2개의 '만약(if, 가정)'이라는 풀리지 않는 질문이 남아 있다면, 그것에 대한 해답을 찾기 위해 노력하겠다는 생각이다. 필자는 수많은 실패 속에서 새롭게 진출하는 분야는 밑바닥부터 하나하나 배우고 경험하는 자세와 함께 평생 현역을 꿈꾼다. 쉽지 않은 일이지만, 이전보다는 매우 단단하게 경험과 지식을 쌓고 있음을 느낀다. 일자리의 기회가 모두 사라질 나이에 달했을 때도 여전히 평생 현역의 길을 걷고 싶다. 평생 현역이라는 것은 소득뿐 아니라 시간과 건강까지 한번에 모두 챙길 수 있는 선물이기 때문이다. 그렇기에 그 일의 방향과 내용이 '더 나은 시니어 삶'을 향하면 의미가 더 클 것이다. 인생의 후반전은 소득 외에도 꿈이나 의미에도 귀를 기울여 볼 만한 시기이지 않은가.

## 사례 1  노년기 월 1백만 원의 가치

국민연금공단의 발표에 따르면 2020년 기준으로 노후에 최소로 필요한 월 생활비는 개인은 117만 원, 부부는 195만 원이다. 물론 연령대와 상황 처지에 따라 금액이 다르고, 전문가 심층 인터뷰를 통해 만나 보면 이보다 약간 크거나 적은 금액을 말한다. 모두 처한 상황이 다르기에 평균으로 이야기하는 것에는 한계가 있다. 근로, 사업, 이자, 연금, 이전 소득 등에 따라 월 생활 부족분은 다르다. 그럼에도 평균이란 관점에서는 최소 생활비로 노후 삶을 예측해 볼 수 있다. 사회안전망이 강화되고 있어, 월 생활비 측면에서는 소득 중산층에서 오히려 부족함을 호소하는 경우도 자주 본다. 코로나19나 인플레이션 발생 등의 경제위기 속에서는 덜 안정된 일자리를 갖는 소상공인, 프리랜서, 일용직 등은 더 큰 위험에 처할 확률이 커졌다. 그러다 질병이나 사고 위험에 빠지면 노인 빈곤의 수렁에도 빠질 수 있다.

일반적으로 기초노령연금이나 국민연금 등을 고려하더라도, 여전히 월 생활비에서 부족분이 발생할 수 있다. 자녀 학자금 부담이 여전히 남아 있는 50대도 존재하지만, 자녀의 결혼이나 이후 생활까지 지원한다고 가정하면 노후 부담은 더 남는다. 최소 노후 생활비에서 적정 노후 생활비까지 필요 금액을 높이게 되면, 대략 50~70만 원이 부족한 것이 통계가 보여주는 현실이다. 이런저런 이유로 노후 월 생활비는 200~300만 원을 연금으로만 받는 연금 부자들을 제외하고는 부족한 현실이다. 또한 아무리 자산가라 하더라도 현금흐름이 발생하지 않는 자산이나 모아둔 곳간의 곡식을 빼 먹는 무의식적인 두려움은 여전히 남는다.

**▌연령별 최소/적정 노후 생활비(월), 통계청**

(단위 : 만원)

| 연령별(1) | 2019 | | | |
|---|---|---|---|---|
| | 2) 최소 노후생활비 (부부기준) | 3) 최소 노후생활비 (개인기준) | 4) 적정 노후생활비 (부부기준) | 5) 적정 노후생활비 (개인기준) |
| 계 | 194.7 | 116.6 | 267.8 | 164.5 |
| 6) 50세 미만 | 210.4 | 128.8 | 283.0 | 179.6 |
| 50대 | 215.4 | 129.7 | 296.1 | 182.3 |
| 60대 | 199.3 | 118.4 | 275.4 | 167.3 |
| 70대 | 172.4 | 104.2 | 235.5 | 146.7 |
| 80세 이상 | 155.1 | 91.3 | 213.5 | 130.3 |

필자가 존경하는 지인이 이렇게 말했다. "이제 자녀가 모두 독립하고, 국민연금을 받게 되었으니, 매월 1백만 원 정도만 일을 통해 벌면 된다." 주된 일자리에서도 탁월한 성과와 기여를 한 유명인이지만, 자신보다는 이웃과 사회에 베푸는 삶을 살아왔기에 아주 넉넉한 부를 쌓지는 못했다. 노인일자리에도 사회서비스형일자리가 있다. 이는 공익활동보다는 약간 더 고도화된 수준의 활동을 통해 월 70만 원 이상 수준의 급여를 받는 것으로,[37] 아직은 대부분이 돌봄서비스를 중심으로 신체 노동이 동반되어야 하는 일의 비중이 높다. 다만 근로시간이나 소득에 있어 전보다 높아지고 있는 추세다. 만약 생계형으로 일자리를 구하는 경우라면 최저시급을 적용하고 월 209시간 기준으로 약 2백만 원의 소득을 올릴 수 있다. 노인이 되어서 매일 출퇴근하면서 일을 8시간까지 하는 것을 바라기는 쉽지 않다. 게다가 동네 떡볶이 가게

---

37) https://www.peoplepower21.org/welfarenow/1926398

도 만 60세 이하를 찾고, 70대 이상도 외모상 젊어 보여야 경비 관련 일자리를 구할 수 있다. 생계형이 아니라면, 대부분은 2~3일 출근해 3~5시간 소일거리를 하기를 희망한다. 신체적 특성이나 기대 소득과 함께 자신의 소중한 시간에 대해 이전과는 달리 생각하기 때문이다. 실례로 통계청의 '2023년 5월 경제활동인구조사 고령층 부가조사 결과'에 따르면, 75~79세가 일하기를 희망하는 연령은 82세다. 이는 60~64세가 희망하는 72세보다 10년이나 더 길다. 연령이 높을수록 근로를 계속하길 희망하는 나이도 함께 늘어난 셈이다. 여전히 근로희망사유가 생활비에 보탬(55.8%)으로 가장 높지만, 일하는 즐거움(35.6%), 무료해서(4.3%), 사회가 필요로 함(2.3%), 건강 유지(2.0%) 등 순이었다. 생활비 외에도 약 44%가 노년기를 보내면서 일이 필요하다는 것을 체감하고 있음을 보여준다. 전문가 심층 인터뷰나 주변의 노년 선배들과의 교류를 통해서도 '일할 수 있는 즐거움'이 노년기에 특히나 중요함을 체감하고 있다.

이렇듯 자신뿐 아니라 이웃과 사회에 의미 있는 일을 하면서 생활에 부족한 현금흐름을 채우고, 건강한 몸과 마음을 유지할 수 있는 소중한 금액이 월 1백만 원이다. 시장금리 3%에 맞추면 단순히 약 4억 원의 자산을 가지고 은행에 맡긴 것과 같은 효과를 내는 큰 금액이다. 재무적 가치뿐 아니라, 어쩌면 남아돌아 채우기 힘든 은퇴 후 시간을 자산으로 만들어 주는 역할까지 해주는 고맙고 필요한 금액이다. 직접 현장에서 시니어의 살아가는 모습을 관찰하면, 부자라고 해서 무분별한 지출을 하지 않는 것을 알 수 있다. 어쩌면 은퇴 후 월 1백만 원을 노년기에 꾸준히 평생 현역 일을 통해 안정적으로 창출할 수 있다면, 복 받은 삶이지 않을까?

**변호사나 의사가 은퇴 후 봉사활동. 액티브 시니어의 사회봉사 활동**

베이비붐 세대가 노인 세대에 합류하면서 이전과는 다른 인생 설계를 구상하는 사례를 자주 접한다. 그만큼 은퇴 후 삶에 대한 다양한 교육과 주변 사례가 이전보다 빠르게 공유되고 있다. 베이비붐 세대 중 비교적 현금흐름 여력이 높은 계층도 적지 않다. 특히 전문직으로 구분되는 의사나 변호사 출신 중에서도 일과 삶의 균형을 중시하면서 은퇴 후 삶을 일찍부터 설계하기도 한다. 주된 일자리에서 경제적 목표에 집중했다면, 은퇴 후에는 평소에 하고 싶던 일에 좀 더 시간과 자원을 쓰고 싶기 때문이다. 이미 지역사회에서 오래전부터 사회봉사 활동을 펼쳐오던 분들도 적지 않다. 1365 자원봉사 포털사이트를 방문하면, 봉사대상자와 봉사활동 내용 등의 구분에 따라 다양한 형태가 제시되어 있다. 현장에서 봉사자 심층 인터뷰를 진행하다 보면, 아직은 종교와 관련된 단체의 봉사가 주를 이루고 있음을 알 수 있다. 점차 봉사의 내용과 형태도 '해외 지원, 환경보호, 문화예술지원' 등으로 점차 영역이 확대되고 있다. 전문성을 갖춘 은퇴자가 역량을 발휘할 수 있는 봉사활동을 선도적으로 만들기도 한다. 이를 창직이라는 개념으로도 접목해서 볼 수 있다. 외국의 시민 봉사활동을 국내에 접목한 U3A(시민교육), 앙코르커리어(새로운 의미 있는 일 도전), 60+기후행동(환경), 씨실(소셜벤처지원), 백년숲 사회적협동조합(산림자원) 등이 실험적으로 시도되고 있다.

필자의 지인 중 의사 출신 고령자 한 분이 은퇴를 앞두고 있다. 그는 은퇴 후 돌봄이 필요한 분들과 여행동반자로 봉사활동을 희망한다. 좋아하는 여행에 의미를 더해 지속 가능한 일과 봉사를 꿈꾼다. 변호사로 왕성한 활동하는 지인은 돈과는 거리가 먼 유산기부 캠페인에 관심을 가진다. 전문 법률 지식을 활용해 분쟁으로 돈을 버는 것보다 기부문화를 확산하는 것에 관심을 보인다. 또 다른 지인은 도시농업을 실천하고 있다. 도시농업은 도시지역의 자투리 공간(옥상, 베란다, 골목길, 시민농장)을 이용해 여가나 체험을 위한 농작물을 재배하는 것으로 농촌에서 생계와 판매를 목적으로 하는 농업과는 구별된다. 그는 은퇴 후 지속 가능한 친환경 삶을 꿈꾸고, 지역주민과 함께 어울리며 지역생태계에 기반한 삶을 모색한다. 이 외에도 다양한 전문성과 관심사를 가지고 나이가 들어도 유익한 활동을 유지하는 액티브 시니어가 늘고 있다.

이러한 봉사활동을 하기 위해서는 미리 다양한 준비와 배움이 필요하다. 봉사활동은 개인적인 성취감과 만족감을 높이고, 사회적 네트워크를 확장하며, 새로운 기술과 경험을 습득할 기회를 제공한다. 구체적으로 살펴보면, 먼저 봉사활동 전에 '자신이 무엇을 할 수 있는지, 경험, 역량, 전문성, 기술, 네트워크와 관심사'를 사전에 파악해야 한다. 다음으로, 봉사활동을 할 기관이나 단체를 찾아본다. 또한 봉사활동을 하기 전에 해당 분야에 대한 교육이나 훈련을 추천한다. 사전교육 훈련과정에서 결이 비슷한 공동체를 만나는 것은 덤으로 주어진 행운이다. 일반적인 사람들의 대화 내용인 자기 자랑, 부의 자랑, 가족 자랑, 비싼 취미 자랑 등에 지친 사람들이라면, 전혀 다른 이야기를 나눌 기회를 얻게 된다. 끝으로, 봉사활동을 하면서 습득한 경험과 기술을 기록하고, 이를 이력서나 자기소개서에 활용하는 것도 좋다. 이를 통해 새로운 일이나 기회를 찾을 때 유리한 상황에 놓이거나 상황을 만들어 갈 수 있다. 이러한 봉사나 사회공헌활동은 정신적으로 활발하고 인지적으로 자극적인 활동을 통해 인지능력의 유지와 개선에도 도움이 된다. 체력적으로 활발한 활동은 신체적인 건강을 유지하고 개선하는 데 도움이 된다. 노년기 품격을 생각하고, 이를 실천하는 봉사활동에도 관심을 가져보자.

**인기 많은 노인일자리는? 노인일자리의 진정한 의미**

노인일자리사업은 정부의 과도한 세금 지출을 지적할 때마다 빠지지 않는 사업이다. 화단 정리, 쓰레기 줍기 등 필요하지도 않은 사업에 노인 인력을 과다하게 투입해 낭비를 야기한다는 지적이 끊이지 않는다.[38] 하지만 점차 좋은 평가를 받는 사업이 늘고 있다.

한국노인인력개발원은 2022년 우수 운영모델로 '시니어 스마트매니저(스마트폰 교육)'를 소개하였다. 노인일자리사업 참여자가 노인복지관, 치매안심센터, 경로당 어르신들을 대상으로 스마트폰 등 스마트 기기 활용법 상담으로 디지털 격차를 해소한다. 고령화로 인해 디지털 디바이드(Digital Divide)가 심화하는 가운데, 상대적으로 젊은 노인들이 더 고령인 노인들을 대상으로 교육을 진행하고, 이 과정에서 치매 예방 활동도 진행한다. 또한 로봇을 활용해 치킨과 커피를 판매하는 사업도 있다. 치킨을 튀기고 커피를 내리는 등의 작업은 로봇이 하고 노인들은 보조적인 역할을 담당한다. 그 외 지역환경지킴이, 시니어 소비피해 예방활동 등도 있다. 유기동물 보호센터 봉사활동, 배수로 안전파수꾼 등의 사업은 신규 아이템 공모전에서 수상했다. 일반적인 언론의 평가나 가능성보다 노인일자리 현장의 목소리는 더 긍정적이다. 수년에 걸쳐 수천 명의 노인일자리 참여자와 인터뷰를 진행하면서 참여자 만족도는 생각보다 훨씬 높다는 것을 잘 안다. 통계적으로도 노인일자리는 사업 참여 전후 비교에서 '일할 수 있고, 할 일이 있다는 것을 깨달았다.'는 긍정 응답이 약 90%에 달한다.[39] 또한 '급여가 경제적 보탬이 되었다.'의 긍정 비율이 약 77%로 나타났다. 인간관계나 건강상태도 이전보다 나아졌다는 평가를 보인다.

노인일자리는 '공공형(공익활동, 재능나눔활동), 사회서비스형, 민간형(시장형, 취업알선형, 시니어인턴십, 고령자친화기업)' 등으로 구분된다. 초창기 공공형 위주의 사업에서 점차 '민간형과 사회서비스형'으로 폭을 넓혀왔다. 노인일자리 참여자는 적정한 일과 소득을 통한 만족도가 매우 높다. 특히 고령일수록 공공형을 통한 참여에 의미를 두는 활동을, 상대적으

---

38) https://www.hankyung.com/economy/article/202211240819i

39) https://www.kordi.or.kr/m/content.do?bid=255&mode=view&page=&cid=397294&cmsld=168

로 젊은 고령일수록 민간형과 사회서비스형에 자발적인 참여의사가 반영되고 소득도 높아지는 방향으로 개발되고 있다. 고령 선진국처럼 수요처 발굴이 공공기관과 민간기업으로 확대되어감에 따라 은퇴 이후에도 적정한 수준의 근로소득 및 의미 있는 참여, 그리고 일자리를 통한 소통과 건강 챙김까지 긍정적 효과가 늘고 있다.

필자가 사회복지사 자격 과정에서 경험했던 시니어클럽의 활동이 아직도 생생하다. 실습과정에 참여한 사업은 민간형 사업이었는데, 70대를 훌쩍 넘기신 노인들이 정해진 시간보다 더 일찍 그리고 더 늦게까지 참여했다. 왜 굳이 이렇게 열심히 하시냐는 질문에 "너무 즐겁다."고 답하시며 웃는 모습이 생생하다. 그들은 민간형 일자리를 하지 않는 시간에는 노인복지관에서 춤이나 악기를 배웠다. 또한 급여를 받으니 지인들과 즐거운 시간을 보내고, 손자녀에게 선물을 줄 수 있다고 덧붙였다. '할 일이 생기고, 보람을 느끼며, 일하면서 함께 소통하고, 일자리 전후로 활발한 활동도 하고, 나아가 적은 급여라도 이웃과 나눌 수 있는 즐거움'이 노인일자리사업이 주는 혜택이다. 비록 일부 사업에서는 '노인이 시간만 떼우는 게 아닌가?'라는 의구심이 드는 경우도 있지만, 노인 당사자 처지에서 보면 그 시간조차 '소일거리를 하며 움직이고, 소통하며, 소득을 얻는 없어서는 안 될' 시간이다. 노인일자리사업은 노인 우울증이나 질병으로 인한 사회적 비용 대신, 노인 참여로 사회에 기여하고 사회적 비용을 예방하는 뜻깊은 사업이다. 초고령사회를 앞두고 급증하는 노인인구는 이전보다 노인일자리에 더 관심을 가지고 있고, 수요에 발맞춰 액티브 시니어가 선호하는 새로운 일 모델이 지속적으로 등장할 전망이다. 한국의 고령층은 김태유 교수가 말한 '일할 필요, 일할 능력, 일할 의지'의 삼박자를 갖추고 있다.[40] 베이비붐 세대의 노인 진입과 맞물려 액티브 시니어의 창의력을 갖춘 새로운 일자리 일거리 모델이 늘어나길 바란다.

40) 김태유, 은퇴가 없는 나라, 2013년

# ▌ 노인일자리 유형[41]

| 공공형 | 공익활동 | 지역사회 공익 증진을 위해 자발적으로 참여하는 봉사활동<br>• 참여연령 : 만 65세 이상<br>• 활동내용 : 노노케어, 학교급식 지원 봉사, 도서관 등 공공시설 봉사 |
|---|---|---|
| | 재능나눔활동 | 재능을 보유한 노인이 참여하는 나눔 활동<br>• 참여연령 : 만 60세 이상<br>• 활동내용 : 학습지도, 문화예술공연 등 |
| 사회서비스형 | | 사회적 도움이 필요한 영역에서 노인의 역량을 활용한 서비스를 제공하는 일자리<br>• 참여연령 : 만 65세 이상(일부사업 만 60세 이상 참여가능)<br>• 활동내용 : 장애인 이동보조 및 활동보조, 보육시설 업무지원, 시니어 취업상담 지원 등 |
| 민간형 | 시장형 | 노인이 근무하는 소규모 매장을 운영하고 발생되는 수익으로 급여를 지급하는 일자리<br>• 참여연령 : 만 60세 이상<br>• 활동내용 : 시니어카페, 식품제조, 아파트택배 등 |
| | 취업알선형 | 기업에 노인취업을 연계<br>• 참여연령 : 만 60세 이상<br>• 활동내용 : 시험감독관, 주유원 등 |
| | 시니어인턴십 | 기업에서 노인이 인턴으로 일할 수 있는 기회 제공<br>• 참여연령 : 만 60세 이상<br>• 활동내용 : 물류관리, 고객상담 등 |
| | 고령자친화기업 | 다수의 고령자를 고용하는 기업을 지원<br>• 참여연령 : 만 60세 이상<br>• 지정기업 : 로쏘㈜성심당, ㈜커피큐브, 중앙생명연구원㈜ 등 |

---

41) https://www.seniorro.or.kr:4431/event/type.do

# 설외밸, 설렘과 외로움의 균형

#평생학습과 설레는 삶  #호기심 천국  #디지털 라이프  #시간 부자

주변에 나이를 거꾸로 들어가는 선배 시니어를 보면 한 가지 공통점을 가지고 있다. 바로 이분들이 자주 "매일 설레요. Everyday is a new day.(매일이 새로운 하루잖아요.)"라고 말을 한다는 것이다. 하지만 그 연령대의 대부분은 무력감과 우울증에 빠져 과거에 집착하는 모습을 보인다. '아 옛날이여' 또는 '왕년에'를 입에 달고 위안을 삼는다. 그리고 새로운 변화에 대해서는 호기심을 별로 보이지 않고, '내가 예전에 다 해 봐서 아는데...'가 맨 처음 입에서 나오는 말이다. 여전히 과거 각자 화려한 시절과 경험에서 나오려 하지 않는다. 적절한 회고는 삶의 기쁨과 감사의 조건이 되지만, 계속되다 보면 무력감과 우울증은 커지고, 주변 사람들로부터 고립되기 쉬워진다. 특히 젊은 세대처럼 오늘과 내일에 관심이 큰 경우, 지루하거나 듣기 싫은 잔소리로 치부되기 쉽다.

과거의 향수에만 몰입되기 쉬울 때, 노년의 즐거움을 이야기하는 분들이 늘고 있다. 김열규 명예교수는 「노년의 즐거움-은퇴 후 30년... 그 가슴 뛰는 삶의 시작!」이라는 책을 출간했다. 책에서 그는 '삶의 노숙함과 노련함으로 무장한 노년이야말로 청춘을 뛰어넘는 가능성의 시기이자 가슴 뛰는 생의 시작'이라고 전한다. 그는 '노년의 설렘과 행복은 그냥 오는 게 아니다. 하고 싶은 일을 찾고, 주위와 소통해야 해야 한다. 경제적 노후 대책을 세우고, 나이 들어도 즐길 수 있는 운동을 배우고, 마음의 상처를 치유할 문화적 취미를 가져라. 그러면 노후가 그리 허망하진 않을 것이다.'라고 조언한다. 42년간 치과의사의 삶을 살다 70대 노년 연기자로 변신한 이동찬 배우도 새로운 시각과 도전으로 설레는 삶을 만들어가고 있다.[42] '손이 떨리고 눈이 어두워서' 일터였던 치과를 닫고 은퇴한 그는 처음에는 갑작스럽게 다가온 노년의

---

42) https://news.mt.co.kr/mtview.php?no=2022042815534764489

삶에 적응하지 못해 힘든 시간을 겪었다. 그는 '내가 뭐하고 있는 거지, 왜 이렇게 사는 거지' 싶고 우울감이 왔다고 회고한다. 무언가 해야겠다고 결심했고, 치과의사로 사느라 마음 한편에 묻어둬야만 했던 배우의 길을 생각했다. 70대의 나이에 신인배우로 데뷔하고, 우울감과 무기력감은 씻은 듯 사라졌다고 고백한다. 그는 "나이 들어 하는 도전이 쉽지는 않아도 내가 좋아하는 일을 하니까 두려움보단 설렘이 찾아오더라. 촬영장소에서 열정적으로 사는 젊은 친구들과 소통을 하면 나도 저절로 젊어지는 느낌이 든다."고 말한다. 그는 노년이 허망하기만 한 시간은 아니며, 그의 주변을 보더라도 또래들은 손자녀나 질병과 죽음에 대한 얘기나 하지만, 하고 싶은 일을 찾고 소통하는 사람들은 그 속에서 설렘과 행복을 얻는다며 노후도 생각처럼 그리 허망하지는 않을 것이라고 강조한다. 서울국제노인영화제에 참여한 강혜령 감독은 언제가 들려주고 싶은 '늙은 나무' 이야기를 전한다.[43] "청년과 노인 두 나무 이야기를 써 놓은 게 있어요. 젊은 나무는 숲에서 가장 훌륭한 나무가 되려고 자신만 돋보이려 해요. 그와 달리 늙은 나무는 새 둥지를 만들게 하고 보듬어줘요. 늙은 나무는 젊은 나무에게 말해요. 자연과 함께 살아가고, 옆에 있는 소중한 존재를 살피는 것이 나를 살리는 일이라고요."

비단 설레는 삶은 경제적 여건이 탄탄하고 노후가 준비된 사람들만의 이야기는 아니다. 다큐멘터리 '칠곡가시나들'이라는 영화를 제작한 김재환 감독은 「오지게 재밌게 나이듦」이란 저서를 통해 설레는 삶을 이야기한다.[44] 그는 할머니들의 일상을 풍요롭게 채우고 있었던 것은 바로 '일용할 설렘'이라고 전한다. 영화 '칠곡가시나들'에 출연한 할머니들은 평범한 노인들이다. 조금 특별한 점이라면 마을 문혜학교에 다니며 뒤늦게 '한글 공부'하는 재미에 빠졌다는 것이다. 새로운 세상을 발견한 할머니들이 아침 일찍 글을 배우러 마을회관을 찾고 떨리는 손으로 느릿느릿 기역니은 글자를 쓰며, 그동안 읽지 못했던 간판을 읽는 모습 등이 비춰진다. 김재환 감독은 할머니들을 보면서 나이 먹어서도 '밥 먹듯이 설렘이 필요하다.'는 생각이 떠나질 않는다고 인터뷰에서 밝히고 있다. 노년의 기본적 정서는 '외로움'인데, 외로움을 떨치

43) https://h21.hani.co.kr/arti/culture/culture_general/47617.html

44) https://www.eroun.net/news/articleView.html?idxno=20496

기 위한 온갖 시도는 결국 실패로 끝남을 잘 안다. 그런데 재밌게 나이 드는 사람들의 공통점을 보니, 새로운 것을 배운다든지 안 해봤던 일을 시도한다든지 자신을 설레게 하는 무언가를 꼭 찾는다. 젊을 때는 '워라밸(일과 삶의 균형)'을 얘기하는데, 나이 들어서는 '설외밸(설렘과 외로움의 균형)'이 필요하다고 강조한다. 외로움을 달래는 유일한 해독제는 설렘밖에 없다고 전한다. 칠곡 할머니들에겐 한글 공부가 '설렘으로 들어가는 입장권'이었다. 글을 배운 뒤 생애 처음 아들에게 편지를 써보고 자식들과 문자 메시지도 하고, 은행 업무를 보며 사인도 하게 되었다. 최근 TV 주말드라마 '진짜가 나타났다!'에서 은금실은 한글을 모르는 재벌 할머니다. 드라마 속에서 손자 며느리를 통해 한글을 깨우치는 즐거움이 잘 묘사되고 있다. 누구에게나 새로운 설렘을 주는 새로운 배움이나 활동은 있다. 그 선택권이 노년들에게 주어지고 있다.

이러한 평생학습(Lifelong Learning)은 사람이 인생 전체에서 지식, 기술, 경험, 인식 등을 지속적으로 습득하고 개발하는 것을 말한다. 고령자에게 평생학습은 지성적인 나이듦(Intellectual Aging)을 추구하기 위해 절대적으로 중요하다. 고령자들은 평생학습을 통해 새로운 기술과 지식을 습득한다. 새로운 취미나 관심사를 개발한다. 나아가 사회적 연결성을 유지하고 자아실현과 성취감을 느끼는 데 도움을 받는다. 평생학습은 경제적인 생활을 계속 영위하는 것과 지역사회나 사회 전반에 기여하는 데 도움이 된다. 나이를 거꾸로 드는 액티브 시니어 선배들의 공통점은 오늘을 충실히 살아가고, 항상 설레는 새로운 배움과 도전 그리고 실천으로 하루를 꽉 채운다는 것이다. 그들의 삶의 궤적이 시간을 통해 전문성과 신뢰로 축적된다. 10~20년이 지나면 고령층과 사회에 소중한 패스파인더(Path Finder)의 흔적으로 남는다. 최근에 노인 세대에 합류하는 후배들은 그들의 경험과 조언으로 더 충실한 설렘을 찾아 발을 내딛고 있다.

**호기심 천국**

　조왕래 작가는 '브라보마이라이프' 잡지를 통해 '호기심이 있으면 마음은 늙지 않는다'는 글을 소개했다.[45] '나이를 먹으면 웬만한 것은 보고 듣고 느끼고 해도 어지간해서는 감동하지 않습니다. 어린아이는 새로운 것을 늘 보고 기뻐서 하루 800번을 웃지만, 어른은 하루 8번 웃기도 어렵다고 합니다. 아이들은 궁금한 것이 많아서 어른들에게 계속 질문합니다. 하지만 어른들은 어지간해서는 그러려니 하고 스스로 답을 얻고 말지, 궁금해서 또는 호기심으로 질문하지 않습니다. 알고 싶은 욕망이 강렬하지 않기 때문입니다.' 그는 '배우고 익히면 즐겁지 아니한가?'라는 공자의 말을 인용하며 호기심을 가지고 세상을 바라보면 세상은 온통 호기심 천국이고 우리에게 호기심이 있는 한 영원한 청춘임을 강조한다.

　필자 주변에는 호기심으로 가득 찬 고령자가 여럿 있다. 한 분은 매일 오가는 도서관 길에서 주변의 자연환경에 귀를 기울인다. 오늘은 어떤 소리와 풍경이 새로운지 감상한다. 필자도 퇴직 후 수년을 매일 새벽에 북한산 둘레길 산책에 나섰었다. 실개천의 물고기와 지저귀는 새소리, 바람 소리, 빗소리를 들으며 아침이 설렜다. 어떤 날은 둘레길에서 노루를 만나고 꿩도 볼 수 있었다. 햇살의 모양과 만나는 동식물의 개수를 세어가면서 흥얼거리던 시절이 있었다. 일본의 커뮤니티 사례를 경험하고 마을공동체에 전념하는 지인은 새로운 길을 탐색하길 좋아한다. 목적지는 같지만 동선을 조금 달리하며 이것저것 살피며 새로운 변화나 실험에 설레한다. 일반적인 여행패키지 대신 의미를 담은 여행을 떠나고, 우리의 역사 흔적을 담은 유적지를 굳이 찾아 그 의미를 되새긴다. 다른 분은 퇴직 전 바빠 손을 못 대던 철학 서적에 심취하신다. 동양 철학자의 글을 읽고, 서구의 젊은 석학들의 글을 원서로 탐독한다. 스스로 시대정신과 중요한 화두를 찾아 읽고, 정리하고, 발표한다. 그런 분을 지인으로 둔 나는 '인류세(Anthropocene)'와 같은 신조어를 들어본다. 인류세는 홀로세(현세) 중에서 인류가 지구환경에 큰 영향을 미친 시점부터를 별개의 세(지질시대)로 설정한 개념이다. 정확한 시점은 합의

---

45) https://bravo.etoday.co.kr/view/atc_view/6298

되지 않은 상태이지만 대기의 변화를 기준으로 할 경우 산업혁명이 그 기준이다. 아마 다수는 무슨 소리인지 모를 것이다. 나도 그랬다. 어른들이 아이들의 미래를 훔치고 있다는 메시지를 전하는 키워드를 소개하는 것이다. 기후 위기로 '닭 뼈와 플라스틱이 가득 찬 시대'를 호기심과 후대를 위한 따스한 마음으로 경고한다. 또 다른 지인은 자신이 사는 동네 사진을 끊임없이 찍고 기록한다. 세월의 흔적을 고스란히 담아, 나중이라도 살던 동네의 흔적을 후대가 볼 수 있게 기록한다. 또 다른 이는 퇴직 후 문화예술에 심취한다. 평소 관심 있던 음악가나 미술가의 작품을 찾아 길을 나선다. 그는 설레는 마음과 목소리로 '류이치 사카모토 : 나는 앞으로 몇 번의 보름달을 볼 수 있을까'라는 전시를 소개하고, 엔니오 모리꼬네(Ennio Morricone)의 '엔니오 더 마에스트로'라는 다큐멘터리 영화를 보라고 권한다. 문화예술을 잘 모르는 사람들도 무의식중에 들어봤을 법한 대가들의 이야기와 예술작품에 설렘으로 소통한다. 또 다른 이는 70대 후반으로 들어서며 웰다잉을 제대로 공부한다. 대학에서 진행하는 교육 프로그램에 참여하고 실습한다. 책을 읽고 현장을 방문하며, 스스로 진지한 탐구를 한다. '좋은 죽음'을 스스로 준비하는 설렘의 역설을 체험한다. 잘 죽기 위해서는 지금 오늘을 충실히 살아야 한다는 삶의 경험을 나눈다. 또 다른 지인은 팝 스토리를 음악 이야기로 풀어낸다. 단순히 음악을 듣는 데서 그치지 않고, 음악 속 숨은 이야기를 정리하고 가치를 전달한다. 또 다른 이는 제철 음식과 건강밥상을 소개한다. 시니어 삼식이 탈출을 위한 건강하면서 손쉽게 따라 할 수 있는 방법을 알려준다. 지인들과 새로운 개념의 소풍 나들이도 시도하고, 자연환경에 어울리는 음식과 공간을 찾아 실험하고 웃고 나눈다. 또 다른 이는 퇴직 전 전문성과 현장 경험을 바탕으로 건강한 몸을 연구한다. 글로벌 석학들과 동서양 전문 서적을 섭렵하며, 일상생활에서 건강한 삶을 실천하고 탐색한다. 또 다른 지인은 공동체 주거에 대한 진정성과 전문성을 바탕으로, 시대적 이슈인 역전세난에 능동적으로 대처한다. 사람들의 이해관계가 첨예한 현장에서 활동하는 것은 힘든 일이지만, 그 결과가 만들어낼 더 나은 사회에 대한 설렘으로 극복해 간다.

당신은 하루 중 어떤 일에 설레는가? 스포츠 활동에 참여하면서 조금 더 발전해가는 모습과 함께 어울리는 사람들과 즐거운 소통을 원하는가? 젊을 때 하고 싶었던 문화예술활동을 배우고 시도하고 싶은가? 삶의 의미를 돌아보고, 사랑하는 가족과 이웃들을 위해 자신만의 유산(Legacy)을 전달하고 싶은가? 그 시작점은 작은 호기심이며, 그 호기심은 오늘과 내일의 삶에 의미를 부여하고 시도할 때 작동한다. 무료하거나 지루하기 쉬운 오늘, 자신이 하고 싶던 의미를 부여하는 일을 호기심을 가지고 시작해 보시라.

### 사례 2  챗GTP와 BARD의 차이를 알아? 디지털 라이프

고령층이 코로나19를 겪으며 디지털 활용이 예전보다는 많이 늘었다. 유튜브 이용 경험만 보더라도 대부분 노인들이 즐기는 채널로 급속히 바뀌고 있다. 몇 년 전만 해도 현장에 디지털 리터러시(Digital Literacy) 교육을 진행하면 문자 발송도 못 하는 분들이 여럿 계셨다. 당시 1백만 원을 넘는 스마트폰을 가지고 있었지만, 정작 전화 받는 것 외에는 사용법을 전혀 모르는 분들도 있었다. 코로나19를 겪으며, 문화예술 분야에서는 네이버 밴드나 카카오톡 등을 통해 교육 콘텐츠를 전달하는 경험이 축적되었다. 비대면 채널이 활성화되면서 Zoom과 같은 화상회의에 참여하는 경험자도 늘어갔다. 게다가 다양한 디지털 교육 프로그램이 노인복지관 등을 통해 전파되면서 시니어들은 디지털 활용에 빠르게 적응해갔다. 무엇보다 현금 거래가 없는 무인 판매대가 늘자 초기에는 당황했지만, 이런저런 방식으로 적응해가고 있다.

반면 젊은이와 동일하거나 어쩌면 더 빠른 속도로 디지털 라이프를 즐기는 지인들도 있다. 우연히 길거리에서 만나면, 최근 디지털 발전 동향에 맞춰 "Open AI의 챗GPT와 구글의 BARD는 차이가 있어요?", "내가 명령어를 입력해서 그림과 동영상을 만들고 있는데, 생각보다 이런 점은 약간 부족하네요." 이런 심도 깊은 대화가 오간다. 챗GPT(Chat Generative Pre-trained Transformer, 대화형 인공지능 챗봇)라는 말 자체도 정확히 알기도 어려운데 70대를 넘긴 고령자의 입에서 나오는 대화의 내용이 놀랍고 충격이다. 정말 호기심으로 학습하고 실험하고 심취한 모습이다. 개념을 이해하는 것도 대단한데, 인공지능이 만들 내일에 대한 호기심과 대비에 관심을 보인다. 마치 후기 고령자 중에 한글을 배울 기회가 없어, 한글 배우기가 새로운 세상의 문을 열어주던 시대가 조금씩 지나간다. 이제는 인공지능 디지털 세상을 알아야 또 다른 세상을 경험할 기회의 문이 열리는 시기일지도 모른다. 네이버 파파고를 통해 실시간 언어가 번역되는 모습을 보면 깜짝 놀라는 분들이 여전히 다수지만, 해외여행을 가더라도 당당하게 우리말로 소통하거나 디지털 기기의 도움을 받는 당당한 고령자가 늘고 있다.

물론 디지털 시대가 좋은 것만은 아니다. 50대만 되더라도 눈은 침침하고, 반응속도는 느려진다. 또 다른 새로운 것을 배우고 익히는 것이 불편하게 다가오기 쉬운 때다. 무엇보다 직접 대면하며 눈 맞추고 손을 잡고 함께 식사하고 즐기는 즐거움은 디지털 가상 체험이 주기에는 여전히 한계가 있다. 우리는 직접 만나 소통하는 것이 익숙하다. 그럼에도 우리는 집이나 공항이나 도로나 해외나 사무실에서 디지털로 연결되며 소통하고 삶을 나눈다. 디지털 금융 사기와 같이 전문가들도 피하기 어려운 위험 또한 존재하지만, 오늘과 내일을 살아가는 고령층에게 디지털은 새로운 호기심이며 가능성이다. 잘 모르면 묻고 배워보자. 필자도 4년 전 우연히 동영상 강의를 찍다가 '유튜브 콘텐츠가 필요하겠구나.'하며 각성했다. 그리고 유튜브 관련 교육 프로그램을 신청해서 듣고 배웠다. 꾸준히 뭔가 만들다 보니 시간이 지나고, 지금은 유명 비영리단체의 유튜브 PD라는 부캐(부 캐릭터)도 가지고 있다. 무엇보다 내가 연구하는 시니어 라이프 비즈니스를 기록하고 소통하는 채널로 활용한다.

최근 지인과 공공기관장이 나눈 대화가 인상 깊다.

공공기관장 : 강사님 콘텐츠 소개 부탁드립니다.
지인 : 네. 책과 블로그가 있습니다.
공공기관장 : 그것 말고요.
지인 : 아. 유튜브 영상 올려져 있습니다.
공공기관장 : 그것 말고, 유튜브 채널 없으신가요?

세상은 빠르게 변한다. 필자에게 유튜브 제작을 여러 해에 걸쳐 묻던 지인이 있다. 4년째 관심을 보이다 최근에 시작했는데, 반나절 만에 인공지능 무료 솔루션을 통해 배우고 만들어 냈다. 아바타를 활용하고, 써 놓은 글을 바로 연동해서 영상으로 만든다. 점점 기술이 이용하기 편하게 돕고 있다. 필자만 하더라도, 전자타자기를 치고 파워포인트 만드는 기술로 기업에서 인정받던 시절이 있었다. '여전히 과거에 머물지, 아니면 호기심을 가지고 배워갈지' 선택권이 놓여있다. 이 나이에 뭘 또 새로운 것을 배우나 하는 분들이 여전히 많다. 그러나 그들은 생각보다 더 살날이 많음을 체감하고 뒤늦게 후회한다. 또 다른 저명한 지인은 고령임에도 귀를 기울여 듣는다. 천천히 숙고하고 필요성을 체감한다. 그리고 젊은이와 소통하며 새로운 디지털 기기를 적극 활용한다. 최근에 필자에게 이렇게 질문하신다. "챗GPT를 써보니 검색 부분에서는 사실과 다른 부분들이 있네요. 그렇지만 기술이 놀랍네요. 우리가 하는 일에도 적극 활용할 방법을 생각해 보면 좋겠습니다." 중요한 것은 열린 마음과 오늘을 충실히 소통하며 살아가려는 자세가 디지털 라이프의 출발점이지 않을까 생각한다. 이러한 고령자의 디지털 라이프를 돕기 위한 디지털 전환 지원 또한 늘어야 한다. 기술노년학(Gerontechnology)은 고령자들이 일상적으로 사용하는 기술 연구뿐 아니라, 고령자들의 다양한 요구, 욕구에 맞춘 기술의 개발과 적용에도 초점을 맞춘다. 이제 디지털과 기술은 노년의 삶에서 떼려야 떼어내기 어려운 삶의 일부다. 디지털 라이프는 회피와 두려움이 아니라, 호기심과 열린 마음으로 받아들여야 한다.

**시간 부자. 여행, 평생학습, 액티브 취미**

고령자들이 여가를 보내는 대표적 트렌드 두 가지는 여행하면서 공부하고 친구 사귀는 '여행학습모델'과 한 곳에서 먹고 배우고 어울리며 원하는 욕구를 다 충족하는 '복합문화공간모델'이다. 두 가지 모델의 공통점은 평생학습을 추구하고 커뮤니티 활동으로 친구를 사귄다는 것이다. 정서적 건강이 모든 세대에게 필요하다지만, 특별히 고령자들에게 중요한 것은 익숙한 제3의 아지트에서 같이 먹고 배우고 어울리며 커뮤니티 활동을 통해 소속감을 느끼고 육체적 건강까지 챙길 수 있어서다.

액티브 취미도 은퇴 후 설레는 삶의 일환으로 주목받는다. 고령층에는 관심사로 꼭 해보고 싶은 취미·여가가 있고, 독립적으로 오래 살아가기 위해 필수적인 일상생활을 위한 취미·여가도 있다. 또한, 신체적 혹은 정신적 건강을 챙기는 데 도움이 되는 취미·여가를 시작할 수도 있다. 인생 전반전에 주어진 책임과 역할수행으로 미뤄왔던 여행을 통해 자기를 발견하거나 인생을 탐험하기도 하고, '클라이밍, 패러글라이딩, 패들링' 등 아웃도어 스포츠를 배우는 이들도 있다. 또한 주변에서 '공방, 공예, 요리' 등 오감을 풍성하게 하는 시간소비 콘텐츠를 활용하는 사례들도 어렵지 않게 살펴볼 수 있다.

나에게 맞는 취미·여가를 발견하기 위해서 동시다발적으로 시도해 볼 필요가 있다. 지인 중에 일찍 파이어족으로 은퇴하고 새로운 인생을 살아가는 이들이 있다. 은퇴 후 처음 찾는 일은 스포츠와 예술 분야에 대한 탐험의 경우가 손쉬운 접근이다. 지역 주민체육시설이나 문화예술기관의 프로그램에 참여하는 것에서 시작해 자신이 하고 싶었던 스포츠를 찾아 하나씩 도장 깨기로 접근하기도 한다. 매년 목표를 정하고, 배우고, 즐기며 여러 번의 시도 끝에 자신에게 적합한 스포츠를 찾아 매진하기도 하고, 설혹 찾은 스포츠가 나이 듦에 따라 부담스러워 중단하는 것들도 본다. 중요한 것은 각자가 처한 상황에 맞게 취미·여가를 지속할 수 있느냐를 점검해 가는 것이다.

지역·기관별 다양한 평생학습 프로그램이 제공된다. 조금만 관심을 가지고 검색해보거나 찾아가 상담 과정을 거치면 된다. 혹자는 새로운 취미·여가를 시도하려 기관을 어렵게 찾아

갔는데, 한두 번 가보니 동료들이 마음에 들지 않아 그만두는 경우도 발생한다. 은퇴 후 너무도 다양한 삶이 있는데, 익숙하지 않은 환경에서 적응하려는 노력이 적거나 생각보다 강한 불만스러운 환경에 처할 때 그만두기도 한다. 그럼에도 노년기에는 조금은 긴 호흡으로 선정한 취미·여가를 지속해 볼 필요는 있다. 어딜 가나 자기에게 맞지 않는 사람들이나 불만스러운 환경을 피하기는 쉽지 않다. 비운 마음과 자세로 새로운 것을 배워보겠다는 태도가 필요할지 모른다. 지인 중 은퇴 후 캘리그래피와 꽃꽂이를 배우기 시작한 사례가 있다. 처음 시작이야 하고 싶던 분야라 좋았지만, 시간이 점차 흐르면서 불만스러운 부분들이 눈에 띄기 시작했다. 그래도 정해진 기간은 채워서 배우겠다는 자세로 취미 여가를 지속했고, 시간과 노력이 투입되자 결과물도 뒤따라왔다. 각각 마스터 인증을 받았다. 물론 그것이 있다고 뭔가 달라지거나 일자리와 연계되거나 하는 것은 아니다. 그럼에도 자신의 노력에 대한 결과물을 남기는 태도는 바람직하다. 시간이 지나 '내가 뭘 했나?'라는 질문에 그래도 당당히 이런저런 흔적과 결과물을 남겼다고 자부할 수 있기 때문이다. 10년 전에 퇴직한 세대 중에서도 자격증을 100개를 딴 사례를 접했다. 실제 삶에서 자격을 가지고 연계된 활동을 하는 것은 생각만큼 녹록하지 않다. 만약 일자리가 목표였다면, 젊은 시절 전공 과정을 마치고도 인턴십을 거쳤던 과정을 다시 곱씹어 볼 필요가 있다. 퇴직 후에는 더욱 치밀하게 준비해야 한다. 밑바닥부터 배우고 필요한 자질을 익히고 전문가를 돕는 일부터 시작해야 한다. 그런데 인생 전반전과 달리 평소 해보고 싶었던 분야에 대한 진지한 탐험이었다면 말이 다르다. 다양한 실험과정의 일환이라고 한다면, 가볍게 즐기며 해볼 만하다. 인생 후반전은 평생학습과 액티브 취미·여가를 시도해 볼 새로운 기회다. 지역사회에서 먼저 퇴직해 활발한 활동을 즐기는 선배 시니어를 만나 이야기도 듣고 어울려 보면 생각보다 어렵지 않게 정보를 얻을 수 있다. 중요한 것은 새로운 탐구에 대한 호기심과 실천하려는 용기 있는 첫걸음이다.

　노년기에 누구나 노화되는 신체와 줄어드는 소득 그리고 뭘 할지 모르는 시간을 만나며, 삶이 점차 축소 또는 고립되거나 과거에 갇히기 쉽다. 평생학습, 디지털 라이프, 여행과 취미·여가 등을 통해 오늘이 설레고 기다려지는 그런 노년을 보내보면 어떨까? 지금 세대와 소통하고, 후대를 위해 경험과 경륜을 기록하고 나누고 즐기는 삶은 어떤가? 어차피 근로소득이 자연스럽게 끊기고, 더 이상 인생 전반전처럼 살기 어렵거나 그렇게 살 필요가 없다고 느낄 때가 온다. 미리 준비하고 설레는 하루를 보내기로 마음먹으면 어떨까? 100세가 되어도 할 일이 있고, 매일 설레는 삶을 살 수 있는 노년기가 기다리고 있다. 최근 지인이 페이스북에 이런 글을 남겼다. '시간 부자 대열에... 갈 데가 있나? 오라는 데가 있나? 이때다 싶다. 남들이 읽기 힘들어 도중에 포기한다는 헤르만 헤세의 '유리알유희'를 읽기로. 그러다 보면 시간이 가겠지...' 누구보다 활력 있게 청년기를 보낸 지인의 글에 깊은 공감이 간다.

# 금융 리터러시와 자기결정권 #금융사기 #신탁 #웰다잉

　노후를 준비할 때 가장 기초적인 질문이 "과연 얼마의 자산이 필요한가?"이다. 은퇴 후 눈에 띄게 줄어드는 근로소득은 미래에 대한 불안감을 높인다. 가급적 생활비를 아끼고 줄이지만, 급작스레 발생하는 의료비나 가족 지원비에 대한 대응은 만만치 않다. 무엇보다 정확한 금융교육을 받은 경험이 적어, 좌충우돌하기 쉽다. 막연하게 주식에 장기 투자하라는 이야기에 끌려 적지 않은 자산을 투자했더라도 경험에 근거한 자기만의 철학이 부족해 손실로 끝나는 경험을 갖는 사람도 있다. 필자는 20대부터 금융에 관한 관심이 높았고, 금융기관에 종사도 하고, 교육도 했기에 지식이 높다고 생각한다. 그리고 지금도 매일 정기적으로 학습하고 투자하기를 30여 년이 넘었지만, 여전히 명확한 금융에 대한 나만의 원칙을 수립하기에는 변수가 너무 많다. 무엇보다 금융 리터러시에 대해 금융 지식과 함께 현장 경험이 녹아들어 체득되어야 함이 틀림없다. 주변에 투자로 큰 성공을 이룬 경우를 보더라도 장기적으로 볼 때 자신만의 원칙 없이 운이 좋은 경우가 적지 않지만, 이런 경우는 조그만 변수에 와르르 무너질 수 있다. 대형 금융기관에서 종사한 전문가라도 은퇴 후 큰 낭패 경험을 피하지 못하기도 한다. 다만 큰 차이는 금융종사자는 기본원칙 정도는 체득되어 있기에, 남들과는 달리 안정적인 현금흐름이나 포트폴리오(Portfolio) 구축으로 최소한의 안전만은 유지하는 것이 특징이다.

　한 지인은 경제연구소에서 근무했기에 다양한 자산관리와 글로벌 금융 트렌드에 정통했다. 그러나 은퇴 후 과도한 자신감으로 자신의 투자에 있어서 혹시라도 발생할 수 있는 변수를 등한시해 어려움을 겪기도 했다. 퇴직 전 소속 기관이 주는 안정감, 특히 매월 발생하는 소득이 사라질 때, 사람들은 성급한 판단과 행동으로 실수를 저지르기도 한다. 일부 전문가들의 경험도 이럴진대, 일반 고령자가 맞닥뜨린 현실은 혼돈 그 자체일 수도 있다. 우리나라에 가상화폐 열풍이 불었을 때, 2030세대뿐 아니라 5060세대에서도 적지 않은 손실이 있었다. 소위

묻지마 투자는 현실에서 여유자금이 아닌 노후자금을 끌어다 쓰는 경우가 많다. 필자도 비트코인이나 이더리움과 같은 코인의 경우는 확실한 투자가치가 있다고 판단했다. 지금 시점에서 볼 때 글로벌 금융기관도 자산의 아주 일부를 투자하고 있다는 점을 볼 때 나쁘지 않은 판단으로 보이기도 하다. 그럼에도 개인의 투자영역으로 오면, 당장의 현금흐름에 대한 과욕이나 출렁거리는 시장변동성 속에서 중심을 잡고 투자를 지속하는 것은 매우 어려운 일이다. 오르면 빚을 져서 더 투자하고 싶고, 떨어지면 다 팔아버리고 싶은 투자행태는 다수의 경우 큰 손실의 경험으로 다가선다.

우리는 누구나 삶에서의 금융과 경제의 의미를 이해하고 다양한 금융 기술과 지식, 전략을 습득해야 함을 이해한다. 이를 금융 리터러시(Financial Literacy)라고 한다. 금융 리터러시를 기반으로 개인의 재정적 미래 계획을 설계하고, 자금 관리 시 책임 있는 금융 결정을 할 수 있는 능력을 갖출 수 있다. 이러한 금융 리터러시는 '개인 재무 상황의 안정과 성장, 소비패턴의 지속가능성 확보, 주식 등의 투자의 안정성 보장, 금융 위기 대응 능력' 측면에서 중요하다. 즉, 금융 리터러시가 높은 사람은 자신의 수입과 지출, 저축과 대출 등 개인 재무 상황을 체계적으로 관리할 수 있다. 또한 소비패턴을 사전에 상황 판단해 결정한다. 나아가 빠르게 변화하는 금융환경 속에서 적절한 분산 투자와 투자의 안정성을 보장할 수 있다. 금융 위기 같은 상황에서 빠른 상황판단으로 침착하게 대처할 능력을 갖추게 된다.

「시니어 레거시」에서는 부(자산)를 추구하는 목적에 대한 정답은 없겠지만 '자신만의 기준'이 필요함을 강조한다. 현재의 재무 상태는 이전부터 무의식적으로 반복되어온 습관과 사고의 결과물이며, 당연하게도 미래에 지속적인 영향을 주기 때문이다. 자신만의 기준과 함께 예측 가능한 현금흐름인 수익(인컴, Income)을 확보하는 것의 중요성을 이야기한다. 수익이 확보되었거나, 예측 가능한 계획을 세웠을 때, 소중한 자녀와 가족 또는 직원들에 대한 책임과 의무로 소홀했던 나의 욕구에 집중해서 이제는 내가 하고 싶은, 가장 만족스러운 선택을 하고 실행할 수 있다고 조언한다. 이것이 자기결정권인데, 자연스럽게 웰다잉으로 이어진다. 노후에 사랑하는 대상에 대한 재무적인 대응 방법까지 미리 준비할 수 있다. 한평생 피땀 흘려 모은 재산을 사랑하는 대상에게 온전히 나눠주고, 이 대상이 비단 가족이나 반려동물을 넘어서 이웃과 사회로 남기는 노력의 시작은 '금융 리터러시부터 시작해 자기결정권과 웰다잉'으로 이어지는 연결이다.

### 사례 1 노인 금융 사기

"아들이 납치되었어요. 빨리 돈을 찾아야 해요." 고령층의 보이스피싱 범죄 피해는 하루 이틀의 일이 아니다. 고령층은 정보기기 사용 미숙, 낮은 정보 접근성 등으로 인해 금융사기의 피해자가 될 위험성이 높다.[46] 금융감독원의 2022년 '60세 이상 고령층 대상 보이스피싱 현황' 자료에 따르면 전체 범죄 건수와 피해 금액은 감소 추세인데, 고령층 피해 비중은 2018년 상반기 대비 3.5배 증가한 56.8%로 나타났다. 고령층 대상 보이스피싱 범죄 수법도 점점 진화하고 있다. 코로나19 이후 비대면 채널 이용 증가로 메신저 피싱 금융사기가 급증하는 것으로 나타났다. 주로 가족, 지인을 사칭한 범죄자가 피해자에게 휴대폰 파손, 신용카드 분실 등 불가피한 상황을 알리며 악성 링크 연결을 유도한 후 개인정보를 탈취하는 방법을 사용한다. 주변의 베이비붐 세대도 예외는 아니다. 고학력과 대형기관 근무 경험을 가졌더라도, 스마트폰과 연동된 금융사기는 전문가도 피하기 어려운 경우가 잦다고 지적한다. 스마트폰 하나로 모든 금융거래가 손쉽게 되는 디지털 세상 속에서 고령자는 새로운 신종사기에 대처하기가 쉽지만은 않다. 그래서인지 지인 중에는 스마트폰을 이용한 금융 거래를 하지 않는다고 하기도 하는데, 점차 디지털 거래가 증가하는 시대 흐름 속에서 언제까지 무시할지 우려가 커진다. 예를 들어 시니어 모임에서 총무가 가상 모임 계좌를 만들고, 참여자가 현장에서 송금하는 것이 일상화되어간다. 동네 떡볶이 가게도 중국에서처럼 현금거래를 하지 않고, 심지어 카드도 받지 않고 현장 계좌이체만 고집하기도 한다. 이래저래 디지털 시대 고령층의 금융사기 위협은 점점 증가할 환경이다.

---

46) https://bravo.etoday.co.kr/view/atc_view/14488

G20을 중심으로 한 글로벌 기구인 GPFI(The Global Partnership for Financial Inclusion, 금융포용을 위한 글로벌 파트너십)은 2019년 G20 Fukuoka 회담에서 고령화 대응을 위한 8가지 우선 정책과제를 제시하였다.

## ▌고령화 대응을 위한 우선 정책과제[47)]

| 정책과제 | 주요 내용 |
|---|---|
| 데이터 활용 | 다양한 데이터를 활용하여 고령소비자 특성 및 행동에 대한 심층적 이해, 실증 분석 기반의 정책 수립 및 효과 검증 |
| 디지털 · 금융 이해력 강화 | 디지털 전환 등 금융환경 변화 대응에 필요한 기술 및 지식을 제공하기 위한 맞춤형 지원 필요<br>예 고령소비자 대상 디지털 금융서비스 이용 교육 |
| 전 생애에 걸친 금융계획 수립 지원 | 장수 위험에 대응하기 위한 장기계획 수립을 지원 및 상품 개발<br>예 노후대비 상품 및 서비스 접근성 제고 |
| 고령소비자의 다양한 니즈 고려 | 고령소비자의 다양한 니즈에 부합하는 맞춤형 상품 및 서비스 개발<br>예 금융상품 판매 시 고객의 생애주기를 고려하도록 유인하는 규제 및 정책 도입 |
| 포용적 기술 활용을 통한 혁신 | 금융상품 개발, 소비자보호, 금융교육을 실시할 때 기술을 활용해 고령소비자의 금융접근성 제고 |
| 금융 착취 및 사기 대응을 통한 고령소비자 보호 | 신속하게 문제를 인식하고 다면적 접근방식(예 규제 등 감독체계 강화, 금융교육 실시 등)을 활용해 고령소비자를 금융 착취와 사기로부터 보호하고 고령소비자의 위기관리 능력 강화 |
| 금융-비금융 연계를 통한 통합적 접근 | 일관되고 포괄적인 포용적 금융 실현을 위해 다양한 부문(예 금융부문의 공공기관, 회사, 시민단체와 소매, 통신, 건강, 교육 등 비금융부문)의 이해관계자 간 협력체계 강화 |
| 취약계층의 이슈에 집중적으로 대응 | 취약계층 및 충분한 서비스를 받지 못할 우려가 있는 대상(예 고령 자영업자 등)의 니즈에 대응 |

자료 : GPFI(2019.6.). "G20 Fukuoka Policy Priorities on Aging and Financial Inclusion"의 내용을 토대로 정리

---

47) 장연주, 고령자대상 금융소비자 정책의 주요 이슈와 시사점, 소비자정책동향 제121호

    8가지 정책 제안 중 '금융착취 및 사기 대응을 통한 고령 소비자 보호'와 함께 '전 생애에 걸친 금융계획 장기계획 수립을 지원하는 상품 및 서비스를 개발하고 공급을 활성화하여 장수 위험에 대응'에 관심이 간다. 대부분 소비자가 노후 생활자금 및 장기 간병 비용 마련이 부족한 상태에서 노년기를 맞이하게 되고, 이는 금융 스트레스 및 정신적 부담과 사회적 고립 등 고령 소비자의 노후를 위협하는 요인으로 작용한다고 본다. 구체적인 개선안으로는 노후 대비 필요성 인식 제고 및 상품 서비스 개발과 세제 혜택 제공을 든다. 또한 미래 지출 규모 및 우선순위를 반영하고 소득 평준화에 적합한 금융상품 제공 등 자산관리 가이드라인을 마련할 것을 제안한다. 국내에서도 고령자 보호 측면이 미흡하기에 고령자 금융 피해 방지를 목적으로 한 입법 필요성이 제기되고 있다.[48] 정혜진 국회입법조사처 입법조사관은 "고령자는 인지능력 저하, 상대적으로 낮은 정보 접근성 등으로 인해 젊은 층보다 금융사기 피해자가 될 위험이 크다. 금융 피해로부터 고령자를 보호하기 위한 법과 제도가 필요하다."고 제안한다.

    법 제정 및 제도 개선뿐만 아니라, 고령층에 대한 금융교육도 병행되어야 한다. 고령층의 낮은 금융이해도는 금융사기 피해의 주요 원인 중 하나이기 때문이다. 한국은행과 금융감독원이 실시한 '2022 전국민 금융이해력 조사' 결과에 따르면, 70대 이상의 금융이해력 점수는 61.1점으로 전 연령대에서 가장 낮았으며, 그다음도 60대(64.4점)였다. 30대가 69점으로 가장 높은 금융이해도를 보였으며, 연령이 높아질수록 이해도가 떨어지는 경향을 보였다.[49] 이에 금융위가 제2차 금융교육협회에서 밝힌 금융교육 추진 계획에는 ▲ 보이스피싱 등 금융피해 예방교육 ▲ '착오송금 반환제도', '상속채무 해결방법', '채무자구제제도' 등 신용교육 ▲ 키오스크 이용법, 온라인·모바일 뱅킹 활용법 등 디지털역량 강화 교육 등 고령층에 특화된 교육 내용이 담겼다.

    디지털 시대를 맞아 상대적으로 덜 익숙한 고령자는 여러 금융사기 위험에 처할 확률이 커지고 있다. 건강과 현금흐름에 대한 부담이 커지는 시기이기에, 더욱 급하게 금융과 관련된

---

48) https://www.nongmin.com/355917

49) https://www.ekoreanews.co.kr/news/articleView.html?idxno=66248

결정을 하기 쉽다. 요즘 들어 여러 채널을 통해 금융 리터러시를 높이기 위한 교육이 행해지나 여전히 교육 확대는 필요하다. '소비자원, 금융소비자연맹, 시니어금융교육협의회' 등 현장에서 금융사기에 도움을 주는 기관들이 있어 그나마 다행이다. 교육 범위 측면에서 보면 통합적인 관점에서 금융 리터러시를 알려줄 필요성이 있다. 그런 점에서 금융노년학(Financial Gerontology)에 대한 관심도 함께 필요하다. 금융노년학은 학문 및 전문 교육을 모두 아우르는 다학문 연구 분야로, 금융 및 비즈니스에 대한 관심과 노화 및 인간 발달에 대한 연구를 통합한다. 사회노년학에 뿌리를 둔 금융노년학은 단순히 노인에 관한 연구가 아니라 다양한 노화 과정을 강조하는 학문이다. 필자도 2015년에 서울대에서 CRP(은퇴설계전문가) 과정을 통해 국내에 금융노년학을 소개한 바 있다. 당시에는 노후의 삶과 금융의 결합이라는 관점에서 도입되었다. 점차 노인의 금융사기도 노년기 삶의 '근원적 기회와 위기'라는 측면에서 나아가 '통합적인' 금융 리터러시라는 측면에서 접근해 볼 필요가 있다. 구체적으로 필자는 2023년에 「시니어 레거시, 품격 있는 노년기를 위한 24가지 체크리스트」를 통해 금융노년학의 단서가 되는 키워드를 제시하고 측정하고자 했다. 2024년에는 더 구체적인 현장 사례로 금융노년학의 실생활에서 노년기 품격을 확인할 때다.

## 사례 2  치매에 걸린 노인 1인 가구

초고령사회를 앞두고 고령자 1인 가구에 관한 관심도 커지고 있다. 유명 연예인 이영자는 한 TV 프로그램에서 고급 실버타운을 방문하고, 1인 가구인 자신이 노후에 살고 싶은 곳이라고 밝힌 적이 있다.[50] 50대에도 미혼인 중장년이 늘고 있으며, 노인 1인 가구는 증가 추세에 있다. 노후 준비가 탄탄해 보이는 이영자와 달리 다수의 중장년 1인 가구 주거분포를 보면 자가 비율은 서울시 전체 21%에 대비 14%로 낮다. 이래저래 혼자서 담당할 노후에 대한 걱정이 커지는 대목이다.

## ▌서울시 중장년 1인 가구 주거 특성[51]

**중장년 1인가구 주거특성**

중장년 1인가구 주거 분포와 점유형태

**중장년**

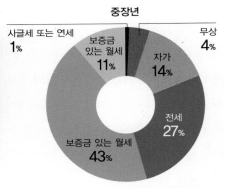

자료 : 통계청 주거실태조사2020

특히 생의 마지막 시점에는 혼자 삶을 마무리해야 하기에, 1인 가구의 노후 대비는 일반인과 조금 다르게 비친다. 최근에는 가족이 있는 경우라도, 이런저런 이유로 혼자서 사망하고 유산을 둘러싼 유류분 소송은 멀리 외국에 사는 일면식도 없던 친척까지 관심을 가지는 현상이 되고 있다.

---

50) https://www.chosun.com/entertainments/broadcast/2021/06/13/ZVKBEGXCJNC7HODHWEJXDH26HA/

51) 송인주, 서울시 50+ 1인가구와 주거 취약 문제와 대안, 서울시 50플러스재단, 2021년

83

## ■ 유언 없이 사망한 경우 _ 법정상속분, 유류분, 법정상속 순위[52)]

유언 없을 때 : 법정상속분에 따라 상속
- 동순위 상속인 여러 명인 때 : 1/n
- 배우자의 상속분 : 50% 가산
- 기여분 : 상속인 중 특별분양, 특별기여 한 사람에게 인정되는 몫
- 특별수익(증여) 공제

유류분 : 상속인의 고유한 권리
- 직계비속과 배우자는 법정상속분의 1/2
- 직계존속과 형제자매는 법정상속분의 1/3
- 유류분 반환청구권 소멸시효 : 유류분 침해 안 때로부터 1년, 상속 개시로부터 10년

| 법정상속 순위 |
| --- |
| 1순위 직계비속과 배우자 |
| 2순위 직계존속과 배우자 |
| 3순위 형제자매 |
| 4순위 4촌 이내 방계혈족 |

여기에 1인 노인가구가 치매라도 걸리면 상황은 더욱 복잡해진다. 일본의 경우 2030년에는 국민총자산의 약 10%인 약 200조 엔이 치매 환자의 자산일 것으로 추정한다.[53)] 만약 이 자산이 동결되면 자금이 흐르지 않아 일본 경제에도 영향이 예상되기에, '치매에 의한 자산동결'은 사회문제로 등장한다. 니혼게이자이신문은 '경제 성장을 위한 투자 재원이 감소하거나 부동산 거래 침체 등 GDP 감소에 이를 수 있다. 치매 환자의 금융자산을 젊은 층으로 이동시키는 방안이 필요하다'라고 강조한다.

이러한 '치매'는 사후 문제뿐 아니라 생전에도 금융사기 위험성을 높인다. 미국 러쉬대 메디컬센터 연구팀은 '보이스피싱 등 금융사기를 당하기 쉬운 노인은 그렇지 않은 노인보다 치매 발병 위험이 크다.'는 연구 결과[54)]를 발표했다. 금융사기에 대한 인식이 낮은 사람은 인식이 높은 사람보다 치매에 걸릴 위험이 56% 높았고, 경도인지장애를 겪을 위험이 47% 높은 것으로 나타났다. 연구팀은 '노인이 금융사기에 취약하다면 이는 치매를 예측하는 하나의 단

---

52) 이양원, 사단법인 웰다잉문화운동 다섯가지결정 유튜브채널

53) https://bravo.etoday.co.kr/view/atc_view/13715

54) https://m.health.chosun.com/svc/news_view.html?contid=2019041801635

서가 될 수 있다.'라고 말했다. 영화 '퍼펙트케어(I care a lot, 2021년)'는 치매에 걸린 노인을 대상으로 금융사기를 펼치는 이야기를 담고 있다. '은퇴자들의 건강과 재산을 관리하는 CEO 말라, 그녀는 알고 보면 일사불란한 한탕 털이 사기꾼이다. 사람은 요양원으로, 집과 가구는 경매로 모든 것을 탈탈 터는 게 그들의 주업이다. 법꾸라지 그들은 치밀한 계획 아래 법의 테두리에서 한 치도 벗어나지 않는다. 이렇게 완벽한 말라의 케어 비즈니스에 순진한 양 같은 다음 목표물이 잡히고 더 완벽한 케어 서비스를 계획한다.' 영화 속 말라는 미국 전역에 걸쳐 가디언 그룹을 세운다. '부동산, 법률, 재활훈련, 의료, 제약, 요양원 체인'까지 갖춘다. 이러한 노인 금융착취의 가능성을 미국 공공기관도 경고한다. 미국 뉴욕주 아동 및 가족복지국에서 배포하는 '금융사기의 징후'에서는 노인이나 장애가 있는 성인이 금전적으로 당할 수 있는 착취를 나열하고 있다.[55] '필요나 재정 상태를 고려해 볼 때 방치되었거나 보살핌을 충분히 받지 못한 상태, 다른 가족원이나 지원으로부터 고립된 상태, 큰 액수의 현금 인출을 권장하는 낯선 사람을 동반한 경우, 본인의 생각을 말하거나 결정을 내릴 수 없는 상태, 이들의 재정 상태에 관심이 있는 듯 보이는 지인과 있는 경우, 불안하거나 동반한 사람을 두려워하는 상태, 자기 돈으로 무엇을 하는지 의심스러운 설명을 하는 경우, 이들 계좌의 없어진 금액에 대해 걱정하거나 혼란스러워하는 경우, 금융 거래 또는 서류에 서명한 것을 기억하지 못하는 경우, 간병인에게 돈을 주지 않으면 쫓겨나거나 보호시설로 보내질 것을 두려워하는 경우'를 소개한다.

노년기를 품격있게 맞이하기 위해서는 '사전에 자기결정권'을 강화해야 하고, 그 결정권은 정치·경제·사회·문화시스템 속에서 보호되어야 한다. 이러한 때 건강한 상속문화 조성을 위한 전문기관들의 노력은 주목받을만하다. '원스톱 굿레거시(One-stop Good Legacy)'사업[56]은 상속과 증여에 관한 법률·세무·금융 상담부터 유산기부를 통한 사회 환원, 후견 관련 업무 지원까지 한꺼번에 이뤄지는 통합 상속 솔루션이다. 상속과 증여에 대한 분쟁을 사전 예방하고 유산기부를 통한 사회 환원까지 연결하려는 노력이 더욱 늘어나길 기대한다. 영화 속 가

55) https://ocfs.ny.gov/publications/Pub4664/OCFS-Pub4664-KO.pdf

56) https://futurechosun.com/archives/78558

디언 그룹도 노년기 돌봄이 필요한 1인 가구에 서비스를 제공하는 플랫폼이다. 중요한 관건은 '창업자나 운영자가 어떤 철학과 가치관으로 노인을 돌보고 대할 것인가?'라는 점이다. 노년기와 그 사후까지도 소중한 자기 결정권을 법과 제도 그리고 사회가 어떻게 지켜줄 것인지에 관한 관심은 점차 커 갈 것이다.

### 사례 3  웰다잉

다사 사회는 사망자 수가 급격하게 증가하는 사회를 뜻하는 용어로, 우리가 사는 사회가 다사 사회이다. 일본에서는 연간 사망자 수가 크게 늘면서 화장이나 장례를 위해서 최소 2주에서 수 개월간 대기하는 일이 발생했다. 우리나라도 이미 사망자 수가 출생아 수를 넘어섰다. 2023년 5월 기준 사망자 수는 28,958명인데 비해, 출생아 수는 18,988명에 그친다. 초고령 사회를 목전에 두고, 우리는 매일 죽거나 죽음에 처한 부모와 이웃 이야기를 듣게 된다. 이러한 때 웰다잉은 더이상 웰빙과 비교해서 치부되는 사치스러운 이야기가 아닌 점차 실존적인 이슈로 등장한다. 사단법인 웰다잉문화운동에서는 웰다잉을 '삶의 아름다운 마무리'라고 정의한다.[57] 삶의 아름다운 마무리는 자기 스스로 준비하는 죽음이다. 스스로 준비하고 선택하는 삶의 마무리는 육체적 생명 뿐만 아니라 사회적 관계, 물질적·정신적 유산의 마무리를 의미한다고 소개한다. 원혜영 공동대표는 "죽음이라는 말의 이미지가 너무 압도적이고 거부감이 있으니까 삶의 아름다운 마무리라고 하는 게 나을 것 같습니다. 핵심은 '내 뜻대로 결정하는 것'입니다. 연명치료를 받을지 말지, 장기 기증을 할지 말지, 장례 절차를 어떻게 할지, 재산을 어떻게 정리할지 등에 대해 미리 정해놓는 게 중요합니다. 그걸 미뤄두면 연명치료는 병원이, 장례 절차는 장의사가 결정하고, 유산에 대해서는 법원이 개입하게 됩니다."라고 한 언론사 인터뷰에서 밝히고 있다.[58] 구체적으로 삶의 아름다운 마무리를 위한 다섯 가지 결정을 소개한다.

---

57) https://www.welldyingplus.org

58) https://www.joongang.co.kr/article/25155229

## ▌삶의 아름다운 마무리를 위한 다섯 가지 결정

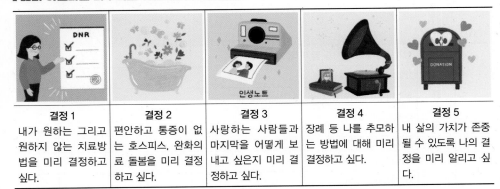

| 결정 1 | 결정 2 | 결정 3 | 결정 4 | 결정 5 |
|---|---|---|---|---|
| 내가 원하는 그리고 원하지 않는 치료방법을 미리 결정하고 싶다. | 편안하고 통증이 없는 호스피스, 완화의료 돌봄을 미리 결정하고 싶다. | 사랑하는 사람들과 마지막을 어떻게 보내고 싶은지 미리 결정하고 싶다. | 장례 등 나를 추모하는 방법에 대해 미리 결정하고 싶다. | 내 삶의 가치가 존중될 수 있도록 나의 결정을 미리 알리고 싶다. |

웰다잉에 대해서는 한국보건사회연구원의 '2018년 웰다잉을 위한 제도적 기반 마련' 자료가 대표적이다. 공공과 민간 영역에서 죽음 및 웰다잉 관련 제도를 어떻게 분류하고 준비할지를 비교적 상세히 보여주고 있다. 또한 보고서는 결론으로, '대국민 홍보 강화, 법적 기반 구축, 웰다잉 관련 서비스의 대상자와 내용의 범위 확대, 죽음 준비 항목에 대한 사회 제도적 기반 마련, 서비스 내용의 전문화 표준화 및 정보 공유, 인프라 확보, 사회적약자 및 고독사 관련 지원 등'을 제안한다.

## 죽음 및 웰다잉 관련 제도 : 사업 주체와 죽음 여정 분류 틀 적용

| 사업 주체 | | 죽음 여정 | 생애 후반기 | 임종 전기 | 임종기 | 임종 후기 |
|---|---|---|---|---|---|---|
| 공공 | 중앙부처 | 장기 · 인체 조직 기증 및 이식(보건복지부) | ○ | ○ | ○ | ○ |
| | | 요양비(보건복지부) | ○ | ○ | | |
| | | 호스피스 · 완화의료 서비스(보건복지부) | | ○ | ○ | |
| | | 연명의료 | | ○ | ○ | |
| | | 장사제도(보건복지부) | | | ○ | ○ |
| | | 유족연금(보건복지부) | | | | ○ |
| | | 사망신고(대법원) | | | | ○ |
| | 지자체 | 웰다잉 문화 조성에 관한 조례(서울, 부산, 대전, 울산, 경기, 충북, 충남, 경북, 경남, 제주의 31개 지자체) | ○ | ○ | ○ | |
| | | 고독사 예방 사업(132개 지자체)<br>에 서울시 '나비남 프로젝트', 서울 강남구 '청장년 1인 가구 고독사 예방 종합대책', 전남 '고독사 지킴이 단' 등 | ○ | ○ | | |
| | | 죽음 준비 교육 · 상담(서울 종로구, 광주 서구)<br>에 서울시 종로구 '인생의 아름다운 마무리', 광주광역시 '장수노트 어르신 건강지킴이' | ○ | ○ | | |
| | | 가정 호스피스 · 완화의료사업(대전시) | | ○ | ○ | |
| | | 공영장례사업(서울 금천구, 광주 서구, 대전 서구, 충북 괴산군, 전남 신안군)<br>에 서울시 '그리다', 서대문구 '두레' 등 | | ○ | ○ | ○ |
| 민간 | | 죽음 준비 교육 · 상담 프로그램<br>에 대한웰다잉협회, (사)시니어희망공동체, 불교여성개발원 | ○ | | | |
| | | 사전연명의료의향서(국립연명의료관리기관) | ○ | ○ | | |
| | | 상조보험 | ○ | | ○ | |
| | | 유류품 처분 | | | | ○ |

연명의료 결정 제도가 2018년에 본격 시행되었다. 이 제도는 호스피스 완화의료와 임종 과정에 있는 환자의 연명의료와 연명의료 중단 등 결정 및 그 이행에 필요한 사항을 규정함으로써 환자의 최선의 이익을 보장하고 자기결정을 존중하여 인간으로서의 존엄과 가치를 보호하는 것을 목적으로 한다. 올 해 200만명 이상이 등록했고,[59] 이는 2018년 대비 크게 증가한 숫자다. 최근 국회 '존엄한 삶을 위한 웰다잉 연구회' 및 웰다잉 관련 단체들의 노력으로 노인종합복지관에서도 사전연명의료의향서를 작성할 수 있도록 개선되고 있다.

이러한 웰다잉 관심 변화 속에서 우리는 웰다잉에 대한 실천 영역을 명확히 파악할 필요가 있다. 필자가 참여한 한 웰다잉 연구에서 웰다잉의 위치도를 다음 그림과 같이 표현했다. 특정 지자체의 특성이 시민 욕구에 반영되었지만, 웰다잉 초기인 우리나라 특성을 볼 때 전체적으로도 크게 다르지 않을 것이다. 특히 웰다잉 현장에서 선도자의 길을 걷는 분들의 영역을 '인력 양성 및 관리'로 본다면, 매력적인 과정은 '호스피스 연명의료 결정 사전돌봄 계획 지원인력, 통합돌봄 사전돌봄 계획 지원인력, 웰다잉 교육 강사, 인생 노트/생애보/자서전 강사, 웰다잉 크리에이터, 통합돌봄 서포터즈, 장례지도사, 유품정리사' 등을 꼽아 볼 수 있다.

---

59) https://www.lst.go.kr/comm/pressDetail.do?bno=3449

## █ 웰다잉 위치도

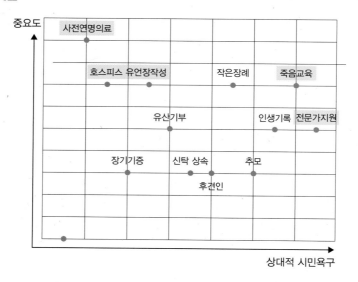

여전히 생소한 웰다잉이지만, 당장 우리 부모님과 이웃 그리고 나 자신이 반드시 부딪힐 미래다. 자기 결정권이라는 품격 있는 노년기를 위한 진지한 성찰과 작은 계획과 실천들에 대해 생각해 볼 때다. 바로 지금!

# 부동산 자산 리모델링 #주택연금 #안정적인 현금흐름 #노인을 위한 집

'부동산 불패 신화'의 주역인 60세 이상 세대가 부동산에 가지는 애착은 강하다. '2021 고령자 통계'에 따르면 65세 이상 노인인구 자산의 약 81%가 부동산이다. 2021년 국토교통부의 주거실태조사를 보면, 고령 가구의 자가 보유율은 약 76%로 다른 세대보다 유독 높다. 일반적으로 노후에는 월 지출의 약 10~30%를 주거 관련 비용으로 쓴다. 미국의 경우를 보더라도 주거비는 근원 CPI(소비자물가지수)에서는 2/5를, PCE(개인소비지출) 지표에서는 1/6을 차지한다.[60] 노인 세대가 주택에서 보내는 시간 또한 하루의 약 70%이고, 코로나19와 같은 위기 속에서는 집에서 보내는 시간 또한 급증했던 경험이 있다. 특히 노화를 경험하면서 노인의 이동반경은 점차 축소되고, 그에 따라 집에서 보내는 시간은 고령일수록 증가한다. 2019년 서울대 고령사회연구단에 따르면, 임종 장소로 선호하는 장소 중 38%는 자택으로 다수의 노인은 '살던 곳'에서 삶을 마무리하고 싶어 한다. 아직은 법과 제도 및 돌봄 여건 등의 미비로 실제 자택에서 임종하는 비율이 약 16%에 그치나, 여건이 갖춰진다면 살던 곳에서 삶의 마무리는 더욱 확대될 것이다.

이렇듯 노후의 삶에서 이전보다 더 중요한 의미를 갖는 주택은 최근 미국발 금리 인상 등의 여파로 혼란을 겪고 있다. 끝을 모르고 치솟던 집값이 기준금리 인상과 함께 하락하기 시작하며 시장 변동성을 보여주고 있다. 2020 노인실태조사 결과에 따르면, 노인가구의 약 97%가 부동산을 갖고 있으며, 그 규모는 약 2억 6천만 원이다. 노인가구의 약 27%는 부채를 가지고 있으며, 평균 규모는 약 2천만 원 수준이다.[61] 생각보다 적은 대출금액에 위험이 적을 것으로 판단하기 쉽다. 그러나 문제는 평균이 아닌 노인 계층을 세분화해서 볼 때 생긴다. 민간 연구

---

60) https://news.einfomax.co.kr/news/articleView.html?idxno=4223679

61) https://www.mohw.go.kr/react/al/sal0301vw.jsp?PAR_MENU_ID=04&MENU_ID=0403&page=1&CONT_SEQ=365977

기관 LAB2050에 따르면 65세 이상 고령자 가구의 부동산 자산 격차는 다른 세대보다 더욱 뚜렷하다. 지난해 3월 기준 전체 가구는 부동산 자산 상위 10%가 자산의 약 48%를 소유했지만, 고령자 가구는 상위 10%가 약 56%를 가졌다.[62] 나아가 위험 대출 기준을 초과해 대출받은 비율을 보면, 60대 이상에서는 약 37%로 높다. 60대 이상은 10명 중 4명이 위험 대출 차주로 분류되는 셈이다. 특히 DSR(Debt Service Ration, 총부채 원리금 상환 비율) 90%가 넘는 '고위험 대출'도 60대 이상에서는 약 32%에 달한다는 점이다.[63] 이는 노인의 상대적 빈곤율(소득이 빈곤선 이하인 사람의 비율)이 2021년 기준 약 38%라는 점에서도 유사하게 나타난다.[64]

그렇다면 재산 규모가 10억 원 이상 노인들은 불안하지 않은가? 한국보건사회연구원에서 실시한 한 조사에서, 10억 원 이상 재산을 가진 노인이 이보다 재산이 적은 노인에 비해 대체로 사회적 불안을 크게 느끼는 것으로 나타났다. 재산이 당장 쓸 수 있는 현금이 아니라 대부분 부동산으로 묶여 있고, 사회안전망이 부족하다고 인식하기 때문이란 분석이다.[65]

그렇다면 빈곤이나 걱정이 없는 시니어는 집에 대해 무엇을 고려해야 하나? 「시니어 레거시」에서는 '나에게 집이란? – 집이 짐이 되지 않게 하려면'이란 화두를 던진다. 자산리모델링에서 '거주용 부동산 최적화'를 생각하라고 조언한다. 먼저 실거주 부동산(집)은 자산목록에서 제외해 보라. 특히 상속을 생각하는 경우라면, '거주용 부동산의 명의, 지분 관계, 평가금액 등'은 상속자산가에 산정 시 필요 확인 요소다. 거주에는 '주위 환경, 편의성, 만족도 등' 다양한 요소가 고려된다. 특히 거주용 부동산은 재무 포트폴리오(Portfolio) 차원에서 '특정 시점에 비중조절을 하거나, 대체시키거나 현금화가 어려운 사용자산임'을 인식해야 한다. 품격 있는 노년을 위해서는 '나에게 최적화된 집'을 선택할 수 있는 권리를 이해해야 한다. '누구

62) https://m.hankookilbo.com/News/Read/A2021081520580000816

63) https://www.hani.co.kr/arti/economy/finance/867438.html

64) https://m.webzine.kacpta.or.kr/news/articleView.html?idxno=13330

65) https://m.khan.co.kr/national/health-welfare/article/202206281350001 · c2b

와 어디에, 어떻게 살 것인지'의 자기 결정권을 행사해야 한다. 집에 대한 관점을 바꾸면 삶의 질과 지속가능성을 확보할 수 있는 유연성이 생긴다. 특히나 부동산 가격이 상승하는 시장 상황에서 사는 집을 투자수단의 측면에 상당 비중을 두는 경우가 많은데, 자산증식의 관점보다는 장기적인 안목으로 바라볼 필요가 있다.

반드시 부자가 아니더라도 노년기에는 다양한 형태의 주거모델을 고민하기에 적합한 시기다. 여성 고령자라면 확률적으로 배우자보다 더 오래 혼자 남을 가능성이 있다. 80대 후반이라면 치매에 걸릴 확률도 약 40%에 달한다.[66] 재산을 쌓아두더라도 상속 분쟁의 가능성도 있다. 혹시라도 노년에 버림받기까지 할 수 있다. 노년의 진지한 고민은 '어디서 누구와 무엇을 하며 살 것인가?'이다. 더 이상 자산증식이 의미가 없어지는 시점이 다가온다. 오히려 주택연금처럼 소득이 줄어드는 노년기 현금흐름을 만들어 줄 수단으로 등장한다. 일부 임대소득을 받는 노인도 혼자서 노년을 보내지 말라는 법은 없다. 법률사무소에서 오가는 이야기를 들어보면, 풍부한 현금흐름도 쇠약해지는 몸과 외로움을 채우기에는 부족함을 알 수 있다. 노년에 어울리고 돌봐줄 이웃이 있는 것이 진정한 가치일 수 있다. 고립되고 지독한 외로움에 빠지지 않을 새로운 주거 형태에 대한 고민이 시작되고 있다. 최근 필자가 운영하는 '시니어라이프 비즈니스 SLB' 유튜브 채널에 긴 사연의 메일이 왔다. 주거공동체 콘텐츠를 소개한 김수동 이사장께 보낸 편지다. 구구절절하게 부모님의 노년을 보면서, '외롭지 않게 함께 어울려 살 주거 형태'에 대한 진심 어린 자문을 구하는 내용이었다. '부동산 열풍과 부채의 역습, 코로나19와 고독 사회 등' 새로운 도전이 펼쳐지고 있다. 시니어에게 부동산 특히 주택은 자산리모델링 관점뿐 아니라 삶의 품격 측면에서 진지한 탐색과 고민이 필요하다.

---

66) https://www.nid.or.kr/info/diction_list2.aspx?gubun=0201

## 사례 1  거주용 부동산 최적화 체크리스트와 유니버설 디자인

노년에 살고 있는 집을 적극적인 자산증식의 관점이 아닌 장기적인 안목으로 보고자 할 때 점검할 체크리스트를 소개한다. 「시니어 레거시」에서는 거주용 부동산에 대해 '자산관리 측면, 생활 양식 욕구와 니드 측면, 의료환경 안정성 확보 측면'에서 묻는다. 먼저 자산관리 측면에서는, '부동산 관련 세금 및 유지비를 충분히 감당할만한지, 자녀 또는 손자녀에게 증여(지분)의 계획이 있는지, 담보대출이 있는 경우 상환계획이 있는지, 부담부증여(부동산을 증여할 때 전세보증금, 주택담보대출과 같은 부채를 포함해 물려주는 것)를 고려하는지, 일부 현금화 계획이 있는지(규모, 형태 조정), 임대소득이 발생하는지(다세대 주택 등)'를 점검한다. 생활 양식 욕구와 니드 측면에서는, '지역사회 활동에 부수적인 비용이 발생하는지, 함께 하는 자녀/손자녀/이웃과 생활방식이 맞는지, 취미활동을 충분히 유지할 수 있는 환경인지'를 봐야 한다. 끝으로 의료환경 완전성 확보의 측면에서는 '건강상 문제로 거동이 불편한 경우에 안전한 생활이 가능한 구조인지, 위급상황에 도움을 받을 수 있는 장치가 있는지, 정기적인 진료를 위한 의료기관과의 접근성이 확보되는지'를 확인해야 한다.

주택과 관련해서 부동산 가격의 등락과 관계없이 공시지가는 지속적으로 상승하는 추세다. '집' 자체만으로도 상속자산 공제를 감안하고도 상속세 이슈가 발생하는 경우가 점차 늘고 있다. 집이 짐이 되지 않도록 과도한 규모나 특정 입지를 고집하기보다 행복과 삶의 질을 뒷받침할 수 있는 집의 의미를 정리해 볼 필요가 있다.

또한 살던 곳에서 계속 살겠다고 결정했다면, 좀 더 편안하고 안전한 구조로 리모델링하거나 가구 배치 및 공간 활용에도 관심을 가질 필요가 있다. 필자가 속했던 시니어라이프는 2009년 광주비엔날레 '살림' 전을 통해 유니버설 디자인을 소개했었다.[67] 유니버설 디자인은 '공평한 사용, 사용의 유연성, 간단하고 직관적인 사용법, 인지할 수 있는 정보, 오류에 대한 포용력, 낮은 물리적 노력, 접근과 사용을 위한 크기와 공간 확보'라는 원칙을 강조한다. 조한

---

67)  https://www.gwangjubiennale.org/gb/Board/5764/detailView.do

종 강서50플러스센터장은 3세대가 모여 단독주택 프로젝트와 유니버설 디자인을 적용하여 살고 있다. 노년기에 심심찮게 발생하는 사고확률을 줄이는 안전하고 편리한 삶을 위해 집을 지었다.

노년에는 이동(Mobility) 능력이 저하되기 쉽다. 지팡이와 휠체어가 나오는 상관없는 일이길 바라지만, 노년기 삶에는 여러 위험 요소가 있다. 마치 어린아이를 부모가 조건 없이 돌봐주었듯이, 우리 노년기도 그러할 수 있다. 어린아이를 돌볼 때 갖췄던 안전한 주택 환경이 노인들에게도 필요하다는 점이다. 무엇보다 아이를 정성껏 돌봤듯이, 집에는 누군가 함께 돌볼 가족이나 이웃이 필요하다. 더 이상 부동산 열풍이니 자산증식이니 하는 의미가 희미해져 갈 때, 우리는 노년의 일상이라는 관점에서 주택을 바라보고 미리 준비해야 한다.

### 사례 2  주택연금

필자가 2019년 지하철에서 들은 두 노인이 나눈 이야기다. "강남의 집을 팔아 수도권 근처로 이사를 했어. 집을 팔고 남은 돈을 은행에 넣어 이자를 받는데, 마음이 얼마나 든든하던지. 당신도 고려해 봐." 그로부터 4년도 채 안 지났는데, 이야기는 아마 상당히 바뀌었을 것이다. "살던 지역을 떠나니 새로 이웃을 사귀어야 하는 게 조금 불편하네. 괜히 집을 일찍 팔았나? 최근 많이 올랐잖아. 은행 이자가 물가상승률을 넘어서지 못하니 불안해." 이런저런 불평을 할 수도 있다. 하지만 이사한 노인은 '더 이상 혹시 있을 부채에 대한 불안, 노후에 필요한 생활자금에 대한 우려 등'은 확실히 이전보다 적어졌을 것이다. 이사를 했을 당시 그의 가치관도 '자산증식보다는 평안한 노후'로 중심이 이동하지 않았을까?

이처럼 자산의 약 80%가 부동산인 노인에게 주택연금은 현금흐름 창출 수단으로 주목받는 제도다. 주택연금은 주택을 보유하고 있지만 소득이 부족한 노인들을 위해 한국주택금융공사가 시행하고 있는 연금 제도로 역모기지라고도 한다. 역모기지는 이미 소유하고 있는 주택을 금융기관에 담보로 제공하여 대출받는 형식이다. 주택연금 이용자는 2023년 2월 말 기준으로 약 11만 명이다. 평균 연령주(부부 중 연소자 기준)는 72세이며, 평균 월지급금은 116만 원이다.[68] 기존에는 '전통적인 부동산 소유 선호 현상과 주택 가격의 꾸준한 상승, 자녀 세대에 상속하기 위한 목적 등'으로 주택연금은 큰 인기가 없었으나, '최근의 저성장 기조, 자녀 세대에 손 벌리고 싶지 않다는 부모 세대의 인식 변화, 주택 가격이 더 이상 크게 오르지 않을 것이란 예측'으로 인해 가입자가 꾸준히 증가하고 있다.

## ▌주택연금의 장점[69]

| | |
|---|---|
| 평생거주, 평생지급 | • 평생동안 가입자 및 배우자 모두에게 거주를 보장한다.<br>• 부부 중 한 분이 돌아가신 경우에도 연금감액 없이 100% 동일금액의 지급을 보장한다. |
| 국가가보증 | 국가가 연금지급을 보증하므로 연금지급 중단 위험이 없다. |
| 합리적인 상속 | 나중에 부부 모두 사망 후 주택을 처분해서 정산하면 되고 연금수령액 등이 집값을 초과하여도 상속인에게 청구하지 않으며, 반대로 집값이 남으면 상속인에게 돌아간다. |

'베이비부머 은퇴자의 은퇴적응유형과 은퇴자산인출전략 연구'에서 김병태 박사는 은퇴한 대상자 중 생활비를 충당할 수 있는 가계는 8%에 그친다고 밝혔다.[70] 즉, 92%에 달하는 은퇴자는 생활비를 충당하는 조치가 필요하다. 고령인구의 급증과 노년기 삶에 대한 인식의 변화는, 노년기 안정적 현금흐름 창출의 주택연금 기능에 더욱 주목할 것이다.

---

68) https://www.hf.go.kr/ko/sub03/sub03_01_04.do

69) https://www.hf.go.kr/ko/sub03/sub03_01_01_05.do

70) https://s-space.snu.ac.kr/handle/10371/140918

주택연금도 주의할 점이 있다. 주택연금에 가입해 해당 주택을 담보로 제공했다면, 차후 해당 지역의 땅값이 올라 집값 역시 올랐다고 하더라도 가입 기준 책정 금액에서 지가 증가분이 반영되지 않는다. 주택연금 가입 시에는 주택연금 가입 대상 주택에 대한 정확한 가치를 분석하고 판단해 주택연금 가입과 현 주택에 가입하지 않고 유지하는 경우를 비교·분석해 고민해야 한다. 주택연금은 한국주택금융공사에서 예상 연금수령액을 확인하고, 가입 상담도 받을 수 있다. 내가 소유하고 있는 주택에 대하여 충분히 검토하고 전문가 의견도 청취해서 결정해야 한다.

노벨 경제학상 수상자인 로버트 머튼(Robert Merton) MIT 석좌 교수는 "한국의 역모기지론(주택연금)은 은퇴자에게 축복이다."라고 말한다.[71] 그는 노후 준비의 패러다임 변화 필요성을 강조한다. '은퇴 시점에 얼마나 많은 자산을 모아 놓느냐가 중요한 것이 아니라, 은퇴 이후에 정기적 현금 흐름을 얼마나 발생시킬 수 있느냐가 핵심이라는 것이다. 그의 말처럼 주택연금은 은퇴 후 정기적 소득이 줄어드는 시니어에게 부족한 생활비를 충당할 수 있는 해법의 하나로 은퇴 후 삶에 중요한 자리매김 하고 있다.

### 사례 3  주거공동체

주거공동체는 우리나라 전통사회에서 두레나 품앗이를 통해 엿볼 수 있는 것으로 동일한 주거단지나 지역에서 자연적으로 형성된 커뮤니티를 의미한다. 양동수 소셜디벨로퍼 그룹 더함 대표는 정주 환경만큼 중요한 사회적 안전망과 이웃의 존재가 중요함을 이야기한다. 주거에 있어 사회적 안전망이란 아이를 맡기거나, 독거노인의 말동무가 되어주는 친구 등 정주하는데 필요한 심리적 안정감을 제공하는 다양한 요소들이라고 설명한다. 초고령 1인 가구 시대를 맞아 노후 주거 대안으로 '공동체 주택'이 관심을 받고 있다. 공동체 주택은 각자의 주거 공간을 갖지만, 공동으로 이용하는 커뮤니티 공간을 설치해 서로 소통하는 새로운 형태의 주

71) https://investpension.miraeasset.com/contents/view.do?idx=12549

택을 말한다. '따로 또 같이' 살아가는 북한산자락에 있는 공동체 주택 '여백'[72]이 대표적이다. 여백은 4층짜리 주택 2개 동, 파란 여백과 하얀 여백으로 구성되어 있다. 세대주는 30대부터 60대까지이며, 그들의 자녀 혹은 부모가 같이 살기 때문에 초등학생부터 90대까지 다양한 연령층이 살고 있고, 집 내부 인테리어도 다 다르다. 4층에 있는 커뮤니티 공간에는 큰 원형 테이블이 있어 입주자들이 모여 식사하거나, 차를 마시거나, 영화를 함께 즐길 수 있다. 한 달에 한 번 모여 식사하고, 텃밭도 함께 가꾼다. 여백에 살고 있는 김수동 탄탄 주택협동조합 이사장은 '여백에서는 고독사할 수 없는 구조'라고 말한다. 그의 소셜미디어를 보면, 이웃이 아플 때나 돌봄이 필요할 때 서로 돕는 이웃의 모습을 엿볼 수 있다. 그는 공동체 주택이 나의 주거 공간이 있고 외롭지 않은 노후를 가능하게 해주는 하나의 방법이라고 이야기한다. 그는 항상 나이가 들어서도 현재 살고 있는 집이 최고의 선택인지를 진지하게 고민한다. 그는 재무적 자산뿐 아니나 사회적 자산도 함께 갖춰야 노후가 풍성해진다고 강조한다.

김수동 이사장은 노인을 위한 집으로 참고할 사례로 '노루목향기, 비비, 맹그로브'를 뽑는다. 먼저, '노루목향기'[73]는 심재식 대표를 포함한 65세 이상 노인 3명이 서로를 돌보며 생활하고 있는 노인 공동생활 공간이다. 고령층 공유공간 서비스인 노루목향기는 노인 공동생활, 어르신 케어 사업, 각종 문화행사와 활동 등을 통해 노년층 삶의 질을 향상함과 동시에 노인들이 자신의 삶을 상황과 처지에 맞게 주체적으로 개척하여 지역사회에 도움을 줄 수 있는 성공모델을 제시한다는 목표를 가지고 있다. 심 대표는 "노인 스스로 살아갈 방법을 찾아나가는 과정에서 노루목향기의 노인 공동생활이 남긴 경험과 사례는 분명 사회적 이바지했다."라고 말한다.

두 번째 사례로 '비비'[74]는 비혼여성공동체로 '비혼들의 비행'의 줄임말이다. 시민단체 전주여성의전화에서 서른 전후에 만난 언니와 동생들은 '나답게 살고 싶다'라는 교집합을 발견했

72) https://bravo.etoday.co.kr/view/atc_view/13478

73) https://www.sejongnewspaper.com/29616

74) https://m.khan.co.kr/national/national-general/article/202003051655001

다고 회고한다. 2003년 '비비'를 만들고 3년 뒤 자신들의 정체성을 '비혼 여성들의 공동체'라고 선언했다. 비혼 여성으로서 스스로 원하는 삶의 방식을 찾아보기로 했다. 결혼 대신 독립을 했고, 1인 가구로 홀로서기를 한 뒤에는 느슨하게 연대한다. 같은 공공 임대아파트로 하나둘 이사하면서 멀지도, 가깝지도 않게 곁을 지키는 현실의 이웃으로 산다. 더 많은 비혼 여성들과 연대할 방법을 찾아 생활공동체인 '비비'는 2016년 '여성생활문화공간비비협동조합'을 만들었다. 모여서 글을 쓰고 그림을 그리며, 스스로 혹은 부모의 돌봄, 주거 독립을 공부하고, 서로 요가도 가르치고 배우며, 나다운 삶을 위한 페미니즘도 연구한다. 비비는 활동 키워드로 '비혼 여성, 생활공동체, 페미니즘, 1인 가구 네트워크'를 든다. 공간 비비는 비혼 여성 누구에게나 열려있다. '비혼으로 살아가는 것을 고민하는 사람, 누군가와 안전하게 연결되고 싶은, 비혼으로서 뭔가 해보고 싶은 사람'은 일단 와서 이야기를 나눠보자고 제안한다.[75]

　세 번째로 '맹그로브'는 MGRV에서 1인 가구를 위한 주거 공간이다. 맹그로브[76]는 독립된 개인 주거 공간과 업무, 취미, 문화생활을 위한 공용 공간이 마련된 형태다. 라운지, 헬스장, 시네마, 도서관 다양한 콘셉트의 주방 등의 시설을 비롯해 싱잉볼 명상, 요가, 제철 음식 다이닝 등의 프로그램을 이용할 수 있다. 한 달 이하의 유연한 임대 계약이 가능하며, 거주 시설에 이상이 생겼을 때 도움을 주는 전문 시설 관리인이 24시간 대기하고 있다. MGRV는 임대주택 실사용자들의 결핍과 불편이 사업을 시작하게 된 계기라고 밝힌다. MGRV는 원룸, 고시원과 같은 사회초년생들의 주거공간이 소비자들에게 열악한 이유는 이 시장의 공급자들이 소비자들에게 더 나은, 유익한 상품이 무엇인지 고민할 필요가 없기 때문이라고 본다. 지금까지 공급자 위주로만 진행되었던 주택시장에서, 특정 소비자들이 정말 원하는 것이 무엇인지에 대해 깊게 고민하는 데서 출발했다. 누군가와 함께 '사는' 것이란 개인의 공간과 공동의 공간이 균형을 이룬 삶이라 보고 균형을 추구하도록 공간을 설계한다. 맹그로브는 입주민들이 임대주택에 사는 동안 서로의 다름과 이해의 순간들을 충분히 경험해보기를 기대한다.

---

75) https://blog.naver.com/spacebb2010

76) https://bravo.etoday.co.kr/view/atc_view/14410

수많은 실패와 성공의 경험을 통해 어떠한 공간에서, 또는 공간을 넘어 한 시대를 '함께' 살아갈 수 있는 넉넉한 근육을 키우기를 강조한다.

'노인공동체, 비혼여성공동체, 1인 가구 주거 공간' 등의 새로운 시도는 점차 늘어날 것이다. 노인의 삶 속을 들여다보고, 그들이 필요로 하는 공간구조뿐 아니라 외로움 대신 서로 소통하는 공동체를 구현하려는 시도는 계속될 것이다. 외롭게 현장에서 묵묵히 노력하는 선구자들의 땀과 눈물은 다수 고령자 삶의 욕구와 만나, 어느 순간 '삶이 고립되지 않고 이어지는 새로운 실험과 모델들'이 등장하길 고대한다. 고립된 삶은 우리가 직면한 현재이고, 곧 닥칠 미래일 수 있다. 이왕이면 고립 대신 함께하는 삶의 품격을 이야기해 보자. 종종 소셜미디어를 통해 김수동 이사장의 글들을 보며 필자는 부러워한다. "오늘 비가 오네. 모여서 파전에 막걸리 한잔합시다. 오늘은 어떤 꽃들로 우리 마당을 가꿔볼까요? 혹시라도 누가 아프면, 집 앞에는 먹을거리가 수북이 쌓인답니다." 누군가의 더 나은 노인 주거를 위한 노력은 아파트형 마을공동체인 위스테이 별내/지축과 같은 새로운 시도로 지금도 실험 중이다.

# 전문가 전망

- ▶ 벌사(BERTHA)를 다는 사람들
- ▶ 사회적 가치(Social Value), 노인 시민
- ▶ 시니어 소비자
- ▶ 생활인구
- ▶ 에센셜리즘(Back to Basic)
- ▶ Ghat GPT
- ▶ 에이징 테크
- ▶ 품위 있는 디지털 라이프(Dignified Digital Life)
- ▶ 콘텐츠 생산자 시니어
- ▶ 웰(Well)과 스포츠
- ▶ 맨발걷기
- ▶ 국채(시간분산투자)
- ▶ 품격 있는 노년기와 레거시(Legacy, 유산)를 남기는 시니어 소비자

# 벌사(BERTHA)를 다는 사람들

**심우정**

– 실버산업전문가포럼 명예회장, 제론테크연구소 대표, ㈜휠라인 기업부설연구소 소장.
– 강의 : 문화예술대학교 실버문화경영학과, 한양사이버대 실버산업학과, 강남대학교 경영학과, 실버산업학과

벌사(Bertha)는 목선이 낮은 여성 드레스의 목에 다는 레이스로 목선을 더욱 우아하고 아름답게 보이게 하는 깊이 패인 칼라 장식입니다. 저는 은퇴 후 자신의 삶을 또는 제2의 인생을 아름답고 값진 시간으로 만드는 사람을 벌사를 입는다고 표현하고 싶습니다. 비즈니스 공급자는 구매자에 어울리는 벌사를 달아 줄 수 있어야 합니다.

BERTHA는 "Balancing Enjoying Retirement and Transitioning to Healthy Aging"의 축약어입니다. 은퇴를 즐기며, 다양한 삶의 즐거움을 경험하고, 동시에 건강한 노화를 위한 준비와 변화를 추구하는 사람들이란 뜻입니다. 은퇴 후 생계를 위해 노력하지 않아도 되는 계층이 여기에 속하고, 적극적인 미래 대응을 하는 집단은 아닙니다. 이들은 '아직은 미래에 대한 확신이 없다.' 또는 '지금의 성과와 위치가 유지될 것이다.'라고 장담이나 부정하는 생각이 들어갈 틈조차 없다는 점이 특이합니다. 누군가 "미래가 부정적이고 보장이 안 될 것이기에 일을 해야 하는 등 적극적으로 대응해야 한다."하면 불편함을 느끼고, 그 대응은 국가가 미리 준비를 잘해야 한다고 생각합니다.

2023년 5월 12일 방영된 KBS '시사직격'에서 1960년대생 860만 명의 은퇴 쓰나미가 온다고 합니다. 밖을 나가보면 어느 곳에서든 60년대 초반에 출생한 수많은 젊고 성공한 사람들을 흔히 볼 수 있습니다. 이들은 그간 열심히 일해서 사회에 기여하고 은퇴를 한 사람들로, 그간의 노고를 스스로 치하하고 삶의 다른 측면에 관심을 가지고 싶어 합니다. 가족과 시간

보내기, 여행하거나 취미 생활 즐기기 등 은퇴는 새로운 경험과 삶의 다른 측면을 탐구하기 위한 기회로 생각합니다.

또 이들은 100세를 넘어 장수하는 시대임을 직감합니다. 남은 시간을 어떻게 보내야 할지 여기저기 도움이 될만한 것을 찾아 나서고, 가벼우면서 편하게 들을 수 있는 고령층 대상 강연을 듣고 생각하는 시간을 가지고 싶어 합니다. 좀 더 자세히는 미래의 불확실한 상황에 대비하고 싶고, 가만히 있을 수는 없어서 어떤 것을 봐야 하는지 답을 찾고자 합니다. 그러나 힘든 학습, 머리 아픈 고민 등으로 자신을 바꾸려 하지 않고, 무엇보다도 은퇴 후 휴식하며 너무 좋은 시간을 가지고 있음에 만족하고, 그 이상은 피하려 합니다.

이들에게 벌사를 달아줘야 합니다. 놀이, 식사, 옷, 집, 자동차, 여가, 취미, 동호회, 봉사활동 등 모든 것, 심지어 사회에서 만나는 사람들, 사회 참여 활동, 사회프로그램, 다양한 서비스 등 모두 벌사이어야 합니다. 현실이 그렇든 아니든, 즐거움이고 행복한 시간이어야 합니다. 자신의 위치와 이미지를 높이고, 정중히 함께 하도록 초청한다면 그들은 만족해하고 적극 후원을 할 것입니다. 그렇지 않다면 어느 정도 거리를 두고, 평가하는 평가자 입장으로 돌아서고 심지어 멀어집니다. 예의가 있어서 어느 정도 대우하지만, 곧 멀어질 것입니다.

# 사회적 가치(Social Value), 노인 시민

**노준식**

– 現 지혜로운학교 이사, (사) 시니어라이프 이사. 前 포스코 산업과학기술연구소 기술정보실장, 대우 고등기술
연구원 연구위원, 솔고바이오, 엠아이텍 등 감사 역임, (사) 인간발달복지연구소 대표 등 역임

일제 수탈과 6.25를 거치면서, 미국과 소련, 중공에 의해 강제로 분단을 당한 채 오늘까지 힘들지만 열심히 살아온 우리나라입니다. 이제는 우리의 전통 속에 지킬 것은 지킬 줄 알고, 고쳐야 할 악습은 고쳐 나갈 수 있는, 보수와 진보를 모두 아우르는 참다운 어른 시민으로서 살아가기 위해서는 사익보다는 사회적 가치를 우선하며 살아가야 합니다. 어려운 일입니다. 그러나 화이부동의 전통은 민주시대의 근본 가치와 같습니다.

사회적 가치는 경제적 가치뿐만 아니라, 사회 · 환경 · 문화 등 모든 영역에서 공공의 이익과 공동체 발전에 이바지할 수 있는 가치를 의미합니다. 한국의 고령층이 시대의 양심이 되어, 보수와 진보를 모두 아우르는 K-시니어가 되어, 시대의 흐름을 선하게 이끌어 가기 위해서는 사욕이 아닌 사회적 가치를 우선하는 보편적 가치를 이해하고 실천해 나가는 21세기 디지털 시민으로의 성장이 필요하다고 믿습니다. BTS의 음악을 마음속으로 이해는 못하더라도 젊음의 가치를 지닌 젊은이들과 함께 호흡하려고 노력하는 민주시민의 어른으로 성장하기를 기대합니다.

오랫동안 잘 살아가고 있는 한국 그리고 선진국 노인들의 삶을 지켜보고, 책을 보고, 여행하면서 확인해보고 얻은 결론은 고령화 시대라는 흐름에 적응하는 최선의 대응 방법은 많다는 것입니다. 그러나 무엇보다도 가장 중요한 인식은 나이 듦을 과학의 눈으로 그리고 새로운

지평을 열어가는 인문학적 눈으로 있는 그대로 바라보는 것입니다. 그리고 그 여러 가지 결론 중 하나를 한 가지만 선택한다면, 서슴지 않고 '나이 들어감을, 노인의 약점이나 부정적 인식에 초점을 맞추지 말고 노년의 강점과 가능성에 초점을 맞추어 노인의 시대를 열어가자.'입니다. 이미 다가온 AI 시대를 두려움보다는 새로운 희망과 기대를 갖고 지켜보면서 작은 일이라도 사회에 기여하는 삶을 살아가는 수많은 지혜로운 노인들을 존중하고 존경합니다.

지금 출현 중인 새로운 노인층의 큰 의미는 그들이 노예혁명과 아동혁명 그리고 여성혁명의 뒤를 이어 노인혁명의 문을 열어나가는 첫 세대라는 자각입니다. 다시 말해, 지금의 노인 세대가 과거 시민혁명의 맥을 이은, 최근 여성혁명 이후 가장 위대한 문화혁명의 주역인 노인 시민으로 살아간다는 자부심과 깨달음을 갖고 살아갔으면 좋겠습니다. 이제는 한국의 많은 노인들이 기죽지 말고, 행복하며, 창의적인 노년의 삶을 열어가기를 희망합니다.

# 시니어 소비자

**조연미**
– 국내 1호 시니어플래너, 리봄교육 대표, 리봄뉴스 발행인, 시니어교육플래너협동조합 이사장

호갱님(호구 + 고객님)이란 인터넷 용어를 아시나요? 어수룩해 속이기 쉬운 손님을 뜻하는 것으로 판매자에게 시세보다 비싼 가격으로 물건을 사거나 계약을 한 소비자를 뜻합니다. 쉽게 말해 장사치의 어거지 상술에 당한 손님을 뜻하는 것으로 우리 주변에서 종종 볼 수 있습니다. 여름 휴가지의 비싼 숙박료나 음식 가격, 관광지에서의 상술, 휴대폰 가게에서의 상술 등을 예로 들 수 있고, 젊은 세대보다는 주로 고령층이 호갱님이 되고 있습니다.

건강관련 상품 또는 서비스를 고령층을 대상으로 일정한 공간에서 모여 판매하던 방식 등 오프라인 위주의 구매방식이 코로나19로 인해 급격히 쇠퇴했습니다. 그리고 젊은 세대만 이용했던 온라인 구매에 적응한 고령층은 이제는 현명한 '시니어 소비자'로 자신들의 다양한 욕구에 맞는 선택을 할 수 있는 시대가 도래했습니다. 또한 지구환경보호를 위해 전 세계가 노력하는 현 시대에 삶의 지혜를 가진 고령층의 친환경 그리고 절약 방식이 주목을 받고 있습니다. 디지털 역량이 더해진 현명한 시니어 소비자, 그리고 이들의 삶의 방식이 더해져 자부심이 올라가는 2024년이 될 것입니다.

시니어 소비자를 위한 기업들의 영업방식 중 특이한 것이 있습니다. 구매하려는 상품을 일정 기간(대략 3주 정도) 사용해 보고 마음에 들었을 시 구매를 하는 서비스입니다. 상품에 대한 '안심'을 서비스로 제시하는 것으로 체험 후 만족도가 높고, 구매로 이어지며, 충성고객으로 만드는 비즈니스 방법입니다. 이런 다양한 프로모션을 경험한 시니어 소비자 또한 진화하고 발전하고 있습니다.

2025년 초고령사회를 앞두고, 늘어난 고령자의 수만큼 고령층의 목소리는 커질 것이고 권력집단이 될 것입니다. 다양한 교육을 통해 인생2막의 주체로서 더 적극적인 소비자 집단으로서 역할을 해나갈 것입니다.

# 생활인구

**김만희**

– 패스파인더 비콥㈜ 대표, 행정안전부 생활인구 자문위원, 경상북도 인구변화대응 자문위원, 前 서울시50플러
스재단일자리사업 본부장 및 비상임이사

현재 인구의 정의는 일정 지역 내에 거주하는 주민, 즉 주소지를 기반으로 한 '정주인구'를 가리킵니다. 그러나 정주인구 정책만으로는 인구감소와 급격하게 고령화되는 지방의 인구문제 해결에 한계를 갖기에 이를 극복하고자 '생활인구'라는 개념이 생겼습니다. 생활인구는 주소지와 상관없이 특정 지역에 체류하면서 지역의 활력을 높이는 사람으로, 2023년 행정안전부에서는 「생활인구의 세부 요건 등에 관한 규정」을 통해 '통근·통학·관광 등의 목적으로 주민등록지 이외의 지역을 방문하여 하루 3시간 이상 머무는 횟수가 월 1회 이상인 사람'을 생활인구에 포함했고, 새로운 인구개념은 관련 산업에 큰 영향을 미칠 것입니다.

사회적경제 등 다른 분야에서 보듯이, 기존 사회문제를 해결하려는 방법 중 하나로 자원을 재정의해야 할 때가 있고, 현재의 인구감소 시대를 고려할 때 인구의 정의 역시 기존의 주소지만을 기반으로 하기보다는 보다 유연한 정의가 필요합니다. 이러한 인구 재정의의 흐름은 정부 정책에도 본격 반영되고 있습니다. 2022년부터 10년 동안 해마다 1조 원의 지방소멸대응기금을 광역자치단체와 기초자치단체에 배분하고, 2023년부터 고향사랑기부제와 생활인구사업이 본격 시행되고 있습니다. 이에 따라 광역자치단체와 기초자치단체에서는 기존에 없던 인구정책 관련 부서들이 신설되었고, 지방소멸대응기금을 활용해 기존 귀농·귀촌 사업 외에도 다양한 생활인구사업들이 펼쳐지고 있습니다.

중앙정부에서 시행하는 사업으로 '농촌에서 살아보기', '디지털관광주민증', '고향올래(GO

鄕 ALL來)', '2023 재도전 지원 프로젝트' 등이 있고, 자치단체로는 전라남도의 '전남에서 살아보기', 경상남도의 '경남에서 한달 여행하기', 경상북도의 '1시군 1생활인구 특화 프로젝트' 등이 있습니다. 또한 민간에서는 패스파인더를 예로 들 수 있습니다.

이러한 다양한 사업들이 기존의 관광, 귀농·귀촌의 한계를 극복하고 진정한 생활인구를 창출할지는 시간을 두고 살펴봐야 할 것입니다. 또한 이런 정책이 실제 청년 유인 효과가 있는지는 별개의 문제입니다. 한국농촌경제연구소의 농업·농촌에 대한 국민 의식 조사에 따르면, 50대의 귀농·귀촌에 조금이라도 관심을 두는 수치는 약 50%지만, 청년은 20%도 채 되지 않습니다. 청년들이 우선시하는 좋은 일자리, 성장의 가능성, 다양하고 재밌는 경험 등을 생각하면 쉽지 않음을 짐작할 수 있습니다.

지방의 경우 유휴 자원이 많고 할 일도 많지만, 가장 큰 문제(니즈)는 지역 문제 해결에 나설 사람의 부족입니다. 그에 반해 인구 최대계층인 중장년, 특히 도심의 중장년은 상대적으로 높은 전문성, 많은 시간과 자산이 있지만 새로운 역할과 활동 무대에 목말라하는 경우가 많아 서로의 니즈가 부합됨에도 서로 연결이 안 된 것은 효율적으로 연결해 줄 채널의 부족이라 생각합니다. 즉, 일회성 관광 아니면 극소수만이 실행하는 귀농·귀촌 말고 더욱 유연하고 단계적으로 이어줄 채널이 필요합니다. 그런 측면에서 생활인구는 우리 사회의 중장년 자원과 지방의 니즈를 더욱 유연하게 연계할 수 있는 중요한 채널이 될 것이고, 나아가 고령화 문제와 지역 상생 문제를 동시에 푸는 실마리도 될 수 있을 것입니다.

# 에센셜리즘(Back to Basic)

**강은주**

– 퀵실버록시코리아 CFO, 제일기획말레이시아법인 CFO, 미국 공인회계사
– 서울대학교미술관 ACP 3개년 수료

　　15기 : 현대미술 다양성의 깊이

　　16기 : 20세기 이후의 미국 미술

　　17기 : 프랑스 · 독일 · 영국 · 현대미술

"단순한 것이 더 아름답다.(Less is More.)" 에센셜리즘(Back to Basic)은 본질에 집중하는 힘입니다. 이 힘은 불필요한 것은 덜어내고, 필요한 요소만 담아서 간결하고 직관적으로, 그러면서도 미학적으로 아름다운 제품을 만듭니다. 친환경적이고 미니멀한 사물과 행동은 기존의 단계보다 더 발전한 새로운 형태의 상품군을 구성하기도 합니다.

가속화되는 경쟁적인 경제환경은 기업으로 하여금 너무 많은 기능과 복잡한 구조를 가진 상품을 양산하도록 부추기고, 기술적인 면에서 일등 기업과 후발 기업 간의 격차가 많이 나지 않는 환경을 만듭니다. 본질에 집중하는 것은 소비자의 시간과 에너지를 절약하고 양질의 소재의 단순화된 구조를 통해 오랫동안 함께 할 수 있는 제품을 만들어 줍니다. 이러한 제품은 고객의 충성도(Loyalty) 역시 높습니다.

케이크(Cake)는 2016년 설립한 스웨덴의 전기 바이크 브랜드입니다. '바이크(Bike)'하면 떠오르는 공격적인 외형을 벗고, 환경보호에 관심을 갖는 사람을 타깃으로 '오래 타는 바이크'를 만듭니다. 이 바이크는 소음과 매연이 없고, 레고처럼 모듈 조립이 가능한 덕에 사용성 또한 넓습니다.

시니어산업 역시 에센셜리즘을 포용하는 방향으로 준비해야 합니다. 은퇴를 시작하는 전기

노인부터 팽창의 시기에서 축소 · 간소화하는 시기로 바뀌는 시기이기에 어느 세대보다 에센셜리즘이 중요합니다.

# ChatGPT

**김우찬**

– ㈜전략과혁신 전문위원, 前 송도소공인특화지원센터 센터장, 前 윈텍스 대표

ChatGPT란 미국의 스타트업 회사인 OpenAI가 개발한 대화형 인공지능 챗봇입니다. 이 AI는 많은 양의 문자로 학습을 했기 때문에 다양한 토픽에 대해 대답이 가능하고, 사용자가 대화창에 텍스트(질문)를 입력하면 그에 맞는 답변을 제공합니다.

1980년대에 들어와서 일반인이 데스크톱 컴퓨터를 가질 수 있게 되었지만, 컴퓨터를 사용하기 위해서는 컴퓨터 언어를 익혀야 했기에 사용이 어려웠습니다. 그러한 어려움을 MS 윈도우가 해결해 주면서 컴퓨터의 시대가 열렸고, 인터넷이 연결되면서 디지털 생태계가 시작되었습니다. 챗지피티는 방대한 양의 지식을 학습해 인간이 사용하는 자연어를 이해할 수 있게 되었고, 사용자와 자연스러운 대화를 하게 되었습니다. 챗지피티는 단순한 대화의 상대가 아닌 우리 생활에 직접적인 영향을 주는 다양한 역할을 할 것이고, 점점 더 가까이 다가올 AI 기술의 첨병인 챗지피티를 이해하는 것이 4차산업혁명 시대를 사는 우리에게 꼭 필요합니다.

몇 달 전 저의 딸아이의 결혼식에서 축사를 했습니다. 그때 챗지피티에게 "딸의 결혼식 축사를 3분 이내로 만들어줘."라고 질문을 했고 다음과 같은 축사를 만들어줬습니다.

여러분, 오늘은 매우 특별한 날입니다. 우리의 소중한 딸이 결혼식을 하게 되었기 때문입니다. 이 순간은 정말 아름다운 순간입니다. 딸을 생각해보면, 그녀는 저희 가족에서 가장 중요한 존재입니다. 이제 그녀는 자신의 삶을 새로운 가족과 함께 시작하게 되었습니다. 이제부터는 새로운 챕터를 시작하게 되었습니다. 오늘은 정말 아름다운 날입니다. 그리고 결혼식이 끝나고 새로운 여정이 시작될 때, 우리는 항상 그녀의 곁에서 함께할 것입니다. 새로운 가족을 환영하며, 결혼식을 축하합니다.

1분도 되지 않은 짧은 시간에 만들어 낸 축사가 마음에 들진 않았습니다. 다 맞는 말이고 좋은 이야기지만 너무 상투적인 느낌이어서 사용하지는 않았지만, 만약 따로 시간을 내서 축사를 만들 시간이 충분하지 않았다면 챗지피티가 만들어 준 축사를 사용했을 것입니다.

챗지피티는 단순히 그동안 우리가 웹서핑을 하면서 궁금한 내용을 찾아내는 검색 수준을 넘어섰습니다. AI가 이세돌을 누르고 더 이상 바둑으로는 인간과의 대결이 무의미해졌을 뿐만 아니라, 음악을 만들고 인간의 상상력을 뛰어넘는 미술 작품은 이제 특별하지도 않습니다. 다가올 먼 미래가 아닌 바로 우리 앞에서 우리 삶에 영향을 주는 AI와의 공존의 삶에 기대와 우려를 같이 합니다.

# 에이징 테크

**이병희**

– 일반과의사, 現 울산지방법원 의무실장, 前 울산 중구 보건소장, 前 울산 북구 보건소장, 보건학 박사

베이비부머(1955~1963년생)가 노년층이 됨에 따라 노년층의 라이프 스타일이 매우 다양해지고 있습니다. 이들은 은퇴 이후에도 하고 싶은 일을 능동적으로 찾아 적극적으로 소비하고 문화 활동에 나섭니다. 또한 외모와 건강관리에 관심이 많고, 여가 및 사회 활동에도 적극적으로 참여합니다.

최근 독립적이고 여유 있는 생활을 위해 적극적이며 능동적으로 삶을 꾸리고자 하는 성향이 강한 '액티브 시니어(Active Senior)'라고 불리는 노년층이 더욱 많아지고 있습니다. 이들은 비교적 고학력이고, 경제적으로 여유가 있어 이전(청장년기)과는 다른 방식으로 계속적인 사회참여나 자아실현을 위한 활동을 추구합니다. 즉, 높은 구매력과 자립적 가치관을 가진 새로운 노인세대가 형성되고 있는 것입니다.

이처럼 다양하고 새로운 라이프 스타일을 보이는 액티브 시니어가 점차 증가하는 가운데 이들의 중요한 관심사 중 하나가 초고령 사회에서 건강수명의 연장을 위해, 제2의 인생을 신체적 불편 없이 활동적으로 유지하기 위해 투자를 아끼지 않는 것입니다. 홈쇼핑의 건강제품, 건강테크, 근육테크 등의 익숙한 단어들만 봐도 건강에 관한 관심에 이견이 없을 것입니다.

액티브 시니어의 활동에 대해 몇 가지 예를 보겠습니다.

• 꿈꾸는 여행자 시니어 여행 교육 프로그램 : 서울시50플러스 중부 캠퍼스에서 진행한 프로그램으로 교육참석자는 1943년생부터 1964년생까지 총 30명이 참여했습니다. 이들은 무

려 17:1의 경쟁률을 뚫고 교육생으로 선정되었습니다.

• 시니어 모델 : 울산의 문화센터에서 진행된 강좌로 수강생 신청이 3일 만에 완료되고 대기
  표를 발급했습니다.

• 지역대학 평생교육원 : 세계문화유산 답사라는 강의가 조기 마감되고, 수강생의 90% 이상
  이 60~70대였습니다. 이들의 대부분이 해외여행을 준비하기 위해 수강했습니다.

누구나 시니어 비즈니스의 전망은 매우 밝다고 이야기합니다. 실제로 고령화가 진행되면서
고령층 관련 시장은 크게 성장하고 있고, 특히 대한민국의 경우 최근 고령층에 접어든 베이비
부머들은 팽창의 사회 속에서 많은 것을 축적할 수 있었기에 경제적인 여유로움까지 겸하는
경우가 많습니다. 반면 문화적 특성상 끼인 세대로 총칭되는 이들은 자유로운 활동에 대한 갈
망이 매우 클 것으로 보입니다.

대부분의 시니어 비즈니스의 제품과 서비스는 생활용품이나 여가활동, 건강관리 등 일부
한정된 분야에서만 개발되고 있습니다. 고령층의 니즈에 맞는 것이긴 하지만, 내재되어 있는
니즈에 맞는 것을 개발해야 합니다. 즉, 더 다양한 분야에서 고령층의 생활에서 필수적으로
필요한 것을 바탕으로 건강이 허락되지 않아 즐기지 못했지만 이제는 즐길 수 있는 니즈를 끄
집어내는 비즈니스 모델이 필요합니다.

# 품위 있는 디지털 라이프
# (Dignified Digital Life)

**염명수**

– ㈜ 아이엔엑스 대표, 서비스 디자이너, UX/UI 디자인 컨설턴트

최근의 급격한 디지털 전환은 개인의 삶에 엄청난 영향을 주고 있는데, 대부분의 개인은 이에 대한 대비가 어려운 것은 물론, 자신의 의지와 무관하게 이 변화를 수용할 수밖에 없습니다. 따라서 이와 같은 변화 속에서 디지털의 급격한 변화를 이해하기 어렵거나, 디지털 서비스에 소외되는 등 디지털 격차가 점차 심화될 것이기에 우려스럽습니다. 특히 키오스크를 사용하는 커피집에서 커피 한 잔 사는 것조차 어려운 고령층은 불편함을 넘어 자존감이 낮아지고, 더하여 디지털 고독 등의 사회적 문제로 이어질 수 있어 주의가 필요합니다.

품위 있는 디지털 라이프란 개인에게 필요한 적정한 수준의 디지털 능력을 보유하고, 자존감과 자기 주도권을 유지하면서 일상을 살아가는 태도와 가치관을 가지는 것을 말합니다. '디지털 격차 해소'라는 소극적/부정적 문제의식이 아닌, 적극적/긍정적 방향을 제시하는 품위 있는 디지털 라이프를 이뤄야 합니다. 또한 디지털 격차를 해소하려는 정책과 산업계에서 디지털 접근성을 높이고자 하는 의지가 중요한데, 이를 가능하게 하는 것은 품위 있는 디지털 라이프를 가지고 있는 고령층의 개입이 필요합니다.

## Global Center for Modern Aging, Australia

호주 글로벌 에이징 센터인 LifeLab은 사회적으로나 경제적으로 영향을 줄 수 있는 획기적인 제품과 서비스를 공동 설계하는 네트워크를 지원합니다. 식품, 포장, 보조 장치, 기술, 활동적인 생활, 관광, 미디어, 제조, 교육 및 평생 학습 등에 관한 제품이나 서비스의 공동 설계 및 공동 제작, 사용자 연구, 사용자 상호 작용 등을 진행합니다.

Image courtesy of Simon Cecere Photography

Our award-winning LifeLab puts older people at the centre of design and innovation.

The LifeLab studio based in Tonsley, South Australia, is a **simulated real-life environment** where the GCMA's researchers can work alongside older people and businesses to co-design and validate products, services and experiences that will better serve the lives of ageing people in Australia and around the world.

**Through the GCMA's robust living laboratory approach we capture people-centred insights to truly inform and enhance policy, product and service development, delivery and adoption.**

## 디지털 시대? 또한 나의 시대!
## [The digital era? Also my era! - Media and information literacy: a key to ensure seniors' rights to participate in the digital era(2022)]

인간의 존엄성, 자유, 민주주의, 평등에 대한 존중을 바탕으로 우리 사회를 어떻게 조직해 모든 사람들이 차별 없이 살고 늙어가는지, 그리고 어떻게 대응할 수 있을지에 대한 문제를 다룹니다. 디지털화가 어떻게 능동적이고 건강한 노화를 지원하고, 삶의 질을 개선하고, 노인이 사회에 완전히 참여할 수 있도록 독립성을 되찾고, "취약한 노인"에서 "가치 있는 노인"이 될 것인가는 MIL(Media & Information Literacy) 역량이 중요하다고 말합니다.

THE DIGITAL ERA? ALSO MY ERA!
Media and information literacy: a key to ensure seniors' rights to participate in the digital era

Information Society Departement
DGI(2022)03

Author
Em. Prof. Dr. An Hermans

고령층을 위한 디지털 격차 해소 방안이나 관련 교육들은 기초적인 수준에 머물러 있거나, 가장 범용적인 내용에 머무르는 경우가 많습니다. 따라서 앞으로 고령층을 위한 디지털 교육은 시니어의 자존감과 가치관을 반영할 수 있는 맞춤 서비스 및 제품, 관련 교육에 대한 수요가 많아질 것입니다. 또한 디지털 격차와 같은 사회문제 혹은 기업의 제품개발 등의 경우 고령층의 접근성을 높일 수 있는 방법을 찾을 것으로 기대합니다. 특히 고령층이 참여하고 제안할 수 있는 커뮤니티 및 협의체 같은 민·관 활동도 활발해질 수도 있습니다.

# 콘텐츠 생산자 시니어

**김수연**

— 시나리오 작가. 영화 '들개들', 애니메이션 '뽀롱뽀롱 뽀로로', '로보카 폴리', '브레드이발소' 등의 작품. 서울시 50플러스 재단과 국민연금관리공단에서 시니어를 대상으로 '통하는 글쓰기' 강의

대한민국이 초고령화사회에 진입하면서 새로운 경제 동력을 어디서 찾아야 하나 우리는 고민합니다. 어쩔 수 없이 시니어를 대상으로 한 마케팅이 늘어날 수밖에 없습니다. 수명이 늘어난 시니어들도 고민은 깊어집니다. 하지만 돌파구가 있을 테고 누군가는 살아남을 겁니다. 최근 1~2년 사이, 우리는 알 수 없는 미래 앞에 한층 다가선 느낌입니다. 예전에는 어느 정도 미래가 예측 가능했다면 지금은 예측이 불가능합니다. 그 누구도 경험해보지 못한 새로운 키워드들이 탄생하고 있기 때문입니다.

인공지능(AI)은 현재 뜨거운 감자입니다. 과거에도 인공지능에 대한 전망은 있었지만, 2023년 가장 뜨거운 이슈입니다. 챗GPT와 같은 생성형 AI의 출현은 인간의 직업군의 판도를 급격하게 바꿔놓을 것입니다. 실제로 이미 대량의 감원 사태는 일어나고 있고, 그 대상은 우리가 똑똑하고 급여를 많이 받고 있다고 생각하는 전문직도 예외가 아닙니다. 오히려 전문직이 크게 타격을 받으면서 직업에 대한 인식의 변화가 올 것입니다.

챗GPT의 사례를 저의 경험으로 비추어 말씀드리겠습니다. 저는 출판 일도 꽤 오래 한 사람입니다. 기획, 카피라이팅에 이어 대필도 종종 했습니다. 그런데 요즘은 아예 챗GPT로 초고 원고를 준비해오는 저자들이 있습니다. 예전에는 글쓰기 실력이 안 되는 저자들이 자료만 가져오고 저희와 같은 전문작가들이 글을 대신해 썼습니다. 지금은 그런 작가의 영역이 크게 줄었습니다.

웹툰과 같은 그림 작가들은 인공지능이 그림을 그리기 시작하면서 그것을 잘 활용하는 작가들이 있고, 아직도 우왕좌왕 공포에 떠는 작가들이 있습니다. 대체적인 의견은 어느 정도 시간이 지나면 웹툰이 처음 시장에 등장했을 때처럼 과도기를 거쳐 정화와 안정의 시기가 온다고 예상하고 있습니다. 하지만 인공지능의 발전 속도가 워낙 빨라 그 어느 것도 예상하기는 이릅니다.

새로운 키워드의 출현은 새로운 주제와 고민을 낳게 되고, 그에 맞는 새로운 직업군의 출현을 의미하기도 합니다. 인공지능, 챗GPT를 활용해 이미 어엿한 작가로 데뷔하는 시니어도 있습니다. 유튜브와 같은 콘텐츠를 이제는 시니어 세대도 마음껏 즐기고 있습니다. K-콘텐츠는 젊은이들만의 전유물이 아닙니다. 다양한 세대의 발언, 끼, 일상 등이 공유할 수 있는 공간이 이미 있기 때문에 시니어 대상으로 한 콘텐츠의 활로는 오히려 과거보다 지금이 폭발적으로 넓어지고 있습니다. 또한 콘텐츠의 대상이 아닌, 생산자로서 시니어의 역할도 크게 기대됩니다.

시니어에 대한 준비는 미리 해야 합니다. 시간은 정말 빠르게 지나가기 때문입니다. 조금 귀찮더라도 현재의 트렌드를 민감하게 캐치하고 따라가려고 노력해야 합니다. 자칫 한두 개의 키워드를 놓치면 세계의 변화에 능동적으로 대응하기 어렵습니다. 알지 못하면 수동적인 대응도 버거워집니다. 앞으로는 시니어가 주도하는 시대가 옵니다. 인류의 나이가 전반적으로 많아지는 시대. 그리고 인공지능이 그 곁을 동행합니다.

# 웰(Well)과 스포츠

**이해원**

— S-LAB 대표, 경희대학교 미래인재센터 겸임교수

웰빙, 웰에이징, 웰다잉. 많이 들어본 이 단어에서 웰(Well)이 중요합니다. 평균 수명이 늘어나고, 코로나 팬데믹 사회에서 많은 시니어에게 앞으로 다가올 삶에 대해 새로운 시각이 생겼습니다. 그 새로운 시각이란 제2의 삶을 어떻게 해야 좀 더 건강하게 잘 살고, 멋있게 살아가고, 삶을 잘 정리할 것인가 하는 고민입니다. 요즘 뉴스나 TV에서 많이 나오는 시니어 모델, 시니어 작가 등을 보며 고민하는 시니어에게 대안을 제시해야 합니다.

스포츠 산업에서 보면 고령층에게 운동은 중요합니다. 복지관이나 운동센터, 수영장에 가보면 많은 시니어들이 단순한 걷기나 가벼운 체조를 외롭게 혼자 운동하는 모습을 자주 볼 수 있습니다. 이런 시니어들에게 시니어 맞춤 운동프로그램을 제공하면 더 재밌고 건강한 스포츠를 즐길 수 있고, 궁극적으로는 좋은 운동프로그램의 개발과 스포츠의 발전까지 이룰 수 있습니다.

6년 전쯤, 사회인 야구 보조심판을 노인으로 구성하는 예비사회적기업에 선정된 적이 있습니다. 은퇴 후 직장 상실감을 느끼며 위축되는 시니어를 대상으로 자신이 좋아하는 스포츠의 심판으로 활동하는 모델입니다. 사회인 야구나 축구의 경우 인기는 많지만 그와는 반대로 심판이 적은 것이 문제입니다. 이럴 때 시니어 심판이 활동한다면, 자신의 권위와 자존감이 높아지고, 적지만 용돈도 벌 수 있으니 고령층의 직업창출도 기대할 수 있습니다.

사회고령화의 문제를 먼저 겪은 유럽이나 일본에서는 이러한 스포츠 산업을 통해 제2의 삶을 제안하고, 활발히 이뤄지고 있습니다. 일본의 경우, 직접 야구장을 운영·관리하며 시합을 개최하고, 심판으로 활동하는 고령층도 있을 정도입니다. 우리 역시 자신이 좋아하는 일과 취미를 함께 즐기며 노후를 준비하면 좋겠습니다.

언젠가 솔루션을 찾을 수 있겠지만, 기대수명이 높아지는 현 시대에서 시니어에 대한 관심은 이제는 반드시 가져야 합니다. 건강과 운동은 떼려야 뗄 수 없는 것이고, 멀리서 찾기보다는 가까운 데서부터 관심을 갖는다면, 좋은 스포츠 콘텐츠나 프로그램으로 더 성장할 수 있는 계기가 될 것입니다.

# 맨발걷기

**이창희**

– 더불어숲협동조합 이사장, 서울도시재생 협동조합 감사, MG손해보험 감사실장, 국제화재보험 우리사주조합장

맨발걷기(어싱, Earthing)를 아시나요? 일반적인 걷기와는 다른 맨발로 걷는 맨발걷기가 인기를 끌고 있습니다. 우리 주변의 공원이나 산에서 맨발로 걷는 사람들을 종종 볼 수 있으며, 지방자치단체에서도 경쟁적으로 맨발걷기 코스를 발굴·홍보하고 주민들의 건강증진의 방안으로 사용하고 있습니다. 광주광역시 서구청은 행정지원을 넘어 맨발걷기 동호회활동 지원과 운영협약을 맺고 교육 및 체험활동을 진행하고 있다.

지난 7월 KBS1 생로병사의 비밀 프로그램에서 '맨발로 걸으면 생기는 일'이라는 주제로 맨발걷기를 소개했습니다. 맨발걷기시민운동본부 박동창 회장이 직접 소개했으며, 이를 통해 건강을 회복한 사람들의 이야기가 소개되었습니다.

인터넷이나 유튜브를 조금만 검색해도 맨발걷기의 방법과 효능·효과, 추천 코스 등의 정보를 얻을 수 있습니다. 또한 서점에서도 맨발걷기에 관한 운동법 도서가 베스트셀러로 있을 정도로 인기이니, 이번 기회에 자연 속에서 맨발로 걸으며 건강과 힐링을 즐겨보시기 바랍니다.

# 국채(시간분산투자)

**최원준**

– 서울대학원 경제학석사, 現 하이투자증권 랩운용부서장. 前 유진증권 고객자산운용팀장, IBK증권 고객자산운
용부서장

얼마 전만 하더라도 저성장 저금리의 뉴노멀 시대 도래를 알리며, 부동산이나 가상자산 등 대체자산투자가 각광받던 시기가 있었습니다. 그렇지만 코로나 사태를 겪으며 전 세계적인 경기성장의 위축이 발생했고, 엎친 데 덮친 격으로 러시아의 우크라이나 침공이 불러온 원자재·농산물 가격 상승의 인플레이션이 급속히 진행되며 이를 회피하기 위한 급격한 기준금리 인상을 시작하게 되었습니다. 이로 인해 원자재·농산물 등의 인플레이션의 속도는 어느 정도 가라앉혔지만, 문제는 달라진 경제 환경입니다. 코로나19로 인한 재택근무의 확대와 노동시간 단축 등 노동시장 전반에 걸친 변화로 인해 임금 상승 압박으로 인플레이션에 대한 긴축정책이 어느 정도 지속되어야만 하는 상황으로 흐르고 있습니다.

역설적으로 긴축정책의 영향으로 인해 경기전체의 성장동력이 약화되어 전 세계 경제성장률의 전망치가 하락하는 등 불황에 대한 걱정도 커져만 가고 있고, 긴축정책의 지속여부와 기간을 두고 금융정책당국과 애널리스트나 전문가 집단의 논의는 지속되고 있습니다. 혹자는 '2024년 상반기에 미국이 기준금리를 인하할 수밖에 없을 것이다.'라는 의견부터, '당면한 경기후행의 우려로 2023년 하반기에 급작스레 인하할 수밖에 없을 것이다.'는 의견까지 그 차이는 극과 극을 달리고 있습니다.

적절한 투자자산을 찾는다면 2차전지와 같이 광풍이 휘몰아치는 주식시장도 눈길이 가긴 하지만, 보수적인 시각을 가진 사람의 입장에선 2차전지 역시 저성장, 저금리의 부작용이 낳

은 보복소비와 같은 보복투자에 불과한 것으로 보입니다. 결국 누군가 큰 손해를 봐야 끝이 나는, '나만 뒤처지면 안 된다.'는 포모증후군(Fear Of Missing Out syndrome)이 가져올 끔찍한 종국만이 기다리고 있지 않을까요?

합리적이고 다양한 인생의 경험을 갖춘 투자자라면 이런 상황에선 달라진 금융환경에 맞춰 기대수익률을 낮추고 투자의 방향을 '안전하고 리스크를 관리할 수 있는 수익'으로 향하게 해야 합니다. 그러기에 저는 국채를 권하고, 그중에서도 10년 이상의 만기를 가진 장기물로 투자의 눈길을 돌려야 한다고 생각합니다. "왜 큰 수익도 안 되는 국채냐?"라고 하실 수 있습니다. 하지만 지금 같은 경기 전환기에서는 자칫 사소한 뉴스조차 경기주체들의 우려를 자아낼 수 있습니다. 최근의 새마을금고 사태에서도 이러한 우려가 현실로 나타났었는데요, 국채보다 금리가 훨씬 좋은 일반회사채는 그만큼 부도 위험 또는 신용등급하락 위험 등의 위험에 대한 보상치를 가격에 더해 좋은 금리가 나온다고 본다면, 이러한 우려와 걱정이 현실로 부각될 때는 오히려 가격이 급락할 수 있는 위험이 있기 때문입니다.

2024년 총선을 앞둔 정치적 상황과 반도체 경기 악화 등 성장동력이 약해지는 경제적 상황을 고려해서 정부와 한국은행은 2023년 늦은 하반기 또는 2024년 1분기 중으로 그간의 긴축정책에서 완화정책으로 전환될 가능성이 매우 높다고 전문가들은 보고 있습니다. 그렇다면 기준금리 인하에 따른 매매차익이 비과세 되는 장기국채의 기대수익은 어느 때보다 높다고 할 수 있습니다. 과거 장기물의 채권이 1~2%대 발행된 국채가 시장금리가 4%에 육박한 수준으로 거래되고 있기 때문에 매매로 인한 비과세효과와 과표의 차이로 인해 절세 효과를 생각한다면 세후 수익률은 그 어느 때 보다 좋다고 볼 수 있습니다.

장기국채를 투자하다보면 채권가격의 변화는 어쩔 수 없이 발생합니다. 2023년 상반기만 하더라도 개인의 채권투자액이 19조원에 달하며 전년 동기 대비 4배 이상의 규모, 특히 10년 이상의 장기물은 9배 이상으로 늘어난 반면, 채권의 가격은 떨어져 채권의 평가손실을 피할 수 없었습니다. 그렇다고 해서 채권을 주식처럼 손절할 필요는 없습니다. 채권은 다른 자산들과 달리 다양한 리스크를 관리할 방안이 있습니다. 장기적인 측면에서 채권가격이 낮아지면 과표를 생각해서 증여나, 향후 자손들에게 수익이 향유될 수 있는 타익금전신탁 등도 생각해 볼 수 있습니다. 국민연금이 보유주식으로 빌려줘서 대차 수익을 챙기듯이, 단기적으로 보유하는 동안 유가증권담보신탁을 통해 채권을 빌려줘서 생기는 부가적인 수수료 수익도 기대할 수 있습니다.

채권은 원리금을 상환받을 기간이 정해졌기 때문에 긴 안목과 인생의 경험이 필요한 자산입니다. 많은 재무적 경험을 겪은 독자라면 당연히 전액을 한 번에 투자하는 우를 범하지는 않으시겠죠. 투자의 원칙은 분산투자이지만, 저는 채권을 '시간분산투자 하시라'고 권하고 싶습니다. 목표를 정했다면, 꾸준히 저축하듯이 일정 기간을 두고 모은다면 어떤 뉴스나 소식에도 흔들리지 않는 탄탄하고 믿음직스런 결과를 만들어 낼 것이라 확신합니다.

# 품격 있는 노년기와 레거시(Legacy, 유산)를 남기는 시니어 소비자

**최학희**

– 시니어라이프비즈니스 대표, 시니어라이프 대표이사, 실버산업전문가포럼 사무총장

시니어 라이프와 비즈니스를 23년간 연구해 오면서 최근 주목하는 키워드는 '품격'입니다. 1천만 노인 시대, 어떤 이는 이를 거대한 시니어 비즈니스의 새로운 패러다임 전환의 기회라고 하고, 어떤 이는 '다사 사회, 노인 빈곤, 고독사, 무의미한 연명 시대 등'으로 우려를 나타내기도 합니다. 「빅 시프트(마크 프리드먼, Big Shift)」에서처럼 고령 선진국에서는 '100세 시대 중년 이후 인생의 재구성과 시니어 삶의 새로운 절정을 준비'하는 사례를 여럿 볼 수 있고, 나아가 세대 지속성을 고려한 품격 있는 노년이 남길 유산과 진정한 자아실현 단계의 삶을 볼 수도 있습니다.

이러한 시대변화 속에서 고령층은 누구나 '건강 · 시간 · 재무 자산의 구축'이라는 중대한 숙제가 놓입니다. 최근 출판된 「시니어 레거시, 품격 있는 노년기를 위한 24가지 체크리스트」는 노년의 삶의 조건에서 재무에만 치우치지 않고 비재무 영역까지 아우르는 품격 있는 삶의 조건을 제시하고 있습니다. 아직 우리에게는 먼 미래처럼 보이는 '재무적 나이듦' 외에도 비재무적인 영역인 '사회적 · 소명적 · 영성적 · 지성적 · 감정적 · 육체적 나이듦'의 모습을 시니어 삶의 현장 속에서 진지한 고민을 담아 제시합니다.

## ▌품격 있는 노년기를 위한 24가지 체크리스트

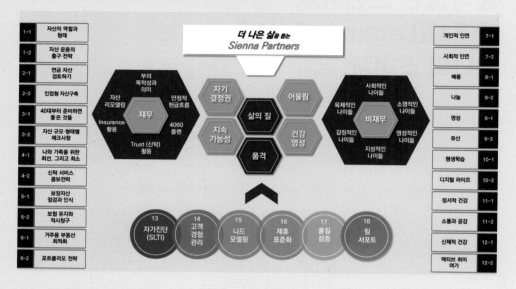

특히 라이프 스타일 관점에서 주목하는 부분은 '영성, 감정, 유산'입니다. 경제, 사회, 문화, 환경의 급속한 변화 속에 상실로 대변되는 우울증을 겪는 고령층이 늘고 있고, 사회적 역할을 상실함으로 발생하는 슈퍼노인증후군, 가정에서의 역할 상실에 기인한 빈둥지증후군, 배우자나 가족의 사별에서 오는 애도증후군 등 그 형태나 모습도 다양합니다. 재무 자산이나 건강 자산 측면에서는 현황과 대응 방법이 비교적 측정할 수 있지만, 시간 자산에 관련해서는 자아 정체성과 함께 가족이나 이웃 공동체의 관계 자산 등이 중요한데, 측정이나 대응에서 상대적으로 덜 주목받고 있습니다.

시니어 레거시 책에서 조한종 저자는 영성적인 나이듦(Spiritual Aging)은 종교와 관련된 것뿐만 아니라, 인간의 본질과 가치, 의미 있는 관계, 사회적 연결 그리고 내적 성장 등과 관련된다고 강조하고, 감정적인 나이듦(Emotional Aging)에서는 평정심과 평상심에 주목합니다. 평정심이 있다면, 감정에 지배되지 않고 상황을 잘 판단할 수 있으며, 평상심을 유지하면 일상생활을 조금 더 쉽게 관리하고 삶의 만족도를 높일 수 있다고 말합니다. 나아가 노년기는 자신의 유산(Legacy, 레거시)을 생각하는 시기로, "어떤 유산을 남기고 싶은지? 남길 것인지? 또 사람들은 나를 어떤 사람으로 기억하고 추모할지?"에 대한 중요한 화두를 전하고 있습니다.

또한 시니어 비즈니스 측면에서 보면, 고령친화산업 제조·서비스업 실태조사 기준으로 전체 시장 규모는 2021년 기준 약 72조 원에 달합니다. 고령인구 증가에 따라 시장은 점차 커지고 있으나, 현실은 제조업체의 약 94%가 자본금 10억 원 미만이며, 종사자 수도 10인 미만이 약 78%로 영세기업 위주로 시장성장 주도 역량이 부족합니다. 나아가 산업 육성 기반이나 대기업의 투자도 저조한 상태로 무엇보다 고령자 집단의 소비행태에 관한 연구 분석 부족으로 수요 대응에 한계가 있음이 아쉬운 점입니다. 고령친화산업의 성장은 분명하나 소비자를 위한 준비 측면에서 따라가지 못하고 있습니다.

이러한 시니어 비즈니스 트렌드에서도 주목할 블루오션은 신탁입니다. 대한민국은 현재 사망인구가 출생인구를 넘어선 다사 사회이고, 1인 노인가구로 삶을 마무리할 가능성이 점차 커질 것입니다. 그에 따른 웰다잉(Well dying)과 연계된 유산을 다루는 신탁에 관한 수요는 또한 더욱 커질 것입니다.

신탁 비즈니스의 현실을 살펴보면, '신탁 관련 법과 제도의 미비, 서비스 제공 기관에 주어진 제한들과 내부 인센티브 체계의 부족, 고객의 신뢰를 확보할 고객 관계 자산 구축의 미비' 등 해결과제가 산적합니다. 그러나 미국이나 일본 등 고령 선진국의 사례를 볼 때, '세금혜택이나 전문 판매인력 양성' 등 신탁 서비스 기반이 눈에 띄게 성장하고 있음에 주목해야 합니다. 신탁 소비자는 점차 삶의 의미와 함께 사랑하는 대상에 대한 유산을 생각하고 어떻게 남길지 생각할 것이고, 나아가 유산을 통해 사회에 환원하는 선순환과 제도적 뒷받침이 더 기대됩니다.

초고령사회를 눈앞에 두고 '고독사, 치매, 노인 빈곤, 황혼이혼, 간병 살인, 빈집 등' 수많은 문제가 산적해 있지만, 그럼에도 시니어 라이프스타일과 비즈니스 트렌드 관점에서 바람직한 해결 방향과 논의가 점차 '유산과 품격'으로 향해지길 소망합니다.

3

# 비즈니스
# 트렌드

# 3-1
# 2024 시니어
# 비즈니스 트렌드 방향

시니어 비즈니스는 시니어를 대상으로 하는 비즈니스이다. 이를 좀 더 구체화시킨 표현으로는 '고령친화산업'이 있다. 한국보건산업진흥원에서는 매년 현장에서 시니어를 대상으로 용품이나 서비스를 제공하는 실태를 조사하여 '고령친화산업 제조 · 서비스업 실태조사 및 분석 보고서'를 발간하고 있다. 필자는 이 작업에 참여했던 경험을 바탕으로 전체 산업을 조망하는 키워드와 핵심 용어를 중심으로 '2024 시니어 비즈니스 트렌드 방향'을 살펴보고자 한다.

먼저 주요 고령친화산업의 시장규모를 보면 다음과 같다.

한국보건산업진흥원의 보고서에는 1·2차 자료를 바탕으로 고령친화산업 제조·서비스업에 대한 시장 전망을 담고 있다. 이 보고서에서는 고령친화산업은 건강 기능이 감퇴하고 있는 고령층을 대상으로 하는 산업이기 때문에 산업 자체의 시장경쟁력, 수익성 이외에도 노인의 안전과 삶의 질 측면에서 수립된 제도 사이에서 작동하는 특수성이 있음을 강조한다. 또한 본격화된 베이비 부머의 고령층 진입과 기대수명 증가에 따른 건강한 삶, 돌봄자 감소에 따른 고령자 자립의 중요성 확대 등 다양한 환경변화에 주목한다. 고령자를 수요자로 하는 고령친화제품 및 서비스와 관련된 고령친화산업에는 고령자가 일상생활을 영위하면서 발생하는 수

요 및 노화에 따른 수요를 충족시키기 위한 모든 산업이 포함된다. 특히 고령자에는 현재의 고령자는 물론 노후를 대비하는 미래의 고령자도 포함되기 때문에 이들이 고령층으로 편입되었을 때를 대비하여 소비 투자하는 제품과 서비스 모두 고령친화산업의 범주에 속한다.[77]

고령친화산업 발전방안[78]에서는 트렌드를 '고품질화, 디지털전환, 자립지원'으로 제시한다. 먼저 베이비붐 세대 은퇴 본격화에 따라 고령자 재산 소득 소비성향 증대에 따라 고품질의 용품과 서비스를 희망한다. 또한 ICT 활용을 통한 노인돌봄과 기술-서비스 결합 신서비스로 표현되는 디지털전환을 든다. 나아가 지역사회 내 계속 거주(AIP ; Aging In Place)할 수 있도록 자립 생활 지원, 재가요양 및 지역사회 통합돌봄 등 거주지에서 생활을 지속할 수 있도록 지원하는 방향성을 트렌드로 제시한다. 그러나 현실은 제조업체의 약 94%가 자본금 10억 원 미만이며, 종사자 수도 10인 미만이 약 78%로 영세기업 위주로 시장성장 주도 역량이 부족한 상황이다. 나아가 산업 육성기반이나 대기업의 투자도 저조한 상태이며, 고령자 집단의 소비행태에 대한 연구 분석 부족으로 수요 대응에 한계가 있음이 동시에 지적되고 있다.

이를 필자의 시각에서 2개의 축으로 재구조화하면 다음과 같이 요약할 수 있다. 초고령사회를 앞두고 폭증하는 공공재원의 효과적인 활용이 하나의 축이고, 커지는 시장에 대한 민간 파트너의 확보가 다른 축이다. 이전 고령자와는 세대 특성이 다른 다소 액티브한 베이비 부머가 노인 세대로 진입하고 있다. 이들은 이전 세대보다는 상대적으로 활발한 소비여력을 갖춘 세대이기에 개인맞춤형 솔루션에 대한 욕구가 보다 다양하게 나타날 것으로 예측된다. 일부 재력을 갖춘 베이비붐 세대는 고령 선진국처럼 조부모 경제(Grandparents Economy)와 액티브 여가 및 적극적 투자 활동이 강화될 것이다. 기술 측면에서도 코로나19로 가속화된 비대면 스마트 신기술의 적용을 통해 시공간 모빌리티에 대한 욕구가 더욱 강하게 나타날 것이다. 무엇보다 고령자의 특성인 이동동선의 축소는 기존의 주된 일자리로의 이동의 폭을 줄이며, 지역사회에서 머무는 시간이 늘어날 것이다. 이는 보건정책과 맞물려 지역돌봄 강화로 나타

77) 한국보건산업진흥원, 2021년 고령친화산업 제조·서비스업 실태조사 및 분석 보고서, 2023년

78) 관계부처합동, 고령친화산업발전방안(2021.12.)

나며, 더욱 지방정부와 지역사회 중심의 전달체계가 긴밀해질 것으로 전망한다.

**▌국내 고령친화산업 전망 키워드**

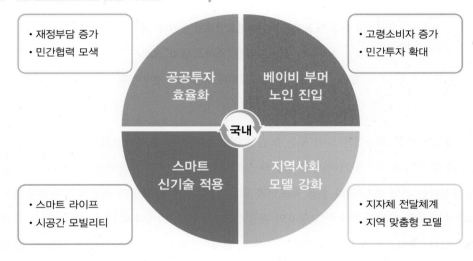

# 고령친화 용품 제조업

고령친화 용품 제조업은 노인장기요양보험 중심의 '복지용구'에서

지역사회 돌봄을 위한 '스마트 돌봄'으로

점차 '디지털 소통과 모빌리티'로 확대될 전망이다.


고령친화 용품 제조업은 노인 또는 노인성 질병이 있는 자를 대상으로 '건강관리 · 돌봄 · 일상생활 편의'를 도모하기 위하여 노인의 신체적 · 정신적 거주 환경적 특성을 배려한 제품을 생산하는 산업이다. 점차 용품 제조업과 의료기기, 주거 및 요양의 개념이 통합되어 가는 상황에서 용품 자체의 시장을 고령자의 관점에서 폭넓게 정의해야 하는 시장의 수요가 증대하고 있다. 고령친화 용품은 '지팡이나 기저귀, 휠체어, 보조기, 저주파치료기, 신발 등' 주로 복지용구 보조기 등에 국한된다. 시니어를 위한 서비스나 운동제품들은 고령친화 용품으로 분류가 되지 않아 기존 고령친화 용품의 범주를 확대해 나갈 필요가 점차 커지고 있다. 특히 노인장기요양보험 복지용구지원사업[79]에 집중된 용품 산업은 점차 4차산업혁명 추세에 맞춰 '스마트 돌봄, 디지털 소통, 이동성' 영역에서 새로운 확대 가능성이 있다.

---

79) https://www.bokjibank.or.kr/bokji/view.php?zipEncode=YCZm90wDU91DLLMDMetpSfMvWLME

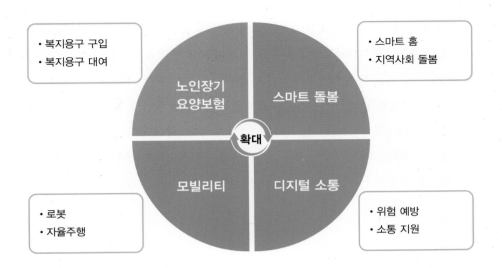

- 복지용구 구입
- 복지용구 대여

노인장기
요양보험

스마트 돌봄

- 스마트 홈
- 지역사회 돌봄

확대

모빌리티

디지털 소통

- 로봇
- 자율주행

- 위험 예방
- 소통 지원

## ■ 키워드 요약

- 노인장기요양보험 : 노인장기요양보험 복지용구 급여는 2021년 기준 26,547개 기관에서 총 383,150명이 혜택을 받고 있다.[80] 복지용구 18종에 대해 구매 또는 대여로 구성되어 있으며, 늘어나는 노인인구에 따른 정부의 지원에 대한 부담 또한 증가하고 있다.

- 스마트 돌봄 : 노인장기요양보험 수급자는 건강 상태 변화에 따라 점차 시설이나 주택으로 이동 동선이 좁혀진다. 집이나 시설에서 보내는 시간이 늘어남에 따라, 배리어 프리(Barrier Free)를 넘어선 보다 스마트한 실내환경에 관한 관심 또한 증가한다. 특히 디지털 기술 개발로 사물인터넷(IoT) 기술을 통한 좀 더 안전하고 편리한 생활에 대한 수요는 점차 커지고 있다.

- 디지털 소통 : 돌봄이 필요한 노인의 경우 조그만 걸림돌에도 넘어질 수 있기에 낙상을 예방하는 보조기기나 위험 감지에 대한 장비의 수요가 늘어난다. 1인 독거노인을 중심

---

80) https://kosis.kr/statHtml/statHtml.do?orgId=350&tblId=DT_35006_N019

으로 응급 알림 시스템이나 화재 예방과 같은 위험방지 솔루션이 확대되고 있다. 특히 고립된 환경 속에서 '부모사랑효돌'과 같은 반려 AI 로봇과 동거하며 경험하는 의인화[81] 과정을 통한 소통의 욕구도 점차 늘어날 것이다.

- 이동성 : 신체적 장애를 통해 이동 동선이 점점 좁아지는 돌봄이 필요한 노인은 최근 이동성(Mobility)을 지원하는 신기술에도 관심이 높다. 국내외 실버산업 박람회를 통해 이동을 지원하는 복지 차량에 대한 소개가 꾸준히 이루어지고 있으며, 최근에는 돌봄을 지원하는 로봇이나 고령 운전자를 위한 자율 주행 기술 연구도 늘어나고 있는 추세다.[82]

81) https://www.kci.go.kr/kciportal/ci/sereArticleSearch/ciSereArtiView.kci?sereArticleSearchBean.artiId=ART002825518
82) https://koreascience.kr/article/JAKO201900937356503.pdf

# 고령친화 금융 서비스업

**고령친화 금융 서비스업은 장수 리스크에 대비한 안정적 소득 중심에서
'요양과 치매'를 대비한 건강 리스크로
점차 '재무 리스크와 디지털 금융'으로 확대될 전망이다.**

노인이 안정적 소득 기반을 확보하고 금전적 이익을 얻게 하는 서비스 상품과 이를 지원하는 서비스를 제공하는 고령친화 금융 서비스업은 노인인구 1천만 시대를 앞두고 네 가지 커다란 변화, 즉 '더 길어진 기대수명, 더 건강하게 보내는 건강수명, 더 늘어난 개인 소득, 더 빨라진 디지털 환경'에 노출되고 있다.

노인인구의 증가는 공급자와 정부 정책에 미치는 영향이 커짐에 따라 노인의 안정적 소득 기반과 금전적 이익 확보라는 금융영역과 노후생활에 수반되는 건강 및 디지털 생활까지 확장되어 발전하고 있다. 간병과 치매에 대한 대비를 넘어선, '부동산 자산의 유동화와 증여 상속을 둘러싼 갈등의 예방과 디지털 편리성과 안전성'까지 고령친화 금융 서비스의 핵심 키워드가 확대되고 있다. 특히 일본과 미국 사례에서 보듯이 노인인구의 전체 금융자산 비중이 꾸준히 늘어, 세대 간 공적·사적 소득 이전 이슈가 고령친화 금융서비스산업에서 더욱 중요한 과제로 등장할 전망이다.

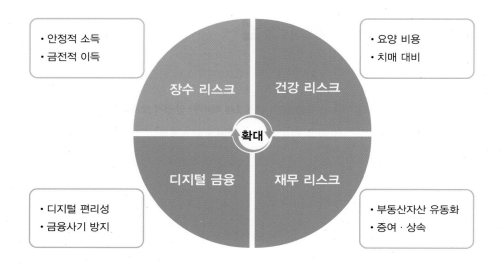

| 장수 리스크 | 건강 리스크 |
|---|---|
| • 안정적 소득<br>• 금전적 이득 | • 요양 비용<br>• 치매 대비 |
| 디지털 금융 | 재무 리스크 |
| • 디지털 편리성<br>• 금융사기 방지 | • 부동산자산 유동화<br>• 증여 · 상속 |

확대

■ **키워드 요약**

• 장수 리스크 : 베이비붐 세대의 노인층 유입이 본격화되면서 기대수명과 건강수명과 함께 재무구조도 개선되고 있지만, 리스크 관리에 관한 관심도 증가하고 있다.

  – 한국 인구의 기대수명은 1970년 62.3세에서 2021년 83.6세로 약 21년 늘어났다. 2021년 기준 여자의 기대수명은 86.6세로 남자의 80.6세에 비해 6년이나 길다.[83]

  – 건강수명 역시 2000년 67.4세에서 2019년 73.1세로 5.7년 정도 늘어났다. 건강수명의 연장은 한국인의 삶의 질이 양적인 측면과 아울러 질적인 측면에서도 향상되고 있음을 보여준다. 기대수명과 마찬가지고 건강수명도 여자가 남자보다 길다.[84]

  – 노인의 개인소득은 지속 증가하여 2017년 1,176만 원에서 2020년 1,558만 원으로 늘어났다. 가구소득 구성은 공적 이전소득 비중이 27.5%, 근로소득이 24.1%, 사업소득이 17.2%, 사적 이전소득이 13.9%, 재산소득이 11.0%, 사적 연금소득이 6.3%로 나

83) https://www.index.go.kr/unify/idx-info.do?idxCd=8016

84) https://www.index.go.kr/unify/idx-info.do?idxCd=5067

타났다. 이는 2008년과 비교해 볼 때, 사적 이전소득 비중이 32.6% 줄어든 반면, 근로소득이 17.6%, 재산소득이 4.1% 증가한 구조를 보인다. 65세 이상 노인의 경제참여율은 2008년 대비 6.9% 높아진 36.9%이나, 65~69세의 참여율은 15.2% 높아진 55.1%를 보인다.[85]

**▌2020 노인실태조사 경제활동 주요 결과**

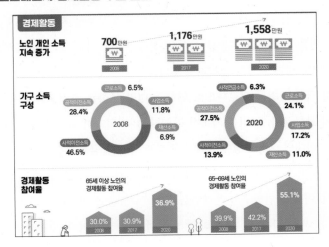

– 점차 변화하는 기대수명·건강수명·소득구조에 따라 '장수 리스크, 건강 리스크, 재무 리스크'에 대비하려는 관심이 높아지고 있다.

• 건강·재무 리스크 : 고령친화 금융산업 수요자는 길어진 노후 대비 현금흐름을 만들어 줄 금융 서비스·상품과 혹시라도 모를 치매나 요양과 관련된 대비에 관심을 가진다. 나아가 부동산에 치중된 자산의 유동화와 함께 상속·증여에 대한 관심도 증가하는 추세다.

85) 보건복지부, 2020 노인실태조사

- 1인당 생애주기로 볼 때 61세부터 월 872,000원 적자구조로 바뀐다. 생각보다 길어지는 노후생활에서 줄어드는 자산을 최소화하기 위한, 근로소득을 포함하여 투자를 포함한 월 현금흐름 창출이 노후생활의 중요한 화두로 등장하고 있다.[86]

- 노인 치매 유병률은 2020년 기준 10.3%로, 85세 이상에서는 38.6%로 급속히 느는 것을 생활 속에서 체감한다. 따라서 점차 노후 요양과 치매에 대한 대비에 관한 관심이 급증하고 있다.[87]

- 최근 부동산 가격 변동과 더불어 노인인구의 부동산 자산 비중이 80.9%[88]로 매우 높다. 변동성이 커진 부동산 자산을 격세증여나 역모기지제도(주택연금·농지연금)로 재조정하려는 관심이 높아지고 있다.

• 디지털 금융 : 최근 코로나19로 인한 비대면 문화는 고령친화 금융산업 제반에 디지털 환경에 관한 관심을 더욱 가속하고 있다. 디지털기기 활용에 덜 익숙한 노인 세대는 강화되는 비대면 금융환경에 대해 불편함과 동시에 금융착취 사례를 방지할 수 있는 금융 '상품·서비스·제도 개선'을 기대하고 있다.

- 65세 이상 노인인구의 온라인을 통한 이체/출금 거래 비중은 2020년 기준 69.9%이며, 80세 이상은 42.4%이다.[89] 여전히 노년 인구의 약 70%는 지점 방문으로만 거래하는 것으로 나타나며, 디지털에 익숙하지 않아 은행을 찾느라 '시간적·금전적·혜택적 차이'가 발생하고 있다.[90]

86) https://www.donga.com/news/Economy/article/all/20221130/116760055/1

87) https://www.dementianews.co.kr/news/articleView.html?idxno=3597

88) https://bravo.etoday.co.kr/view/atc_view/14189

89) 금융위원회, 고령친화 금융환경 조성방안, 2020년 8월

90) https://www.hani.co.kr/arti/economy/economy_general/1036806.html

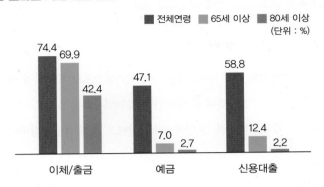

**▌65세 이상 온라인 거래 비중 변화**[91]

■ 전체연령 ■ 65세 이상 ■ 80세 이상
(단위 : %)

| | 이체/출금 | 예금 | 신용대출 |
|---|---|---|---|
| 전체연령 | 74.4 | 47.1 | 58.8 |
| 65세 이상 | 69.9 | 7.0 | 12.4 |
| 80세 이상 | 42.4 | 2.7 | 2.2 |

- 금융상품 불완전판매뿐만 아니라, 고령층 대상 지인(가족 · 친인척 · 간병인 등)에 의한 재산 편취 피해가 지속적으로 발생하고 있다. 60대 이상 고령자의 전기통신금융사기(보이스피싱) 피해 건수는 전체의 40.7%를 차지하는 등 '금융사기' 또한 신체적 · 경제적 · 정신적으로 취약하기 쉬운 고령층을 중심으로 확산하고 있다. 이에 현행법은 고령자 보호 측면이 미흡하기에 고령자 금융피해 방지를 목적으로 한 입법의 필요성이 제기된다.[92]

91) 금융위원회, 고령친화 금융환경 조성방안, 2020년 8월

92) https://m.nongmin.com/355917

# 고령친화 요양 서비스업

**고령친화 요양 서비스업은 '노인장기요양보험 지원 중심'에서
'병원연계 및 케어 인력'의 지역사회 돌봄으로
점차 민간협력 '토탈케어와 요양테크'로 확대될 전망이다.**

고령친화 요양 서비스업은 노인 또는 노인성 질병이 있는 자를 대상으로 심신 기능 유지 및 향상을 위해 간호 및 치료와 그 밖의 일상생활에 필요한 편의 서비스를 제공하는 산업이다. 2020년 장기요양보험 총 연간 급여비는 9조 8,248억 원으로 2019년 대비 14.7% 증가했으며, 공단부담금은 90.4%에 달한다.[93] 급여 수급자는 81만 명으로 2019년 대비 10.2% 증가했다. 노인인구의 증가에 따라 지속으로 수급자의 증가는 국가 차원의 요양 부담이 가중되고 있다. 늘어나는 급여 부담은 시설 및 재가 서비스 공급에 대한 보다 정확한 재무 회계의 투명성 조치로 이어지며, 나아가 초기 투자비가 많이 드는 시설 확충보다는 노인의 재가 돌봄 수요[94]에 부합한 지역사회 돌봄 체계 강화로 이어진다. 이를 위한 '병원에서 집으로' 연계 작업과 함께 부족한 돌봄 인력의 공급이 점차 부족해지는 문제점에 노출되고 있다.

공급자 측면에서도 초고령 사회를 앞두고 급격히 느는 고령자에게 필수적인 돌봄에 대해 이전보다는 적극적으로 뛰어드는 실버산업 투자가 늘고 있다. 노인 치매 유병률이 10.3%에 달하며, 관리비용도 18.7조 원에 이르자[95] 치매 예방 관련 사업도 함께 다각적으로 모색 중이다.

---

93) https://www.monews.co.kr/news/articleView.html?idxno=306161

94) https://jhealthmedia.joins.com/article/article_view.asp?pno=25898

95) https://www.dementianews.co.kr/news/articleView.html?idxno=4998

코로나19로 비대면 사회를 경험하면서, 돌봄 영역에서도 스마트 돌봄 및 인공지능을 활용한 예방 기술에 관한 관심이 빠르게 늘고 있다. 고령친화산업에서 노인장기요양보험이라는 명확한 실체를 가지고 있는 요양산업은 급증하는 노인 세대와 그들에게 필수적인 돌봄을 두고 융복합과 입체적인 시도를 보이는 헬스케어 스타트업에 대한 높은 관심은 지속될 것이다.

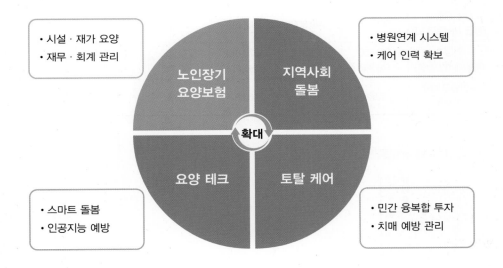

■ **키워드 요약**

- 노인장기요양보험 : 노인인구의 증가세와 함께 노인장기요양보험 신청자나 인정자 역시 우상향하고 있다. 특히 건강수명이 끝나가는 73세 이후로는 만성 질환 및 치매 유병률 또한 가속되는 특징을 보인다. 증가하는 요양 수요에 대응하기 위한 상대적으로 영세하고 파편화된 요양사업자의 재무 회계 투명성을 지원하기 위한 시스템 수요도 함께 증가하고 있다.

## ▌2020년 노인장기요양보험 통계

(단위 : 명, %)

| 구 분 | 2016 | 2017 | 2018 | 2019 | 2020 | 증감률<br>(전년대비) |
|---|---|---|---|---|---|---|
| 노인인구<br>(65세 이상) | 6,940,396 | 7,310,835 | 7,611,770 | 8,003,418 | 8,480,208 | 6 |
| 신청자 | 848,829 | 923,543 | 1,009,209 | 1,113,093 | 1,183,434 | 6.3 |
| 등급판정자<br>(등급 내+등급 외) | 681,006 | 749,809 | 831,512 | 929,003 | 1,007,423 | 8.4 |
| 인정자<br>(판정대비인정률) | 519,850<br>(76.3%) | 585,287<br>(78.1%) | 670,810<br>(80.7%) | 772,206<br>(83.1%) | 857,984<br>(85.2%) | 11.1 |
| 노인인구 대비<br>인정률 | 7.5% | 8.0% | 8.8% | 9.6% | 10.1% | |

## ▌연령대별 치매 유병률[96]

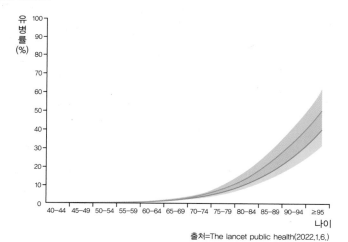

출처=The lancet public health(2022.1.6.)

• 지역사회 돌봄 : 지역사회 돌봄 체계를 구축하려는 노력은 새로운 병원연계 지원 인프

96) https://www.hani.co.kr/arti/science/science_general/1048744.html

라의 구축이 요구된다. 현재 지역사회 돌봄을 위한 일상생활 지원, 이동지원, 영양지원, 식영양 바우처 등 새로운 시범사업이 진행 중이다.[97] 그러나 현실적으로 볼 때, 의사나 간호사 인력을 조달 어려움, 가족의 부모 부양에 대한 사회적 인식의 약화, 돌봄 인력 부족이라는 미래 초고령 사회의 새로운 문제들은 더 큰 우려로 다가오고 있다.

- 민간 융복합 투자 : 요양산업 신규 진입은 부동산을 보유하거나 영유아 사업을 진행하던 사업자를 중심으로 발 빠르게 이뤄지고 있다. 나아가 요양산업에 대한 벤처 투자도 이어지고 있는데, 100억 원대 투자를 받는 스타트업도 잇따라 나오고 있어 귀추가 주목된다.[98] 고령층을 대상으로 한 간병인 중개 플랫폼, 방문 요양 중개 플랫폼, 돌봄 로봇 및 AI 돌봄 스피커, 홈 헬스케어 등 다양한 영역에서 스타트업 창업 및 투자가 이뤄지고 있다. 요양산업 시장 규모가 점차 커지는 것이 체감되자 보험사에 이어 제약사도 새로운 먹거리로 요양산업에 진출하고 있다.

- 치매 예방관리 : 고령화와 치매 확대에 따라 고령자의 고품질 돌봄-요양 서비스는 선택이 아닌 필수 서비스로 인식되고 있다. 특히 치매 유병률의 가파른 상승에 따라 치매 관련 산업인 진단-예방 등에 관한 관심은 꾸준히 높아질 것으로 보인다.[99]

- 스마트 돌봄 : 코로나 상황 이후 비대면 서비스 연계 모델에 관한 관심이 높아졌다. 고령화 같은 인구 변화가 기술 혁신을 만나 새로운 메가 트렌드가 형성될 수 있으며, 바이오테크, 원격의료, 메타버스, 실버용 로봇 등에 대한 수요가 증가할 것으로 보인다.[100] 요양 돌봄 인력인 간호사, 요양보호사, 간병인을 돕는 실버용 도우미 로봇은 환자를 들어 올리는 간단한 기능에서부터 처방된 약을 나눠주거나 환자와 대화를 통한 심리적 안정을 기대해 볼 수 있다. 그러나 여전히 단순한 기술의 도입을 넘어서 돌봄 인력들이 기

---

97) https://www.peoplepower21.org/welfarenow/1853731

98) https://economist.co.kr/2021/11/11/it/general/20211111093405084.html

99) https://www.dementianews.co.kr/news/articleView.html?idxno=5284

100) https://www.mk.co.kr/news/economy/9927703

술을 제대로 사용하고 지속 활용하는 방안에 대한 현실적인 해법과 보완이 필요하다.

• 원격의료, 마이데이터 : 노인 요양 과학기술 산업에서 가장 빠르게 성장하는 분야 중 하나는 원격의료다. 원격의료 기술은 의료 전문가나 가족들이 노인을 돌볼 때, 건강과 복지에 대해 종합적으로 살펴볼 수 있도록 도와준다. 원격의료를 통해 '모니터링, 영상 통화, 의료용 알람'이 가능하고, 환자는 물론 의사 및 돌봄 인력이 '혈압, 혈당 수치, 심박수, 활동 수준, 수면 습관'과 같은 정보에 더 쉽게 접근할 수 있다. 우리금융경영연구소에 따르면 아직 원격의료에 대한 수요가 다른 나라에 비해 상대적으로 적지만, IT 기술 수준이 높고, 의료 정보의 데이터베이스가 잘 구축돼 있어 관련 비즈니스가 성장하는 데 매우 유리한 환경을 가지고 있다고 평가된다. 마이데이터 사업을 통해 개인정보 보안을 고려한 빅데이터 사업에 대한 접근도 단계적 검토 중이다.

## ▌보건의료 마이데이터 개념[101]

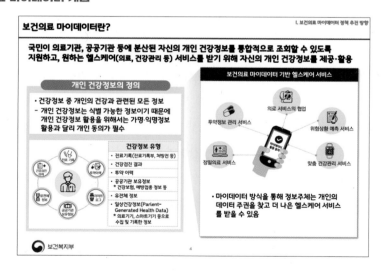

101) 보건복지부, 보건의료 마이데이터 정책 추진 방향 모색, 2022년 3월

• 사물인터넷, 인공지능 : '낙상'은 우리나라 65세 노인의 1/3이 매년 한 번 이상 경험하고, 노인 사망 원인 2위로 지목될 만큼 위험하다. 미리 사고를 방지할 수 있는 노인 케어에 사물인터넷을 활용하는 사례가 늘고 있다. 나아가 고독사를 방지하기 위한 용도로도 접목되어 '사물인터넷 안심폰'이나 '독거 어르신 안전 건강관리 솔루션 사업' 등의 확대가 이뤄지고 있다.[102]

---

102) https://www.yna.co.kr/view/AKR20220331147500065

# 고령친화 의약품 제조업

고령친화 의약품 제조업은 노인질환을 '치료' 중심에서

'정기진단과 스마트 예방'으로

점차 '재활과 디지털 헬스'로 확대될 전망이다.


    고령친화 의약품 제조업은 질병을 진단, 치료, 처치 및 경감, 예방할 목적으로 신체 구조와 기능에 약리학적 영향을 주는 물품 중 기구 기계 또는 장치를 생산하는 것이 아니라 노인이 주로 사용 의약품을 생산하는 산업이다.

    인구 고령화로 복합 만성질환이 증가하고 있고, 환자 맞춤형 의약품과 같은 초고가 의약품이 제공됨에 따라 건강보험 진료비와 약품비 지출 규모는 큰 폭으로 증가하고 있다. 고령친화 의약품 산업의 시장 규모는 2010년 3조 486억 원에서 2020년에는 10조 8,315억 원으로 연평균 성장률(CAGR)이 13.5%이다. 노인성 질병의 범위는 노화에 따른 동맥경화성 심혈관질환, 관절염, 당뇨병뿐 아니라 알츠하이머병에서의 치매, 혈관성 치매, 뇌경색증, 뇌졸중, 파킨슨병 등 뇌 신경질환을 포함해 넓어지고 있다.

    급등하는 의료비용을 줄이기 위해 사전에 정기 진단이나 민간과 지역사회와 연계한 예방에 관한 관심이 증가하고 있다. 글로벌 의약품 제조 기업을 중심으로 기존의 '수술 재활 치료' 중심에서 '건강한 삶의 반려자'로서의 일상 지원을 위한 로봇 재활의 접목과 함께 디지털 치료제와 빅데이터 기반 맞춤형 의약품을 제공이 활성화될 전망이다.[103]

---

103) 한국보건산업진흥원, 글로벌 보건 산업 동향 Vol. 409, 2021년 11월

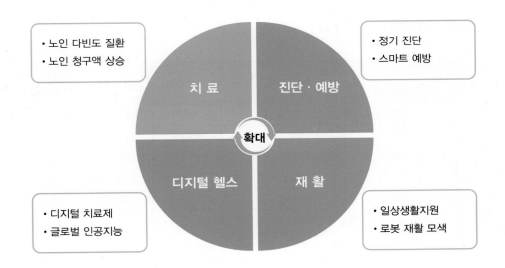

## ■ 키워드 요약

- 노인 다빈도 질환 : 2020년 건강보험심사평가원의 심사 결정분 자료에 따르면 65세 이상 노인 환자 중 입원의 경우 백내장이, 외래의 경우 고혈압 진료가 가장 많았던 것으로 확인된다. 1인당 진료비는 알츠하이머병 치매가 1,523만 원으로 최고이다.[104] 장애 노인과 비장애 노인의 그룹별 다빈도 질환 순위[105]를 보면, 본태성 고혈압과 등 통증, 무릎 관절증이 1, 2, 3위를 보인다. 장애 노인은 만성 신장질환이 4위였고, 비장애 노인은 인슐린-비 의존 당뇨병이 4위로 나타난다.

104) https://www.newsthevoice.com/news/articleView.html?idxno=20900

105) https://www.nrc.go.kr/portal/html/content.do?depth=de&menu_cd=07_03_01

# ▌노인 다빈도 상병별 2020년 현황

(단위 : 명, 원, 일)

| 구분 | 순위 | 상병 | | 진료 인원 | 인당 진료비 | 인당 입(내)원일수 |
|---|---|---|---|---|---|---|
| | | 코드 | 명칭 | | | |
| 입원 | 1 | H25 | 노년백내장 | 214,041 | 1,598,903 | 1.57 |
| | 2 | F00 | 알츠하이머병에서의 치매 | 115,940 | 15,225,998 | 188.05 |
| | 3 | J18 | 상세불명 병원체의 폐렴 | 78,524 | 5,137,543 | 17.42 |
| | 4 | I63 | 뇌경색증 | 78,495 | 13,190,959 | 80.00 |
| | 5 | M17 | 무릎관절증 | 72,005 | 8,448,744 | 24.98 |
| | 6 | Z11 | 감염성 및 기생충성 질환에 대한 특수선별검사 | 64,791 | 223,688 | 6.32 |
| | 7 | M48 | 기타 척추병증 | 63,615 | 3,182,301 | 14.41 |
| | 8 | S32 | 요추 및 골반의 골절 | 55,169 | 3,252,207 | 20.27 |
| | 9 | I20 | 협심증 | 49,470 | 4,946,082 | 5.77 |
| | 10 | S22 | 늑골, 흉골 및 흉추의 골절 | 47,491 | 2,754,709 | 16.92 |
| 외래 | 1 | I10 | 본태성(원발성) 고혈압 | 2,953,724 | 154,543 | 7.39 |
| | 2 | K05 | 치은염 및 치주질환 | 2,929,983 | 98,003 | 2.48 |
| | 3 | M17 | 무릎관절증 | 1,534,504 | 242,805 | 6.57 |
| | 4 | M54 | 등통증 | 1,522,284 | 201,858 | 6.69 |
| | 5 | J20 | 급성 기관지염 | 1,496,094 | 44,589 | 2.75 |
| | 6 | E11 | 2형 당뇨병 | 1,371,877 | 195,506 | 7.09 |
| | 7 | K21 | 위-식도역류병 | 1,188,650 | 70,794 | 2.77 |
| | 8 | K08 | 치아 및 지지구조의 기타 장애 | 1,126,533 | 1,350,766 | 3.06 |
| | 9 | K29 | 위염 및 십이지장염 | 1,105,011 | 58,117 | 2.30 |
| | 10 | M48 | 기타 척추병증 | 1,079,155 | 257,239 | 6.97 |

- 노인 청구액 : 건강보험 진료비가 2010년 43.5조 원에서 2019년 86조 원으로 증가함과 동시에 건강보험 약품비도 2010년 12.7조 원에서 2019년 19.4조 원으로 증가했고, 2019년 기준 진료비 대비 약품비 비중은 24.1%를 차지한다.[106] 2021년 고령 환자들의 급여 의약품 청구액은 9조 6,955억 원으로 전체의 45.5%를 차지한다. 특히 연령 구간 별 청구금액 최고치는 60~69세로 전체의 26%의 청구금액을 기록했고, 이어서 70~79 세(21%) 순으로 나타난다. 최근 증가 폭에서도 65세 이상 노인인구의 급여 의약품 처방 액 비중이 2017년 40.1%에서 2021년에는 45.5%를 기록하며 매년 증가세를 이어가고 있다.[107]

**┃ 연도별 연령 구간별 급여 의약품 청구금액**[108]

(단위 : 억 원)

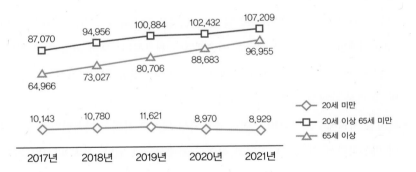

106) https://www.hira-research.or.kr/journal/view.html?uid=904&vmd=Full

107) https://www.pharmstoday.com/news/articleView.html?idxno=316354

108) https://www.pharmstoday.com/news/articleView.html?idxno=316354

- 정기 진단 : 65세 이상의 의료급여 수급권자는 노인건강진단을 2년에 1회 이상 국공립 병원, 보건소 또는 노인전문병원, 요양기관이나 의료급여기관에서 건강진단을 받을 수 있다.[109] 질환이 발견된 노인은 보건소의 등록관리 및 공공의료기관과의 연계를 통해 방문 건강관리 또는 의료서비스를 체계적으로 받는다. 또한 치매가 의심되는 노인은 무료 치매 조기 검진을 받을 수 있고, 치매를 진단받으면 보건소의 치매안심센터에 등록되어 치매 치료제 복용에 대한 치료비 지원을 받을 수 있다. 나아가 보건소와 연계하여 무료 암 검진과 개인 수술비 지원과 구강보건센터와 연계하여 치과 진료를 받을 수 있다.

- 스마트 예방 : 대한노인임상의학회는 노인 환자 치료와 관리의 '선제적' 대응을 강조한다. 이를 위해 환자들과 보호자 교육을 확대하고 의료진들을 대상으로 한 '예방적 치료'에 대한 인식개선을 요청한다. 또한 노인 맞춤형 진료 관련 공공의료기관과 민간의료기관의 협업과 소통을 강조한다.[110]

- 일상생활 지원 : 재활 및 고령친화 관련 산업은 고령화의 진전이 심화함에 따라 아직 수입에 의존하는 구조에서 새로운 기술개발이 필요하다. 특히 고령 인구 절반 정도가 퇴행성 질환을 포함한 여러 신체장애를 겪고 있어, 일상생활을 지원하기 위한 의약품 개발 및 로봇 재활의 필요성이 높아지고 있다.[111]

- 디지털 치료제 : 코로나19로 인한 공중위생 위기로 사회의 디지털화가 중요하다는 인식이 확산하면서 의료의 디지털화 작업도 가속화되고 있다. 특히 디지털 치료제(Digital Therapeutics, DTx) 관련 의료용 앱 보급 촉진 논의가 급속도로 진행되고 있다. 증거에 기반해 '진단·치료·예방완화' 사용을 목적으로 한 제품은 '소프트웨어 의료기기'로 불리고, 이 가운데서도 '유효성을 입증하고 치료 개입을 제공하는 것'이 디지털 치료제

---

109) https://easylaw.go.kr/CSP/CnpClsMain.laf?popMenu=ov&csmSeq=673&ccfNo=5&cciNo=1&cnpClsNo=1&menuType=cnpcls&search_put=

110) http://www.whosaeng.com/139436

111) 이욱빈, 고령친화산업 동향 및 전망, 2021년 10월

이다. 디지털 치료제는 화학적 작용이나 기기를 통한 물리적 작용만으로는 실현하지 못하는 디지털이기 때문에 가능한 새로운 작용을 통해 치료 효과를 초래하고 데이터의 수집·분석이 비교적 용이하며, 데이터 집적 및 소프트웨어 업데이트를 통한 기능 향상을 기대할 수 있다는 특성이 있다. 이러한 디지털 의료가 미치는 가치는 개별화된 지속 개입을 통한 치료 효과 향상, 환자정보 취득·파악 등 치료 효과의 개별 최적화와 '의사의 부담 경감과 의료의 경제적 효과' 등 비용 절감에 기여한다. 또한 디지털 치료를 통해 환자의 일상적인 데이터를 취득함으로써 진료의 정밀도를 향상할 수 있으며, 전염병 예방 차원에서 환자가 매번 병원을 방문하지 않아도 적절한 진료를 받을 수 있는 의료제공 체계를 구축할 수 있다는 점도 중요하다.[112]

- 글로벌 인공지능 : 글로벌 제약산업에서 인공지능(AI) 시장규모가 급격하게 확대될 전망이다. 글로벌 시장조사기관 Business Research Company에 따르면 제약시장에서 인공지능(AI)은 2025년에 28억 9,550만 달러로 2015년 이후 연평균 31.8%의 증가세를 보일 것으로 예측된다. 이러한 성장은 보건의료 시장 자체의 확대와 개도국의 지속 경제 성장과 정부 정책 등에 기인하지만, 무엇보다도 진료 현장에서 인공지능을 사용하는 비율이 높아지는 것에 기인한다고 보인다. 특히 코로나19로 의료진들의 밀접한 진료 행위가 어려운 상황에서 애초의 복약 지시 사항이 충실히 이행되는지 등을 검토하는 데 AI가 사용되는 등 인공지능 관련 시장이 꾸준히 확대되는 추세다. 다만 제약시장에서 AI 확산을 저해하는 요인으로 보건의료 분야 IT 인프라가 구형 시스템이라 첨단 AI 기술과 호환성이 떨어지는 문제를 지적한다.[113]

---

112) 한국보건산업진흥원, 글로벌 보건 산업 동향 Vol. 409, 2021년 10월
113) 한국보건산업진흥원, 글로벌 보건 산업 동향 Vol. 411, 2021년 10월

# 고령친화 의료기기 제조업

고령친화 의료기기 제조업은 '보조기기' 중심에서
'재활기기와 로봇'을 통한 재활지원으로
점차 '질병예방과 디지털 헬스케어'로 확대될 전망이다.

　　고령친화 의료기기 제조업은 질병을 '진단, 치료, 예방'하거나 저하된 신체 구조와 기능을 진단, 경감, 보정하는 목적으로 단독 또는 조합하여 사용되는 '기구, 기계, 장치, 재료' 중 노인이 주로 사용하는 것을 생산하는 산업이다.

　　고령친화 의료기기 산업은 ICT 기술뿐 아니라 BT, NT, 로봇 기술, 의료 기술을 재활 기기에 접목함으로써 단순 보조기기로의 역할을 넘어서고 있다. 정밀 제어 및 원격제어가 가능한 재활 기기 관련 기술 개발이 진행 중이며, 특히 재활 로봇 기술 개발 또한 활발하게 진행되고 있다.[114] 나아가 노인성 질병을 진단하고 일상생활을 보조하므로 질병을 예방과 4차산업혁명 신기술을 활용한 디지털 헬스케어로 의료기기 활용 범위가 넓어지고 있다. 융합기술 재활 및 고령친화 기기에는 근골격계질환 치료 및 예방 스마트 제품, 기능형 로봇 기술을 활용한 이동 보조기기 제품, 바이오센서 기반 일상생활 지원 기기, 빅데이터 기술을 활용한 기능 강화 제품과 시스템, IoT 기술을 접목한 장애 진단 및 치료 의료 키트 등이 있다.

---

114)　이욱빈, 고령친화 산업 동향 및 전망, 2011년 10월

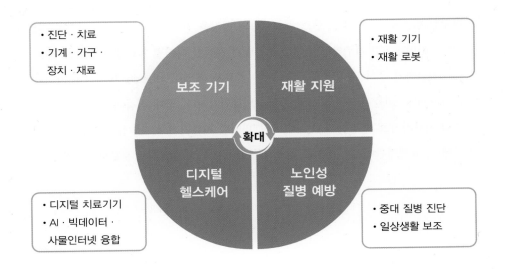

- 진단 · 치료
- 기계 · 가구 · 장치 · 재료

보조 기기

재활 지원

- 재활 기기
- 재활 로봇

확대

디지털 헬스케어

노인성 질병 예방

- 디지털 치료기기
- AI · 빅데이터 · 사물인터넷 융합

- 중대 질병 진단
- 일상생활 보조

## ■ 키워드 요약

- 보조 기기 : 고령친화 의료기기에 대해서는 '재활보조기구, 보장구, 노인용 보장구, 의료기기, 고령친화 용품' 등의 용어가 혼용되어 쓰이고 있다. 고령친화 의료기기는 65세 이상 고령자들이 주로 사용하는 의료기기를 말하며, 이는 노인성 질병과 생활 보조적 역할 등을 고려하여 정의한 것이다.

- 재활 지원 : 헬스케어 분야의 로봇 기술 혁신은 의료인의 스킬 육성, 수술, 연구 및 치료 등의 다양한 의료분야에서 사용이 확대됨에 따라 시장 규모가 증가할 전망이다.[115]

- 노인성 질병 예방 : 인구 고령화로 심장병, 치매, 암 관련 의료기기와 기타 비뇨기과, 정형외과 관련 의료기기 수요 증가가 예상된다. 또한 고령자를 위한 치아 관리 서비스가 유망한 직종으로 떠오르고 있으며, 치과용 의료기기 수요도 함께 상승할 것으로 전망한다.[116]

115) 한국보건산업진흥원, 글로벌 보건 산업 동향 Vol. 418, 2011년 12월

116) 이욱빈, 고령친화 산업 동향 및 전망, 2021년 10월

- 디지털 헬스케어 : 디지털 헬스케어 시장의 성장을 견인하는 키워드는 '디지털 치료제' 이다. 2019년 하반기부터 국내에서 주목받기 시작한 디지털 치료제는 질병을 예방 · 관리 · 치료하기 위해 환자에게 근거 기반 치료제 개입(Evidence-based therapeutic interventions)을 제공하는 소프트웨어 의료기기이다. 국내 식품의약안전처에서는 '디지털 치료기기'로 명명하여 2020년 8월 '디지털 치료기기 허가 · 심사 가이드라인'을 발간했다. 규제기관에서는 디지털 치료제를 약이 아닌 의료기기로 분류하고 있다.

# 고령친화 화장품 제조업

> 고령친화 화장품 제조업은 '노화방지' 중심에서
> '독창적 선택과 미용기기'를 통한 뷰티 소비자로
> 점차 '개인맞춤형과 가상세계'로 확대될 전망이다.

고령친화 화장품 제조업은 신체 전반의 청결을 유지하고 피부와 모발을 미화하며 건강을 유지 또는 증진하기 위해 인체에 바르고 문지르거나 뿌리는 등의 방법으로 사용되는 재화 중 노인이 주로 사용하는 것을 생산하는 산업이다.

최근 베이비붐 세대가 노인층에 진입하면서 보다 활동적인 사회관계를 유지하는 경향이 높아졌다. 이에 따라 외모에 관한 관심이 늘어나고 피부 잡티를 제거하거나 주름을 개선하는 것을 넘어선 항노화 기능성 화장품 소비로 이어진다. 점차 뷰티에 대한 자신만의 관점을 갖춘 독창적 선택과 함께 나이를 넘어서는(ageless) 시니어가 늘어날 전망이다. 바이오테크와 개인 동작분석 시스템 같은 맞춤형 솔루션의 지원으로 화장품 산업이 확산함은 물론 메타버스와 NFT(대체 불가능 토큰)와 같은 디지털 세상 속에서 자신만의 고유성을 선점하려는 시니어들의 접근이 가시화될 것으로 보인다.[117]

---

117) 한국보건산업진흥원, 글로벌 보건 산업 동향 Vol. 437, 2022년 7월

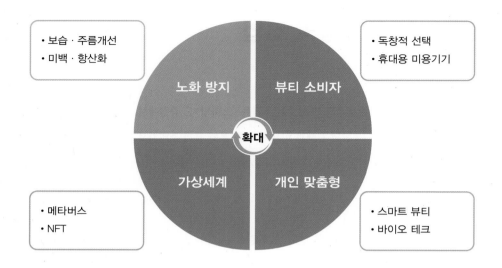

- 보습 · 주름개선
- 미백 · 항산화

노화 방지

뷰티 소비자

- 독창적 선택
- 휴대용 미용기기

확대

가상세계

개인 맞춤형

- 메타버스
- NFT

- 스마트 뷰티
- 바이오 테크

## ■ 키워드 요약

- 노화 방지 : 고령인구의 미적 관심이 높아지면서 노년층을 주요 소비층으로 하는 고령 친화 화장품 산업은 2010년도부터 높은 속도로 성장하고 있다. 다양한 질병이나 증상을 완화하거나 예방하는 약리 성분이 포함된 기능성 화장품 중에서 항노화 분야의 제품이 가장 빠른 성장세를 보일 것이며, 모발 관리 제품들이 이어 높은 성장세를 보일 것이 다.[118] 항노화 제품의 출현은 항산화, 주름 감소, 리프팅 및 탄력성 제고, 콜라겐 보충제 등 보다 구체적인 개념으로 확대되고 있으며, 수분공급 기능이 제품의 주요 기능으로 강조된다. 입소스(Ipsos) 연구에 따르면, 여성 소비자들은 '미백 · 담반(30%), 항산화 (21%), 수분 공급(19%)' 등을 미용의 가장 중요한 효능으로 간주한다. 남성 소비자도 수 분 공급 및 보습에 18%로 높은 선호도를 보인다.[119] 또한 임팩트피플스의 '4060 신중년

---

118) 한국보건산업진흥원, 글로벌 보건 산업 동향 Vol. 423, 2022년 2월
119) 한국보건산업진흥원, 글로벌 보건 산업 동향 Vol. 415, 2021년 11월

명품 화장품 구매 트렌드' 조사를 보면, 선호하는 명품 화장품 기능에서 안티에이징 (33.7%)과 미백(31.8%)을 꼽고 있다. 이는 향후 고령층으로 들어설 뉴 시니어 세대의 노화 방지 수요가 꾸준할 것을 암시한다.[120]

- 뷰티 소비자 : 대한화장품산업연구원에서 5~10년 추적 조사를 해본 결과, 40대 이상 소비자의 피부 선호 상태와 피부 고민이 20·30세대와 다른 것으로 나타난다. 40대 이후는 노화 고민을 해소하려는 필요에 따라 제품을 선택하는 경향을 보인다. 이처럼 외모를 가꾸는 경제력이 확보된 뉴 시니어(New Senior) 세대 등장이 '시니어 뷰티'의 급성장으로 이어질 것으로 전망된다.

- 개인 맞춤형 : 최근 소비자들의 성향은 불특정 대다수를 대상으로 한 규격화된 기성 제품보다는 자신만의 맞춤형 제품을 선호한다. 이러한 트렌드를 화장품에 반영해 식품의약품안전처도 2019년부터 자신만의 피부 특성에 취향을 1:1로 맞춘 '개인 맞춤형 화장품 제도'를 시행 중이다. 맞춤형 화장품이란 이미 제조된 화장품에 다른 화장품의 내용물 또는 원료를 추가 혼합해 '새로운 화장품'을 만들거나 혹은 이미 제조된 화장품을 일부 덜어주는 방식을 적용하고 있다. 특히 이는 다품종 소량생산 형태로 중소기업 진출이 쉬워지고, 피부 유형 등에 대한 빅데이터를 제품 개발에까지 활용할 수 있다.[121] 또한 화장품 미생물군 유전체(Microbiome)와 연관된 신제품 개발이 새롭게 부상하고 있다. 특히 피부는 인간의 신체에서 대장 다음으로 많은 Microbiome이 존재하는 영역으로, Microbiome의 주요 구성 부분 중 하나인 포스트 바이오닉스(젖산균의 생성물질)에서 다양한 항노화 성분이 검출되기 때문이다.[122]

- 가상세계 : 새로운 가상 현실 기술의 빠른 성장과 함께 화장품 소비자들의 몰입형 가상 현실 경험을 제공하기 위한 시도들이 이뤄지고 있다. 예를 들어 가상 현실로 다양한 색

---

120) https://www.startupn.kr/news/articleView.html?idxno=27520

121) https://www.korea.kr/news/policyNewsView.do?newsId=148875420

122) 한국보건산업진흥원, 글로벌 보건 산업 동향, Vol. 422, 2022년 2월

조화장품을 라이브 비디오 영상에서 적용할 수 있으며, 실시간 채팅 기능을 이용해 메이크업 전문가들의 조언을 받는 것도 가능하다. 유럽의 주요 화장품 업체에서는 이탈리아에서 개최된 Cosmoprof Worldwide Bologna에서 메타버스와 같은 가상세계의 부상이 업계의 커뮤니티 활동을 장려하고 창의성을 확대할 것으로 전망된다. 또한 시장조사 업체인 Mintel은 NFT(대체불가능토큰)과 블록체인 기술이 개인 맞춤형 화장품에 대한 선호도가 가상세계까지 이어져서 뷰티 업계에 줄 새로운 기회에 주목하고 있다.[123]

123) 한국보건산업진흥원, 글로벌 보건 산업 동향, Vol. 437, 2022년 7월

# 고령친화 급식 서비스업

고령친화 급식 서비스업은 '개호식품과 단체급식' 중심에서
'급식 안전과 맞춤형 지원'의 돌봄 서비스로
점차 '서비스 표준화와 푸드 테크'로 확대될 전망이다.

    고령친화 급식 서비스는 '고령친화산업 진흥법 시행령' 제2조 제3호 '노인을 위한 건강기능 식품 및 급식 서비스'로 정의된 고령친화 식품 내 포함되어 있다. 한국산업표준 KS H4879 고령친화 식품에 따르면, 고령자의 식품 섭취·소화·흡수·대사를 돕기 위한 식품의 물성, 형태, 성분 등을 조정하여 제조 가공한 식품이 고령친화 식품이고, 고령자에게 식사를 공급 (급식)하는 것이 고령친화 급식 서비스라고 볼 수 있다. 시중에 유통되고 있는 고령자 대상 식품은 경도조절식품, 점도조절식품, 영양보충제품, 특수의료용도식품, 건강식품 등이 있다.

    요양시설 급식 산업은 식사 대체식과 간식을 중심으로 공급하고 있다. 케이터링 산업이 활성화되어 있지만, 노인들을 위한 단체급식이 많이 개발되어 있지 않으며, 요양병원이나 요양시설의 경우 대부분 식자재 유통업체를 이용해 직접 주방을 운영하면서 자체적으로 급식을 제공하고 있다. 노인요양시설의 급식 운영방식으로 직영 급식이 74.6%, 위탁 급식이 25.6% 이며, 위탁 급식은 '개인 단독' 설립에서 많이 선택한 것으로 나타난다. 또한 급식 운영방식별 로는 노인요양시설 내 상근 조리원, 비상근 조리원, 급식 서비스 질 관리 책임자 등 급식 제공 인력, 물리적 환경(식당, 조리실), 식사재료비, 식품 및 영양소 제공 측면에서 차이를 보이고 있다. 양질의 급식 서비스 제공을 위한 표준화 작업과 함께 대상자별 맞춤형 치료식 제공

에 대한 지속적 보완이 필요하다.[124) 또한 지역사회 통합돌봄(커뮤니티케어) 보편화에 따른 영양식 등 먹거리 제공 문제와 고령친화 식품의 공공 급식체계를 활용한 적극적인 지원이 요구된다. 나아가 대다수 중후기 노인은 저작 기능상 문제를 안고 있고, 당뇨 등 만성질환에 따른 식단관리가 필요한 상황이므로 초고령사회 이후 노인인구의 동반 급증이 예측된다. 이에 따라 원 식자재를 살린 수준의 반조리 반가공 식자재 등의 수요도 증가할 것으로 예상된다.

인구 고령화와 더불어 의학 기술의 발전으로 기대수명까지 늘면서 '케어푸드' 시장이 새로운 블루오션으로 떠 오르고 있다. 여기에 코로나19 대유행 이후 건강관리에 관심이 높은 젊은 층이나 다이어트에 민감한 여성, 영양 관리가 필요한 임산부 등을 대상으로 한 '개인 맞춤형 식품'으로 시장이 세분화하면서 케어푸드가 미래 먹거리로 급부상할 것으로 전망한다.[125) 국내 케어푸드의 방향성은 맞춤형 다품목 소량 생산으로 가고 있는데, 개인 취향과 필요에 맞춘 '구독형 식단'이 대표적으로 향후 고령친화 급식 서비스도 식품의 개인화 고도화에 맞춰 진행될 것으로 예상된다.

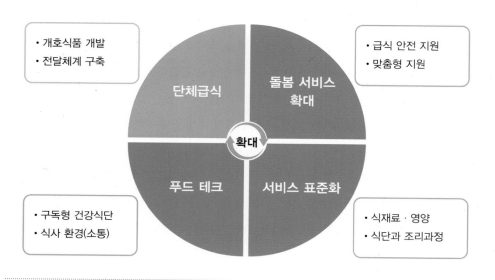

124) https://e-jhis.org/upload/pdf/jhis-2022-47-4-258.pdf

125) https://www.hani.co.kr/arti/economy/consumer/1073104.html

■ **키워드 요약**

• 노인 식품 섭취 능력 : 고령자는 구강 기능 노화로 인해 식품 섭취 능력이 저하되는데, 이는 삼킴이 어려운 연하 곤란과 음식물 씹기가 어려운 저작 곤란 증상으로 나타난다. 국내 '노인복지관, 경로당, 노인대학'에 있는 65세 이상 노인을 대상으로 연하곤란 현황과 영양 불량과의 연관성을 조사한 연구에서 삼킴 장애가 있는 대상자가 전체의 63.7%인 것으로 나타났다. 전체 대상자 중 영양 불량 위험군이 56.2%로 가장 높은 비율을 차지하고 있다. 같은 고령에서도 건강한 노인과 노인성 질환을 앓고 있는 노인의 특성은 확연한 차이를 보인다. 즉 병을 앓는 노인들은 식욕부진과 저작 곤란의 증상이 건강한 노인의 2배 이상으로 나타났고, 간단한 조리가 불가한 수준을 떠나 거동이 불편하거나 치매를 앓고 있는 경우로 외로움을 많이 느끼는 실정이다.[126]

▮ **고령 노인 유형에 따른 영양 부족 상태**

(단위 : %)

| 영양부족 | 건강한 고령노인 | 노인성 질환의 고령노인 |
|---|---|---|
| 식욕부진 | 14 | 26 |
| 저작곤란 | 20 | 50 |
| 삼킴장애 | 10 | 18 |
| 간단한 조리 불가 | 16 | 42 |
| 거동 불편 | 0 | 49 |
| 치매 | 0 | 37 |
| 우울증 | 8 | 12 |
| 가족모임 | 34 | 22 |
| 외로움 | 0 | 27 |

주 : 75세 이상의 건강노인(n=50)과 노인질환 보유 노인(n=300)
자료 : 한국보건사회연구원 내부자료

126) 한국보건사회연구원, 공공 급식체계를 활용한 고령친화식품 제공 방안연구, 2020년

• 급식 서비스 : 베이비붐 세대의 노인인구 편입이 완료되고 중·후기 노인으로 접어드는
  시점에는 고령친화 급식 서비스 수요가 폭발적 증가가 예견되어, 검증된 안전한 먹거리
  가 제공될 수 있는 환경을 만드는 등 미래 대응 관점에서 선제적 접근이 필요하다.

# 고령친화 식품 제조업

고령친화 식품 제조업은 '고령친화 우수식품' 중심에서
'식사관리와 질병관리'의 케어푸드로
점차 '급식용 식품와 유니버셜 K푸드'로 확대될 전망이다.

　고령친화 식품 제조업은 식품위생법의 제7조 '식품 또는 식품첨가물에 관한 기준 및 규격'에 따라 식품 및 식품첨가물로 해당하는 물품 중 노인이 주로 사용하는 것을 생산하는 산업이다. 일반적으로 고령자의 특성을 고려하여 만들어진 식품을 고령친화 식품이라 보고 있으며, 공통으로 건강기능식품 및 특수용도 식품을 고령친화 식품으로 분류하고 있다.

　고령사회에 진입해 노인인구가 증가한 데다 코로나19 이후 건강에 관한 관심이 커지며 '간편식 케어푸드, 메디푸드' 관련 제품개발이 활발해지고 있다.[127] 메디푸드는 정상적으로 섭취, 소화, 흡수 또는 대사할 수 있는 능력이 제한되거나 손상된 환자 또는 질병이나 임상적 상태로 인해 일반인과 생리적으로 특별히 다른 영양 요구량을 가진 사람의 식사 일부 또는 전부를 대신할 목적으로 경구 또는 경관급식을 통해 공급할 수 있도록 제조·가공된 식품을 말한다.[128]

　농림축산식품부에서는 섭식 능력에 따라 '1단계 치아 섭취, 2단계 잇몸 섭취, 3단계 혀로 섭취'로 구분하고 있다. 아직 고령친화 식품은 병원이나 요양병원에서 환자식으로 소비되는 경우가 많으나, 최근 대기업에서도 증가하는 시니어 고객을 잡기 위해 노력하고 있다.[129]

---

127)  https://www.etoday.co.kr/news/view/2120420

128)  농림식품기술기획평가원, 메디푸드 및 고령친화식품 동향 보고서, 2021년 6월

129)  https://incheon-senior.com/issues/14266

식품의약품안전처는 고령화 시대를 맞아 고령친화 식품에 대한 정의 신설을 통해 다양한 고령자용 식품의 제조 및 유통에 대한 기반을 마련하고 식품산업 활성화 및 소비자의 이해를 돕고자 노력한다. 고령친화 제품 중 '건강기능식품 및 급식 서비스'를 '노인을 위한 식품 및 급식 서비스'로 확대하는 고령친화산업 진흥법 시행령을 개정하여 주로 환자용 식품 위주의 고령 식품을 고령자 모두를 위한 식품으로 확대하고, 고령친화산업에서 식품 분야를 주요 유망 산업으로 성장시키고자 한다.[130]

대기업을 중심으로 K컬처 확산에 따른 K식품 수출이 주목받고 있고[131], 빅데이터와 인공지능의 활용으로 점차 한국 전통 건강식품을 중심으로 한 맞춤형 구독형 건강 식단의 가능성까지 이어질 것으로 기대된다.

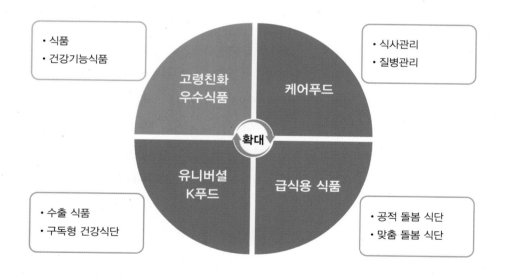

---

130) 농림축산식품부, 가공식품 세분시장 현황_고령친화식품, 2020년

131) https://www.joongang.co.kr/article/25076657

## ■ 키워드 요약

- 고령친화 우수식품 : 고령층의 음식 섭취 위협은 크게 '저작기능(음식을 씹는 것)과 연하기능(음식을 삼키는 것)'이다. 연화식은 잘 씹히도록 하는 데 초점을 맞춘 식품이며, 연하식은 잘 삼키는 데 중점을 둔 식품이다. 고령친화 식품은 삼키기 쉽도록 부드러운 식감으로 제조되어 숟가락으로 섭취하기 쉬운 형태로 가공되기 때문에 유동식, 젤리, 주스형 디저트 형태의 비중이 높다. 최근에는 홀로 생활하는 고령자의 편의를 고려한 가정간편식이 꾸준히 개발되고 있다. 홀로 집에서 끼니를 해결하는 1인 고령 가구의 특성을 반영한 도시락, 레토르트 식품 등 집에서 간편하게 조리해 섭취하도록 한 제품들이 1인 고령 가구 증가에 맞물려 늘고 있다.

- 케어푸드 : 후기 고령기에 접어들며 건강수명이 끝나고 만성질환의 보유가 늘어나는데, 메디푸드는 만성질환자의 약물 대체재로 주목받고 있다. 특히 당뇨신경병증과 신장 장애와 관련한 수요가 증가하는 추세이다. 당뇨신경병증 관련 메디푸드는 신경 기능을 돕는 비타민B를 공급해 해당 질환의 주요 증상인 신경장애를 완화하는 데 도움을 준다. 특히 전 세계 당뇨환자는 2045년까지 7억 명에 달할 전망이기에 메디푸드의 수요도 확대될 전망이다.[132]

- 급식용 식품 : 노인인구 증가와 생산인구 감소가 심각한 상황으로 간병의 필요도가 높은 노인성 질환이 있는 중·후기 고령인구의 증가로 노인 의료비의 증가가 심화하고 있다. 또한 높아진 돌봄 부담에 대한 효율화를 위해 '식사 서비스와 영양 관리 서비스'의 변화가 필요하다. 아직 노인 대상 복지제도 및 공급식 사업의 대상자 선정기준이 건강 수준보다 소득수준과 가구원에 중점을 두고 있으나, 향후 고령자의 욕구와 식사 기능을 고려한 급식 서비스 제공과 예방적 영양 관리에 대한 욕구가 늘어날 것이다. 이에 따라 일부 노인층을 넘어선 전체 노인이 생활 속에서 쉽게 접할 수 있는 급식과 연계된 식품

---

132) 농림식품기술기획평가원, 메디푸드 및 고령친화식품 동향 보고서, 2021년 6월

수요도 늘어날 전망이다. [133)]

- 유니버설 K푸드 : 실버산업 태동기인 2000년대 초반에는 장수사회 연구로 '한국 전통 식품' 연구가 관심이었다. [134)] 최근 K콘텐츠와 K컬쳐의 확산과 K푸드 수출에 맞물려 점차 한국 전통 식품 기반 K시니어 푸드 가능성을 기대하고 있다.

133) 한국보건사회연구원, 공공 급식 체계를 활용한 고령친화식품 제공 방안 연구, 2020년

134) https://jtbcgolf.joins.com/news/news_view.asp?news_type=22&ns1=15117

# 고령친화 주거 서비스업

고령친화 주거 서비스업은 '노인 주택 및 복지시설' 주거지원에서

'사회안전망과 의료지원체계'의 지역 돌봄으로

점차 '고령친화 및 혁신 주거'로 확대될 전망이다.

    고령친화 주거 서비스업은 노인이 주거를 소유 · 임대하거나 거주하는 전 과정에서 얻을 수 있는 물리적 · 심리적 만족감을 충족시킬 수 있도록 지원하는 서비스 제공 산업이다. 다수의 선진국에서도 고령화에 대한 정책 대응으로 병원과 시설 중심의 분리 정책에서 지역사회 정주를 통한 통합정책으로 전환했다. 또한 고령자에 대한 '주거, 의료, 요양, 돌봄'이 지역사회를 중심으로 포괄적인 체계를 구성하도록 법적 근거와 지방자치단체의 책임과 재량을 확대하고 있다.

## ▌고령자 주거지원 정책 기본 방향[135]

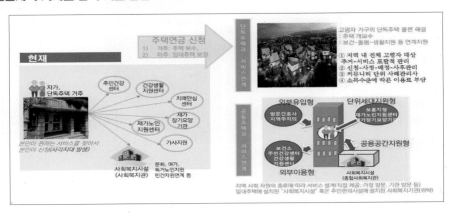

---

135) 한국보건사회연구원, 고령자 대상 주거지원 정책 평가 연구, 2021년

노인시설을 중심으로 한 주거지원 정책은 점차 사회안전망과 의료 지원체계를 갖춘 지역사회 돌봄으로 진화하고 있다. '살던 곳'에 정착하게 하려는 커뮤니티 케어는 의료기관과 요양시설에서 노인이 원하는 재택으로의 방향을 이끌기 위한 다양한 시범사업을 진행 중이다. 반면 다수의 자택을 보유한 노년층은 현금흐름 창출을 위한 역모기지(주택연금)에 대한 관심 또는 프리미엄 레지던스 시설로 관심을 돌리고 있다. 특히 1인 가구의 증가로 액티브 시니어는 보다 적극적인 노후생활을 보낼 수 있는 다양한 선택지를 모색 중이다. 고령자친화도시 · 마을은 물론이고, 세대 통합형 모델도 시도하기 시작했다. 미국의 '대학연계형(UBRC) · 유년세대연계형(CCRC) · 청년세대연계형 은퇴자 마을' 등에 관한 관심도 증가하고 있다. 무엇보다 치매 환자라도 일상생활을 누릴 수 있도록 한 치매 마을 모델과 자연 친화적인 환경과 함께 4차산업혁명 기술을 연계한 새로운 시도들이 점차 늘어날 것으로 전망한다.

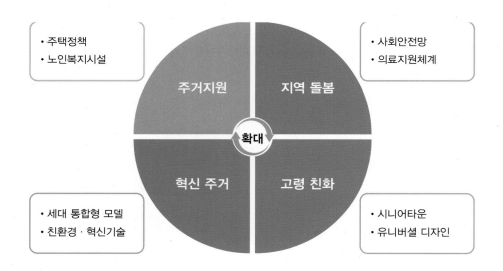

## ■ 키워드 요약

- 주거지원 및 지역 돌봄 : 고령자의 대부분은 보유한 주택에서 거주하고 있으나, 노동시장 퇴직 이후 소득 기반이 감소하고 신체적, 정신적 기능 저하로 독립적인 일상생활을 유지하는 데 어려움을 겪는다. 반면 일상생활 지원을 제공하는 고령자 대상 지원주택의 공급은 저소득층으로 제한되고, 고령자에 대한 사회적 돌봄은 장기요양 등급자와 저소득층으로 제한된다. 이런 이유로 다수의 고령자는 지역사회에서 계속 정주하고 싶어도 독립적인 생활을 포기하고 시설 입소와 사회적 입원을 선택할 수밖에 없는 상황에 직면한다.[136]

- 고령친화 : '살던 곳'에서 노후를 보내고 싶은 욕구를 지원하기 위해서는 재무적인 요인 외에 돌봄과 건강 지원, 교통시설, 주거시설, 사회참여, 야외공간과 건물, 존중과 사회통합, 시민참여와 일자리, 의사소통과 정보 등과 같은 다양한 체계를 갖춘 지원이 요구된다. 이를 구축하기 위해 서울시, 정읍시, 수원시, 부산시 등에서 고령친화도시(AFC) 인증을 받았다.[137] 재무 여건이 우수한 고령층은 프리미엄 레지던스 시설이 갖춰진 시니어타운(기업형 실버타운)과 같은 주거시설에 관한 관심도 높아지고 있다.[138]

---

136) 한국보건사회연구원, 고령자 대상 주거지원 정책 평가 연구, 2021년

137) https://www.busan.go.kr/news/snsbusan01/view?dataNo=56969

138) https://www.hankyung.com/realestate/article/2022051567051

## ▌고령친화 도시 기준 체계[139], WHO

| 체계(Frame) | 내용 |
|---|---|
| 지역사회 돌봄과 건강 지원<br>(Community and healthcare) | 접근 가능한 돌봄서비스, 폭넓은 보건의료 및 건강지원, 재가서비스, 집에서 거주하기 힘든 사람을 위한 주거시설, 지역사회 네트워크, 자원봉사 등 |
| 교통시설<br>(Transportation) | 이용가능성, 가격의 적절성, 신뢰성과 운영 빈도, 목적지로의 이동 가능성, 고령친화적인 수송수단, 노인을 위한 특별서비스, 우선석 및 우대, 정중한 운전자, 안전성과 평안함, 정류장, 택시, 지역사회 이동, 정보·운전환경, 고령운전자에 대한 우대, 주차 등 |
| 주거시설<br>(Housing) | 가격의 적절성, 중요서비스, 디자인, 유지, 변경, 서비스에의 접근성, 지역사회 및 가족과의 연계, 주거 선택권, 주거환경 등 |
| 사회참여<br>(Social participation) | 접근 가능한 참여기회, 적절한 비용, 폭넓은 사회참여 기회, 참여의 촉진과 고립에 대한 관심, 세대·문화·지역사회의 통합 등 |
| 야외공간과 건물<br>(outdoor spaces and buildings) | 쾌적하고 깨끗한 환경, 녹지, 휴식공간의 확보, 고령친화적인 도로, 보행자가 안전한 교차로, 안전한 환경, 인도와 자전거 도로의 확보, 고령친화적인 건물, 적절한 공공화장실 확보, 고령자에 대한 배려 등 |
| 존중과 사회통합<br>(Respect and social inclusion) | 노인에 대한 정중한 행동, 연령차별주의와 무시, 세대 간 교류와 공교육, 지역사회 내의 위상, 지역사회의 도움, 가족 위상, 경제적 배제 등 |
| 시민참여와 일자리<br>(Civic participation and employment) | 자원봉사 기회, 더 나은 고용기회, 고령노동자와 자원봉사에 대한 유연한 적응, 시민참여의 촉진·훈련·사회기회, 노인의 기여에 대한 인정 등 |
| 의사소통과 정보<br>(Communication and information) | 정보의 폭넓은 전파, 적절한 시점에서의 적절한 정보 제공 등 |

- 혁신 주거 : 노인의 약 68%는 자가주택에서 거주하고 있으며, 20%는 임대주택에서 거주하고 있다.[140] 나이가 들어감에 따라 노후화된 주택에 대한 유니버설 디자인의 적용 등이 시급한 과제이나 경제적 여력이 있는 노년층의 경우 더 혁신 방식의 노후 주거를 고려할 것으로 보인다. 고령 선진국처럼 나이가 들어도 분리되지 않고, '세대 통합형과

139)  한국보건사회연구원, 고령자 대상 주거지원 정책 평가 연구, 2021년
140)  한국보건사회연구원, 초고령사회 대응을 위한 노인 주거정책 개편 방안, 2019년

4차산업혁명기술'을 활용한 편리한 삶과 함께 디지털 소통까지 이어지는 혁신 주거에 대한 기대가 높아질 것으로 전망된다.

## ▎ 스마트홈 구성도[141]

141)  https://www.sciencetimes.co.kr/news

# 고령친화 여가 서비스업

고령친화 여가 서비스업은 'TV와 걷기' 등 수동적 여가에서
'시니어관광과 웰니스'의 버킷 리스트 실현으로
점차 '자기계발과 사회교류, 디지털 크리에이터'로 확대될 전망이다.

고령친화 여가 서비스업은 노인이 문화적 요소를 체험하거나 심신을 함양하는 등 삶의 질을 향상시키는 여가활동에 필요한 체화와 서비스를 생산하거나 제공하는 산업이다.

60대의 82.5%가, 70대 이상의 89.3%가 여가활동으로 TV 시청을 꼽았다. 이외에 주로 하는 여가활동은 '휴식(52.7%), 사회 및 기타 활동(44.4%)' 등과 같은 소극적 활동이며, 취미·오락(49.8%)도 타 활동에 비해 높게 나타났다. 노인 중 접근이 가능한 일부는 경로당(약 67,000개, 2020년), 노인복지관(357개, 2021년), 생활체육관(661개, 2020년), 게이트볼장(1,829개, 2020년) 등을 이용해 다양한 여가에 참여하고 있다. 최근에는 코로나19로 인해 함께 어울림이 어려운 상황이었고, 이로 인해 노인들은 외로움과 싸우며 우울증으로 이어지기도 한 것으로 나타났다.

## ▌노인의 여가문화활동 현황 및 여가문화 시설별 이용 이유

(단위 : %)

| 구분 | 전체 참여율 | 여가문화 활동 대분류 | | | | | | |
|---|---|---|---|---|---|---|---|---|
| | | 문화예술 관람 | 문화예술 참여 | 스포츠 관람 | 스포츠 참여 | 취미오락 | 휴식 | 사회 및 기타 |
| 전체 | 80.3 | 3.5 | 5.1 | 2.9 | 8.1 | 49.8 | 52.7 | 44.4 |
| 지역 | | | | | | | | |
| 　동부 | 82.4 | 4.2 | 5.7 | 3.3 | 8.8 | 51.0 | 52.9 | 42.2 |
| 　읍·면부 | 74.0 | 1.2 | 3.1 | 1.3 | 5.5 | 45.9 | 52.2 | 51.9 |
| 성별 | | | | | | | | |
| 　남자 | 79.9 | 3.4 | 3.8 | 5.4 | 10.1 | 59.9 | 49.3 | 39.4 |
| 　여자 | 80.7 | 3.6 | 6.2 | 1.0 | 6.5 | 42.6 | 55.3 | 48.1 |
| 연령 | | | | | | | | |
| 　65~69세 | 85.4 | 6.0 | 5.7 | 2.8 | 10.1 | 56.3 | 52.5 | 41.2 |
| 　70~74세 | 82.4 | 2.7 | 6.0 | 3.7 | 10.2 | 51.1 | 52.9 | 43.7 |
| 　75~79세 | 78.7 | 2.0 | 4.9 | 2.5 | 6.1 | 43.3 | 57.2 | 45.6 |
| 　80~84세 | 73.2 | 2.2 | 3.8 | 2.6 | 4.8 | 44.1 | 47.3 | 49.4 |
| 　85세 이상 | 68.1 | 0.2 | 2.4 | 1.7 | 1.5 | 43.8 | 47.7 | 50.9 |

## ▌노인의 여가 및 정보화 현황[142]

(단위 : %)

| 이용 이유 | 친목도모 | 식사서비스 이용 | 취미여가 프로그램 이용 | 건강증진 프로그램 이용 | 정서지원 프로그램 이용 | 일자리사업 참여 | 자원봉사 활동 참여 | 평생교육 프로그램 이용 |
|---|---|---|---|---|---|---|---|---|
| 경로당 | 82.9 | 62.5 | 19.0 | 11.0 | 2.3 | 1.6 | 1.3 | 0.2 |
| 노인복지관 | 45.7 | 45.9 | 35.1 | 23.4 | 7.0 | 9.1 | 1.9 | 3.7 |
| 복지관 등 | 38.5 | 38.1 | 38.4 | 23.2 | 12.1 | 8.7 | 3.4 | 3.2 |
| 노인교실 | 55.0 | 14.8 | 38.3 | 27.4 | 15.9 | 12.6 | 0.2 | 9.5 |
| 공공여가 문화시설 | 30.9 | 16.9 | 52.6 | 35.8 | 9.8 | 8.5 | 4.1 | 5.9 |
| 민간여가 문화시설 | 13.9 | 30.6 | 73.0 | 17.2 | 3.2 | 5.0 | 0.0 | 2.9 |

---

142) 한국보건사회연구원, 노인의 여가 및 정보화 현황, 2021년 10월

60대 고령층이 희망하는 여가활동은 운동·스포츠 활동(51%)과 사회교류, 관광·여행 (63%)이다. 이는 고령층의 최대 관심사가 건강관리를 위한 운동인 점과 함께 젊은 시절 하지 못한 관광·여행에 대한 로망이 큰 점이 반영되었다.[143] 여행은 시니어 주요 여가 희망 활동 으로 현실과 희망 사이 괴리가 가장 큰 영역이다. 시간적인 여유는 있지만 비교적 큰 비용이 발생하는 점과 함께 건강 문제가 장애요인으로 작용해 실제 여가 생활 내 비중이 작다.[144]

늘어난 기대수명과 건강수명에 따라 노인의 자기 계발 욕구 또한 증가하고 있다. 주변에서 쉽게 '80대 시니어 모델, 90대 요가 강사, 100세 스타 철학 강사' 등 적극적으로 여가 생활을 즐기는 모습을 찾아볼 수 있다. 활동적 노년은 자신의 시간을 행복하게 채우기 위해 자기 계 발을 하고자 하는 욕구가 강하고, 인생 2막에서 인생 n막으로 더 의미 있게 살고자 하는 모습 을 보인다. 이들을 위한 다양한 교육 서비스가 활성화되고 있고, 활발한 시니어의 자기 계발 은 디지털 시대에 콘텐츠 생산 및 재능 공유를 통해 더욱 확산할 전망이다.

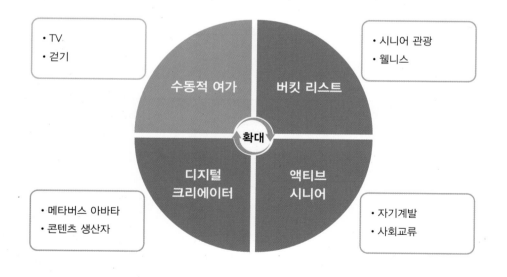

143) https://www.emozak.co.kr/news/articleView.html?idxno=5265
144) 한국관광공사, 국내 시니어 관광 시장, 2021년 11월

■ **키워드 요약**

• 수동적 여가와 버킷리스트 : 이전 세대보다 상대적으로 더 건강하고 경제력을 갖춘 베이비붐 세대가 노인 세대로 진입하면서 늘어난 여가를 TV 시청으로 채우는 소극적 여가에서 벗어나는 시도가 늘고 있다. OTT 매체와 교육기관을 통해 접하는 액티브 시니어의 활동을 통해 나이가 들어서도 새로운 인생을 펼칠 수 있겠다는 자신감과 가능성이 커지고 있다. 특히 은퇴 전 바쁜 경제활동으로 시간적 여유를 찾지 못했던 아쉬움은 여행에 대한 욕구로 이어진다. 한국관광공사에 따르면, 65세 인구가 향후 가장 하고 싶은 활동은 관광(65.8%)이다. 여행 동기는 '다양한 인연 맺기, 행복한 노후생활, 건강과 젊은 유지, 삶의 질 높이기' 순으로 나타난다. 소셜미디어와 커뮤니티 키워드 언급 추이에서도 '여행' 언급량은 크게 2019년 11,257건에서 2021년 27,371건으로 크게 늘었다. 주요 키워드도 '섬, 한 달 살기, 제주, 포토존, 드라이브' 등으로 다양해지고 있다.

**▎소셜미디어에 나타난 고령 세대 여행 기록**[145]

145) 한국관광공사, 시니어 세대 여행수요 심층 분석 및 전망, 2022년

- 액티브 시니어 : 미국 노화 연구자인 Bernice Neugarten 심리학 교수는 액티브 시니어를 은퇴 후 안정된 경제력을 바탕으로 활발한 소비활동을 하는 50대 이상의 중산층으로, '건강, 외모, 여가, 문화, 자기 계발' 등에 적극적인 소비를 하는 사람이라 정의하였다. 우리나라에서는 베이비붐 세대인 50·60세대를 지칭하는데, 이들은 탄탄한 경제력과 함께 모바일 기기를 자유롭게 활용하는 등 기존 고령층과의 차이를 보인다. 건강과 소비 여력을 갖춘 베이비붐 세대들이 본격 은퇴하면서 엔터테인먼트 시장에서도 트로트 열풍과 같은 '실버 팬덤' 현상이 나타나고 있다.[146] 또한 최근 노인들의 건강지킴이로 생활체육 중 게이트볼이 활성화되고 있고, 전국 동호인 수는 약 100만 명에 달할 정도로 관심이 높아지고 있다. 게이트볼 외에도 '탁구, 배드민턴, 수영' 등 보다 적극적 활동에 관한 관심이 늘고 있다.

- 디지털 크리에이터 : 디지털 기기에 능숙한 고령층을 뜻하는 실버 서퍼(Siler Surfer)라는 신조어가 속속 선보이고 있다. 은퇴 후 탄탄한 경제력을 바탕으로 인터넷과 스마트폰과 같은 IT 기기를 능숙히 다루며 시장을 움직이는 액티브 시니어를 뜻한다. 롯데멤버스에 따르면, 베이비붐 세대의 30.6%가 온라인 쇼핑을 이용하는 것으로 나타난다. 또한 베이비붐 세대의 상당수는 TV를 끄고 스마트폰으로 다양한 영상 콘텐츠를 즐기는 것으로 나타난다. 이들의 주중 하루 평균 스마트폰 영상 시청 시간(2.9시간)은 TV(2.8시간)보다 길었고, 기타 온라인 동영상서비스(OTT)(57.1%)를 이용하는 이들도 적지 않았다. 앞으로 시니어의 온라인 동영상 서비스 소비는 꾸준히 증가할 것으로 보여 콘텐츠 소비 트렌드가 오프라인에서 온라인으로 빠르게 옮겨갈 것으로 전망한다.[147] 또한 거동이 불편하거나 코로나19로 이동에 제약을 받아도, 가상 현실 속에서 국내외 어디든 자유롭게 이동하고 소통하는 것에 대해 매력적으로 생각하는 시니어가 늘고 있다. 메타버스 세계에서는 나의 아바타가 실제 현실처럼 경제, 교육, 스포츠 등의 활동을 할 수

---

146) https://magazine.securities.miraeasset.com/contents.php?idx=634

147) https://www.itworld.co.kr/t/61022

있고, 다른 아바타와 교류하면서 관계를 형성할 수도 있다. 실재감 테크를 통해 게임, 소셜미디어, 콘서트, 팬 미팅 등 오프라인에서만 즐길 수 있던 취미와 놀이가 가상세계에서 더욱 역동적으로 펼쳐질 것이다. '스마트 모빌리티와 스마트홈'에 이어 디지털 네이티브족으로 변신하는 시니어 또한 늘고 있다. 고령층의 디지털 소외를 방지하기 위한 교육에 참여하거나 젊은이들처럼 유튜브 등을 통해 스스로 학습하는 등 보다 적극적인 참여가 증가하고 있다. 시니어 유튜버의 등장과 같이 점차 콘텐츠 생산자로서의 참여도 늘어나고 있다.

## 3-2

# 전문가 전망

▶ 시니어 디지털 에이징

▶ 디지털헬스케어와 디지털주치의

▶ 노인 동반로봇

▶ 돌봄여행동반자(관광동행매니저)

▶ 스마트돌봄

▶ 커뮤니티 케어(Community care)

▶ 도시

▶ 시니어 특화 금융

▶ 자산승계신탁, 외국의 가업승계 사례 : 일본의 사업승계

▶ 본인 결정

▶ 노인을 위한 집, 시니어 코리빙 하우스(Senior Co-living House)

▶ 작은장례, 애도문화확산, 재택임종

▶ 연화식 푸드 등 고령친화식품

▶ 유튜브 쇼핑

▶ 유튜브 콘텐츠 커머스

▶ 라이브 커머스와 비디오 커머스

▶ 평생 커리어 설계

▶ 자기돌봄(건강관리와 돌봄)과 노인돌봄일자리 확대

▶ 베이비붐 세대 일 코디네이터

# 시니어 디지털 에이징

**황지영**

– 미국 노스캐롤라이나–그린스보로 마케팅 전공 부교수, 「리테일의 미래」, 「리:스토어」 저자, 삼성, LG전자, GS
  리테일, 아모레퍼시픽 등 다수 기업/정부 초청 강연/자문/컨설팅을 진행

　ICT기술 발전과 팬데믹으로 인해 경제 · 사회 · 교육 등 삶의 전반에 디지털 기기를 활용하는 생활 패턴이 보편화되면서 전자상거래(E–Commerce) 서비스, 배달앱, 원격영상, 키오스크, 금융거래 등 비대면 활동이 급증했다. 하지만 디지털에 집중된 생활은 디지털 사용에 어려움을 겪는 고령층과의 디지털 격차를 키웠다. 한 조사에 따르면 55세 이상 연령층의 스마트기기 접근성은 우수하나, 모바일기기나 컴퓨터 활용에 대한 기초능력지수는 69.1로, 그룹 평균 75.4에 비해 낮은 편이다.

　디지털 정보격차 현상은 고령층이 인공지능, 모빌리티, 서비스 로봇 등 급변하는 디지털 환경에 빠르고 효과적으로 적응하지 못하기 때문에 발생한다. 그 결과 사회 · 경제적 불편과 복지감소, 심지어 위험까지 초래되고 있는 게 현실이다. 원격의료 상담, 온라인 쇼핑, 배달 주문 등의 편리함을 누리지 못하거나, 은행 앱을 통해 편리한 서비스와 혜택을 받지 못하는 것 등이 있다. 디지털 격차는 고령층의 웰빙에 부정적인 영향을 끼칠 수 있으므로, 고령층의 디지털 에이징에 더 많은 관심이 필요한 시점이다.

　디지털 정보격차를 해소하기 위한 솔루션은 두 가지 관점에서 볼 수 있다. 첫째, 고령층을 위한 디지털 리터러시 확대다. 디지털 리터러시란 디지털기기에 대한 지식을 갖고 이를 활용하는 능력을 말한다. 미국의 경우 2021년 '노인을 위한 디지털 리터러시 법안(DLECA ; Digital Literacy for Elderly Citizens Act)'을 통과시켜 프로그램을 수립하고 확장하기 위한

연방 기금을 할당하도록 했고, 인터넷 연결이 어려운 농촌 및 저소득 지역에 저렴한 인터넷 옵션을 제공해 디지털 정보격차를 줄이고 있다. 우리나라도 2020년 '디지털 포용 추진계획'을 수립하고 다양한 정책추진과제를 추진하고 있다. 과학기술정보통신부 주관으로 추진하는 '디지털 배움터'는 고령층에게 스마트기기와 컴퓨터 사용법, 인터넷 사용법, 주문을 위한 온라인 사이트 등록 방법, 키오스크 체험 등 실생활에서 가능한 거의 모든 디지털 환경 콘텐츠 교육을 무료로 제공한다.

둘째, 고령층을 위한 범용적 사용원칙 적용을 수립하는 것이다. 고령층은 자신이 늙었다는 것을 인정하고 싶지 않아 한다. 따라서 기업 입장에서 상용화를 고려할 때 고령자용보다는 보편적인 용도로 설계되어야 한다. 예를 들어 스마트폰 앱의 경우 작은 화면에서 글을 읽기 어려운 어르신들을 위해 '옵션' 항목을 만들어 사용자가 시인성이 향상된 화면을 원터치로 전환할 수 있도록 하는 방식이다. 이처럼 고령층의 디지털 환경에 대한 접근성을 높이는 것은 디지털 세대 격차를 해소하는 데 매우 중요한 요소이다. 또한, 디자인이 너무 올드하거나 고급스럽지 않아야 하며, 젊고 활기차고 섬세한 외관을 채택해 선호도를 높여야 한다.

종합하면 첨단 기술이 생활 속으로 들어오며 고령층의 디지털 에이징에 관심을 가져야 할 시점이다. 정부, 기업 및 사회 여러 부문이 협력해 고령층을 디지털 환경에 적응시키고, 능동적 권한을 부여받을 수 있도록 지속적인 솔루션을 개발하고 발전시키는 것은 웰빙 뿐 아니라, 사회 전반의 포용 관점에서도 중요하다.

# 디지털헬스케어와 디지털주치의

**양재혁**

― (재)베스티안재단 이노베이션센터/대외협력실 실장, 한국바이오협회 대외협력실장, 경희대학교 의료경영학과 MBA

디지털기기와 친하신가요? 디지털사회가 익숙한가요? 이제는 디지털문화에 익숙해질 수 있도록 노력해야 합니다. 디지털사회로 변화하면서 소통방식의 변화를 고령층은 직접적으로 경험합니다. 서비스의 무인화, 대인관계의 단절 등이 있는데, 건강관리에도 이 같은 변화가 일어나기에 꾸준한 학습과 노력이 필요합니다.

우리 의료보건체계도 디지털화 되어가고 있습니다. 한국은 전 세계에서 주목할 만큼 잘 갖추어진 의료전달시스템을 갖추고 있습니다. 하지만 질병을 중심으로 설계되어 있기에 개별 환자를 관리하기에는 부족한 점이 많습니다. 이러한 빈 공간을 채워줄 수 있는 것이 바로 디지털헬스케어입니다. 디지털헬스케어는 의료와 정보통신기술(ICT)을 접목해 질병의 예방부터 진단, 치료, 관리, 예후 모니터링 등 생애전주기에 걸쳐 건강을 개선하는 것으로 목표로 하고 있습니다.

디지털헬스케어는 원격의료, 가상현실, 증강현실 그리고 웨어러블기기 등 다양한 기술을 활용합니다. 우리 정부는 '나의건강기록'이라는 앱을 제공해 병원에 다녀온 기록과 약을 처방한 기록까지 제공하고 있습니다. 하지만 질병 전 단계에서 관리를 하는 영역이 부족한 것이 현실입니다. 싱가포르에 '루미헬스(LumiHealth)' 사례가 있습니다. 싱가포르 정부와 Apple사가 2020년부터 진행하고 있는 스마트 헬스케어 프로그램으로 Apple Watch를 활용해 건강활동을 측정하고, 활동에 따라 포인트를 제공합니다. 이 포인트는 상품권, 건강제품, 기부 등 다양한 방식으로 활용할 수 있고, 이 프로그램이 건강한 생활 방식을 실천하는 데 도움을 주는 것으로 확인되었습니다.

또한 디지털주치의 시스템도 발전하고 있습니다. 디지털주치의는 빅데이터와 인공지능 (AI)를 사용해 환자의 건강을 관리하는 시스템으로 환자의 증상, 생활습관, 유전적 특성 등 다양한 정보를 분석하고, 개인 맞춤형 건강관리 계획을 제공합니다. 그리고 건강상태를 모니터링해 위험요소를 조기에 식별하고, 질병을 예방할 수 있도록 도와줍니다. 환자 중심의 건강정보 제공, 건강관리 서비스 제공, 식생활 및 생활환경 개선 등을 통해서 보다 건강한 생활을 유지할 수 있는 기회를 제공받을 수 있을 것으로 기대합니다.

처음으로 돌아가서 디지털헬스케어 서비스를 받기 위해서는 관심이 필요합니다. 특히 디지털헬스케어산업은 고령층의 생활에 밀접할 것이고, 많은 영향을 미치게 될 것입니다. 지금까지의 의료산업은 질병을 치료하는 것에 중점을 두었다면, 디지털헬스케어산업은 질병의 예방부터 치료 후의 일상까지 영역이 확대될 것입니다.

# 노인 동반로봇

**정의정**
– 現 KOTRA 실리콘밸리 무역관 차장. 前 한국기술사업화협회 사무국장, 한국로봇융합연구원 선임연구원,
 (재)부산테크노파크 고령친화산업센터 선임연구원

2020년 코로나19 팬데믹이 발생한 이후 면역력이 낮은 대부분의 고령층은 일상생활과 사회에서의 격리로 인해 사회적 소통이 불가능했고, 그로 인해 육체적으로나 정신적으로 많이 힘든 상황을 보냈습니다. 앞으로의 시대에 또 다른 위협으로 환경이나 의료, 개인적 문제, 사회적 이슈 등으로 고령층에게 새로운 삶의 문제로 대두될 수 있습니다. 또한 현재 고령층의 삶의 질과 일상생활, 건강관리 등을 지원할 수 있는 방안을 찾아야 합니다.

노인 동반로봇이란 인공지능(AI)과 GPS, 사물센서 등를 연동한 자율이동기능을 갖추고, 노인과 대화하고 안전한 활동을 돕는 로봇을 말합니다. 기존 노인 말벗로봇은 대화나 기억의 도움(일정 관리, 약물 복용 알림 등)을 주는 역할을 했다면, 동반로봇은 말벗로봇의 기능에 더해 산책 동반 등의 역할을 수행하고, 심장마비나 거동불편 등 위급상황 시 SOS 호출기능을 통해 안전한 이동을 지원합니다. 그리고 의료진과 연결을 지원해 건강관리가 가능하기에 요양원이 아닌 자택에 홀로 계신 노인의 안전과 삶의 질을 향상시키고, 사회적 고립을 완화하는 데 도움을 줄 수도 있습니다.

현재 외국에서는 시니어 동반로봇이 출시되어 있습니다. 몇 가지 소개를 해보자면, 미국에서 개발된 Ellio, Companion, Temi, CareBot 등이 있습니다. 이 로봇들은 AI기술을 활용한 로봇으로 음성인식, 의약품 복용 알림, 일정관리, 소셜미디어 연결, 건강상태 모니터링과 이를 바탕으로 의료진과 연결, 게임, 음악재생, 비디오 통화, 웹 검색 등 다양한 기능으로 거동

이 불편한 노인들의 사회적 고립을 완화하는 데 도움을 주고 있습니다. 기술적 혁신을 통해 보호자가 도움을 줘야 할 일들을 훌륭히 수행할 수 있습니다.

고령층이 이러한 로봇을 사용하는 것에 대한 부정적 시각도 있습니다. APP의 사용, 신기술 접근의 어려움과 사용법 이해 등의 애로사항이 대두될 것이나, 보다 높은 안정감과 독립적인 생활, 사회적 교류의 교두보 역할로 충분히 사용성이 높기에 신기술의 거부감보다는 효과적인 사용방법의 습득이 필요합니다. 미래를 준비하는 방법은 기술의 발전에 따른 변화를 받아들이고 사용방법을 습득하는 것에서부터 출발합니다.

# 돌봄여행동반자(관광동행매니저)

**유은선**
– 병원동행서비스 당신처럼동행 대표, 병원동행백서 제작, 무장애여행 관광동행매니저 양성과정 기획 중

돌봄여행동반자란, 노약자의 여행의 동반자로서 전문 돌봄이 가능하며, 지역의 아름다움과 이야기를 통해 관광객을 맞이할 수 있는 로컬크리에이터로서의 역량을 갖춘 사람을 말합니다. 무장애여행지에 대한 하드웨어적인 시스템은 국가와 지자체의 주도로 확산되고 있습니다. 하지만, 정작 여행을 텔레비전이나 유튜브로만 하는 이유는 무엇일까요? 이는 여행환경적 제약과 정보부족이 원인이기도 하지만, 장애인 포함 노약자 입장에서는 도움을 받을 동반인 즉, 여행을 같이 갈 사람이 없어서 여행을 포기하는 경우가 주된 원인입니다. 관광약자가 관광에 아무런 제약을 받지 않는 무장애관광이 요구되는 시대입니다.

노약자를 여행목적지까지 단순히 데려다주는 것에서 끝나는 것이 아니라 전문케어가 가능한 사람이 옆에 있다면 든든한 여행을 할 수 있을 것입니다. 액티브 시니어(Active Senior)의 개념에서 본다면 새로운 일자리에 대한 기대가 있다고 봅니다. 돌봄여행동반자와 비슷한 것으로 트래블 헬퍼(Travel Helper)가 있긴 합니다만, 단순히 서비스를 제공하는 입장에서만 머무르는 것이 아니라 스스로 수익화할 수 있도록 자신의 집 주변이나 현지인만이 아는 관광이 가능하도록 로컬크리에이터로서 준비된다면 새로운 인생 2막을 시작하는 데 도움이 될 것으로 기대합니다.

부산에 요양병원에 계신 환자분을 모시고 병원동행을 했던 적이 있습니다. 환자분께서 바다가 보고 싶다고 말씀하셨습니다. 10분만 나가면 바다를 볼 수 있는 부산이었지만, 환자분 혼자서는 도저히 바다를 보러 갈 수 없는 일이었습니다. 보호자에게 사정을 말씀드리고 근처

바다를 볼 수있는 기회를 가졌고, 환자와 보호자 모두 너무 좋아하셨습니다. 선진국일수록 장애인이 더 많다고 합니다. 이는 장애인의 범위가 넓기 때문이라고 합니다. 해외 각국에서도 장애인의 무장애 여행(Barrier-Free Tour)의 실천하기 위해 노력하고 있습니다.

우리나라에서도 유니버셜디자인의 관점으로 장애인뿐만 아니라 영유아동반자나 고령자 누구나 편안한 여행을 즐길 수 있도록 환경이 개선되어 가고 있습니다. 이러한 모두를 위한 관광은 한국관광공사 〈열린관광〉을 통해 정보를 얻을 수 있습니다. 하드웨어적 개선이 진행되고 있기도 하지만, 관광취약계층도 편안하게 즐길 수 있도록 〈사회적 인식개선〉이 동반되어야 할 것입니다.

'여행은 모두에게 쉼표'입니다. 나이와 장애의 유무에 상관없이 여행이나 소풍은 새로운 자극을 줍니다. 어렸을 적 소풍을 기다리던 날들이 설레었던 경험들 기억하실 것입니다. 이는 다양한 경험을 통해 성장할 수 있는 기회가 될 것이고 특히, 고령자에게는 우울증 예방과 함께 삶의 의욕을 지속할 수 있습니다. 최근 80대 어르신을 모시고 근처 나들이를 다녀왔는데 늘 집안에서만 계시던 분이셨는데 "정신이 맑아진다." 하시며 밝게 웃으시는 모습이 기억에 남습니다.

관광동행매니저는 지역 여행을 기획하고 대상자가 특별한 시간을 보낼 수 있게 돕습니다. 이러한 측면에서 대상자의 삶을 풍요롭게 할 뿐 아니라, 자기가 속한 지역을 새롭게 접근하면서 본인의 삶도 윤택하게 할 수 있는 기회가 될 것입니다.

# 스마트돌봄

**최학희**

— 시니어라이프비즈니스 대표, 시니어라이프 대표이사, 실버산업전문가포럼 사무총장

스마트돌봄이란 돌봄이 필요한 사람에게 인공지능(AI)이나 사물인터넷(IoT) 등의 정보통신기술을 기반으로 한 사회복지 또는 보건의료 서비스를 제공해 삶의 질이 향상되도록 지원하는 것으로, 휴먼케어가 중심인 노인돌봄에서 인력자원의 효과적인 활용을 지원합니다.

돌봄 현장에는 인력이 부족하여 요양보호사나 간병인력을 구하기가 점점 어려워 외국 노동자를 활용하기도 하나, 간호사나 의사와 같은 전문 의료진을 확보하기도 만만치 않은 일로 변해가고 있습니다. 일본의 경우 사회복지를 전공한 대학생 인력을 활용하여 서비스 품질을 높이는 방법을 사용하고 있으나, 서비스 인력을 제공하는 양적 접근 외에도 효과적인 질적 서비스 제공을 위해서는 스마트돌봄의 접목이 필요합니다.

돌봄 현장에 스마트돌봄을 접목해 가장 활발한 부분은 돌봄의 손길이 자주 발생하는 돌봄 접점인 '돌봄 시점 알림 및 사고 예방'입니다. 스마트돌봄 초반에는 정보통신기술을 복잡하고 다양한 돌봄 현장에 접목하는 과정에서 약간의 이슈가 발생했었지만, 지금은 복지와 돌봄에 대한 이해도가 높아져 '부모사랑 효돌'과 같은 반려로봇 등이 돌봄이 필요한 대상자와 제대로 된 소통이 가능하고 서비스의 질이 높아졌습니다.

즉 돌봄인력의 시간소요라는 절대적 양과 신체 이상과 같은 사고 예방에 스마트돌봄이 기여할 수 있습니다. 특히 돌봄이 필요한 단계에서 점차 좁아지는 이동과 소통의 거리를 디지털시대에 보다 넓게 연결해 주는 역할은 그 중요성이 더욱 커질 것이고, 스마트돌봄은 점차 자연스럽게 디지털소통과 모빌리티(Mobility)로 이어져 고령친화 용품 제조 활성화에 이바지할 것입니다.

# 커뮤니티 케어(Community Care)

**정용재**

– 사회적경제 전문가, 커뮤니티 교육활동가, 중앙대학교 국제경영대학원 경영학 석사. 現 사단법인 시니어라이프 시티즌리터러시 활동. 前 재단법인 희망제작소 소기업발전소장, 사단법인 소셜벤처파트너스 서울 이사장, 사단법인 도시마을 공동체 공동대표, 순천향대학교 교수

초고령사회 진입을 앞두고 있는 우리, 노인돌봄은 더이상 가족만의 문제가 아닌 사회적 문제입니다. 돌봄이 필요한 고령층에 어떻게, 어떤 서비스로 대응을 할 것인가의 고민이 수면 위로 올라오고 있습니다. 노인돌봄시스템으로써 영국이나 미국에서는 일반적으로 '커뮤니티 케어(Community Care)'를 운영하고 있고, 일본에서는 '지역포괄케어시스템(Community Care System)'이라는 이름으로 운영하고 있습니다. 우리나라도 2018년 6월에 커뮤니티 케어에 대한 추진방향을 발표했습니다.

우리나라보다 일찍이 고령사회를 경험한 일본에서는 이미 오래전부터 증가하는 의료·개호보험비의 부담을 억제하고 의료와 돌봄을 비롯한 복합적 욕구를 지닌 노인 등이 지역에서 존엄한 생활을 보낼 수 있도록 그들의 욕구와 생활패턴에 맞는 지원시스템을 개발해야 한다는 문제(전달체계의 재구조화)가 제기되었습니다. 이러한 문제에 대응하기 위해 지역포괄케어시스템 구축에 박차를 가해 왔습니다. 2005년 「개호보험법」을 개정해 지역포괄지원센터 설립을 위한 근거를 마련하고, 이를 중심으로 지역 밀착형 서비스 제공을 위한 지역포괄케어시스템의 구축에 집중했습니다. 지역포괄케어시스템은 의료적 치료, 돌봄 등 다양한 서비스가 필요한 이용자가 30분 거리에 위치한 지역포괄지원센터(1차 종합상담기관)를 통해 분야 횡단적인 제도 및 서비스를 누락 없이 이용할 수 있도록 지원하는 것을 목표로 합니다. 또, 2011

년과 2014년 두 차례의 「개호보험법」 개정을 통해 단카이 세대(團塊世帶, 일본의 베이비 붐 세대)가 후기노인이 되는 2025년을 목표로 지역사회에서 24시간 돌봄이 가능한 연속적·순환형 지역포괄케어시스템 구축을 위한 국가와 지방자치단체의 책무를 규정했습니다. 2017년에는 분립된 각각의 제도로는 서비스 통합에 한계가 있다는 지적에 따라 「개호보험법」을 비롯한 「노인복지법」, 「의료법」, 「아동복지법」, 「노인학대방지법」 등 31개의 법을 한데 묶어 개정하는 법률(지역포괄케어시스템 강화 법률)을 마련하는 등 지역포괄케어시스템의 기능 강화(분야별 서비스 통합 제공의 근거 마련)에 주력하고 있습니다.

## ▌일본의 지역포괄케어시스템

일본의 지역포괄케어시스템은 한국에서 커뮤니티 케어[지역사회 통합 돌봄 선도사업 (2019.6~2022.12)]로 시도되었습니다. 다만 2023년 지역사회 통합 돌봄 사업예산이 80%가량 삭감되면서 시범사업만 재추진하기로 하고, 예방적 통합적 돌봄 강화에서 병원 입원을 대체할 수 있는 재가(방문)의료 확충에 집중한 '노인 의료·돌봄 통합지원'으로 명칭을 바꿔 2023년 7월부터 시범사업을 시작했습니다. 시범사업의 방향이나 대상자의 변화는 있었지만, 고령자가 점차 살던 곳에서 계속 거주하기를 원하는 욕구와 집에서 돌봄을 받고자 하는 욕구의 반영은 지속될 것으로 기대합니다.

커뮤니티 케어가 시설이나 공간만이 아닌 지역공동체를 부활시키고, 사회적 연대를 복원시키는 데까지 나아가야 합니다. 또한 지역공동체의 각 구성원들과 유기적 관계를 맺으며 지속가능성을 높여 궁극적으로 노인들의 사회적 고립문제를 해결하고, 그들에게 공동체를 위한 기회가 주어지도록 촉진하며, 세대 간 유대를 장려해야 합니다.

# 도시

**황문영**

– 노인에 대한 공감을 바탕으로, 공간과 서비스를 연구하여 제공하는 인간중심케어 서비스 전문가
– 종근당산업㈜ 벨포레스트 사무국장, 前 KB골든라이프케어, 너싱홈 노아시니어밸리 운영. 서울시 자문위원(인지환경디자인 가이드라인 개발, 유니버설디자인 어르신 가구 가이드라인 개발)

　노인대상 서비스 중 노인요양시설은 빼놓을 수 없을 정도로 대표적입니다. 노인요양시설의 트렌드 키워드를 '도시'라고 하겠습니다. 노인요양시설을 거주 노인에게 하나의 축소된 '도시'라고 여겨질 것으로 가정하여 사회적 기능을 위한 공간과 개인공간이 공존하도록 배치하여 노인요양시설 입소로 인한 사회와의 단절에 대한 두려움과 상실감을 줄여주고 사회적 욕구를 충족할 수 있도록 하는 것이 필요합니다. 노인요양시설은 노인성 질환 등으로 심신에 상당한 장애가 발생하여 도움을 필요로하는 노인을 입소시켜 급식 요양과 그 밖에 일상생활에 필요한 편의를 제공함을 목적으로 하는 시설로 규정되어 있습니다. 대부분의 인지저하 어르신이 생활하는 노인요양시설은 안전 등의 이유로 출입의 통제로부터 자유로울 수 없습니다. 그렇다면, 시설 내에서 사회활동이 가능하도록 하기 위한 방법으로 시설이 도시가 되도록 할 수 있습니다.

　개인 침실을 나서면 공용 공간인 거실과 마주하고, 거실을 벗어나 유닛을 나서면 집의 현관을 나서듯 조금 더 넓은 의미의 공용공간으로 이동합니다. 복도를 지나 엘리베이터를 이용하여 재활치료실 또는 프로그램실, 공연과 행사가 있는 대강당, 로비라운지 등으로 이동합니다. 집에 살면서 옆집에 마실 가고, 함께 식사하고, 인근 병원에 치료받으러 가고, 문화센터에 활동을 위해 가듯이, 시설 내에서 작은 사회화가 이루어집니다. 사회를 위한 공간적 구조

인 '도시'가 필요한 것입니다.

　노인요양시설은 수용시설이 아니고 남은 여생을 보내는 집과 같은 시설이므로 노인요양시설에 있어서 거주성 확보는 필수적입니다. 거주성은 '삶의 질'을 충족시키는 데 필수요소로 노인이 거주하는 주거시설의 핵심적인 성격입니다. 집으로 복귀할 수 없는 입소 어르신의 특성에 따라 집과 같은 환경조성이 필요합니다. 노인요양시설에서는 노인의 거주성 및 사회성 향상과 기능회복을 위한 다양한 서비스를 제공하고 있습니다.

　이미 서비스 측면에서의 트렌드는 '인간중심케어', '휴머니튜드케어' 등으로 많이 발전되었고, 누구나 공감하며 서비스의 상향평준화를 위해 노력하고 있습니다. 하지만, 아직도 시설의 환경적인 측면은 여러 가지의 사회적 이유로 집으로 인식되기 어려운 구조가 많습니다. 집과 같은 환경을 위해서는 '삶을 닮는 그릇'인 공간구성이 기본이 되어야 합니다. 무형의 서비스는 유형의 공간에 비해 변경이 쉽지만, 공간을 바꾸는 것은 쉽지 않기 때문에 초기 인프라 구성 시 세밀하게 고려해야 할 부분이 참 많습니다.

　대부분의 노인요양시설 입소 어르신은 집으로 복귀할 수 있는 가능성이 매우 낮습니다. 따라서 남은 여생을 시설에서 보내게 되므로 그들에게 시설이라는 인식보다는 노인요양시설이라는 사회 안에서의 집으로 인식될 수 있는 환경적 특성이 가장 기본이 되어야 합니다. 더 나아가 입소 어르신의 삶의 질을 향상시키는 데 영향을 주는 실천적 개념으로 지역사회로부터 격리된 시설서비스에서 통합된 시설서비스로의 변화가 필요합니다. 조금 더 큰 의미로의 도시화를 기대할 수 있을 것입니다. 선험국의 사례처럼 시설 내에 시설 입소자뿐 아니라 지역주민과 함께 이용할 수 있는 의료시설, 판매시설과 다양한 커뮤니티를 나눌 수 있도록 공간 규제를 해결할 수 있는 제도적 개선과 사회적 인식개선도 필요할 것 같습니다.

　반가운 현상은, 최근 노인주거에 대해서 도시학과 건축학 분야에서의 관심이 높아지기 시작했다는 점입니다. 그동안은 사회학 분야에서만 고려되던 상황들이 삶에 필요한 다양한 전문분야의 학계와 업계의 교류와 관심으로 한 단계 더 발전하길 기대해 봅니다. 공간과 케어의 융합으로 노인서비스가 실질적인 노인의 '삶의 질'을 유지하고 돕는 기반이 되길 기대합니다.

# 시니어 특화 금융

**김병태**
— 서울대학교 소비자학 박사. 現 한국FPSB 본부장

베이비부머(1955~1963년생) 세대의 본격적인 은퇴가 시작되는 요즘, 전 금융권에서 고령층 고객에 대한 관심이 증가하고 있습니다. 다만 아직까지는 디지털 금융에 대한 접근성 등 포용적 금융 관점으로 접근하는 수준입니다. 고령층 입장에서 금융의 가장 큰 효용은 은퇴자산 인출을 통한 안정적인 "현금흐름" 창출에 있습니다. 소비자 선택의 가장 기본이 "예산제약"인 것과 마찬가지로, 은퇴자의 금융은 축적된 자산의 효율적 운용과 최적 인출의 조합이 요구됩니다. 또한 베이비부머 세대는 그 계층 내에서도 다양한 라이프스타일로 구분되는 특징이 있고, 이들에 대한 맞춤형 특화 금융서비스가 요구됩니다.

은퇴자 가계의 자산관리는 비은퇴자와 같이 자산의 축적이 아니라 이미 결정된 은퇴자산을 배분하는 인출의 개념으로 그 중심이 이동합니다. 국내의 경우 이미 베이비부머의 본격적 은퇴 러시가 시작되었고, 은퇴자산의 주요 특성 중 하나가 은퇴 초기에 부실한 수익률 달성 시 전반적인 은퇴계획에 회복할 수 없는 차질을 야기한다는 것을 감안할 때 시니어 특화 금융의 필요는 공급(금융회사)과 수요(고령층) 양 측면에서 매우 요구되는 사안입니다.

시니어 특화 금융은 위험의 이전 차원에서 다루어질 필요가 있습니다. 은퇴자산 관리에는 다양한 위험을 동반합니다. 인플레이션위험, 변동성위험, 수익률발생순서위험, 장수위험 그리고 개인적 이벤트위험 등이 그것입니다. 은퇴한 고령층은 적절한 수수료를 지불하고 이러한 위험을 금융회사에 전가하고, 개인 맞춤형 현금흐름 확보에 대한 금융서비스를 받고자 하는 수요는 계속 늘어날 것입니다. 이미 국내 주요 금융회사들은 고령층을 대상으로 다양한 금융+비금융 서비스를 시도하고 있으나 세부 내용을 보면 수요자의 욕구가 반영되지 않은 획일적 정보제공에 그치는 수준입니다. 고령층에 대한 차별화된 맞춤형 금융은 고령화 사회에서 금융회사 가장 주요한 핵심경쟁력이 될 수밖에 없습니다. 연구(하나금융경영연구소)에 의하면 시니어 맞춤 상품 및 서비스를 제공하는 금융기관과의 거래를 긍정적으로 고려할 의향은 48%로 중도적이나, 실제 맞춤 금융을 경험한 경우 거래 의향이 74%까지 높아지고, 이는 비경험자 대비 1.8배 높은 수준으로 나타났습니다. 금융회사의 고객자산 강화 측면으로나, 고령층 금융소비자의 욕구 측면으로 보나 시니어 특화 금융서비스는 참여자 모두에게 시급한 숙제입니다.

# 자산승계신탁, 외국의 가업승계 사례
# : 일본의 사업승계

**신관식**

– 세무사, 現 우리은행 신탁부 가족신탁팀 근무. 저서 「사례와 함께하는 자산승계신탁 · 서비스」, 「내 재산을 물려줄 때 자산승계신탁 · 서비스」, 「불멸의 가업승계 & 미래를 여는 신탁」

2021년 기준 상속세를 납부한 사람의 상속재산가액 합은 약 66조원, 증여세를 신고한 사람의 증여재산가액 합은 약 51조원입니다. 상속과 증여 중심의 자산승계시장이 무려 약 117조원입니다. 부모님이 돌아가신 후 재산상속 문제로 자녀들이 다투는 일은 우리 주변에서 종종 볼 수 있습니다. 특히 고가의 주택 한 채만 있고, 자녀들이 다수라면 문제가 발생할 수밖에 없습니다. 또한 독거노인들이 많아지는 추세에서 아무런 대비 없이 독거노인이 사망한다면, 재산은 별거 중인 자녀나 형제자매, 국가에 귀속될 수 있습니다.

베이비부머 세대이면서 1970년~1990년대 30~40대에 중소 · 중견기업을 창업한 창업주들의 본격적인 은퇴시기가 오고 있습니다. 이는 가업승계가 본격화되고 있다는 것으로 가업승계의 경우 세제지원제도와 신탁을 활용하지 않으면 막대한 상속세 및 가족 간의 분쟁이 발생할 수 있고, 후계자의 부재로 폐업할 수도 있습니다. 정부는 2023년부터 가업승계의 세제기원제도를 대폭 확대(가업상속공제 등)했습니다.

자산승계신탁이란 공정한 보상체계에 기반하여 가족 간의 분쟁과 불화를 줄이고, 시니어들이 평생토록 일궈 온 소중한 재산을 온전히 후대에게 이어질 수 있게 하는 최적의 대안입니다. 그리고 가업승계란 중소 · 중견기업 1세대 창업주인 시니어들이 이제 회사에서 본격적으로 은퇴하고 있는 상황에서 합법적이고 합리적인 프로세스를 통해 창업주 등이 평생토록 피땀 흘려 일궈 온 가업을 스마트한 후계자가 이어가게 하는 것입니다.

2가지 사례로 자산승계신탁과 가업승계를 알아보겠습니다.

---

**[자산승계신탁]**

**• 고객 상황**

박○○(여, 72세) 고객은 지독한 가난과 불우한 가정환경 때문에 현재까지 독신으로 살고 있습니다. 박○○ 고객의 부모는 모두 돌아가셨고, 형제자매(동복·이복 포함)가 있으나 50년 전부터 서로 왕래가 없고 연락도 하지 않는 상황입니다. 그나마 친하게 지내며 연락하는 가족으로는 여동생(65세)과 막내 조카 A씨(남, 31세)가 있습니다. 박○○ 고객은 서울 ○○시장에서 55년여 동안 장사를 한 덕에 서울시 소재 아파트(시가 11억 원)와 현금(4억 원), 경기도 ○○시 소재 토지(시가 3억원), 보험계약 등의 자산을 보유하고 있습니다. 그런데 박○○ 고객이 6개월 전 급성심근경색으로 입원하게 되었고, 병세가 호전되지 않아 올해 7월 ○○대학병원에서 심장 수술을 받기로 예정되어 있습니다. 향후 어떤 불상사가 일어날지 모르기 때문에 본인이 사망하게 되면 본인의 모든 재산을 막내 조카 A씨에게 주고 싶다는 뜻을 밝혔습니다.

**• 해결방안**

박○○ 고객 사망 시 친하게 지내는 여동생은 여러 형제자매 중 1인으로 공동상속인이 될 수밖에 없으며 특히, 사망 시 재산을 물려주려고 하는 막내 조카 A씨는 상속의 후순위가 됩니다. 따라서 상속인 간 협의분할 형태로는 박○○ 고객의 의지대로 막내 조카 A씨에게 모든 재산을 남기기는 힘들어 보입니다. 따라서 박○○ 고객의 의지대로 막내 조카 A씨에게 본인의 전 재산을 물려주려면 유언대용신탁 또는 유언을 활용하는 것이 바람직한데, 유언대용신탁(신탁법 제59조)이란 유언과 동일한 효과를 내면서도 유언장을 작성할 필요가 없고, 위탁자가 수익자의 동의 없이 수익자(위탁자 사후 수익자)를 자유롭게 지정하거나 변경할 수 있습니다. 게다가 수탁자인 신탁회사는 위탁자가 살아있을 때만이 아니라 사망한 이후에도 신탁재산을 관리·운용할 수 있습니다. 유언대용신탁의 가장 큰 장점은 위탁자 사망 시 위탁자 생전의 계획대로 다른 법정상속인의 동의 없이 신탁재산을 수익자(위탁자 사후 수익자)에게 지급·이전할 수 있다는 점입니다.

## [가업승계]

2020년 3월, 니케이BP종합연구소 자료에 따르면 일본에서 100년 이상 업력이 된 기업은 33,076곳, 200년 이상 업력을 가진 기업은 1,340곳으로 이는 세계에서 가장 많은 수치입니다. 참고로 2020년 중소기업중앙회가 발표한 자료에 따르면 일제강점기, 한국전쟁의 영향으로 우리나라에서 70년 이상 업력을 가진 기업은 185곳이고, 100년 이상 업력을 가진 기업은 8곳(두산, 동화약품, 우리은행, 성창기업지주 등)에 불과합니다.

그러나 2016년 일본 중소기업청의 조사자료에 따르면 일본기업의 경영자들이 고령화됨에 따라 후계자를 찾지 못해 폐업하는 기업이 증가하고 있다고 합니다. 그뿐만 아니라 실제 폐업예정기업의 폐업 사유 중에 '후계자 부재'가 28.6%나 된다고 합니다.

일본 경제산업성은 후계자 부재로 인해 폐업하는 기업이 계속적으로 증가할 경우 2025년까지 650만여 개의 일자리가 줄고 국내총생산(GDP) 손실액은 약 22조 엔에 달할 것으로 전망하였습니다. 이에 따라 일본 정부는 사업승계 활성화를 위해 보조금 지원, 세제지원 및 감면, 인수합병 시장 활성화 제도 등을 시행하고 있습니다.

먼저 일본 정부는 ① 지방으로 이주하여 중소기업 사업승계를 한 청년들에게 10년간 매년 최대 600만 엔씩 보조금을 지원하고 있고, ② 중소기업의 주식을 승계하는 경우 법령에 따라 상속세 및 증여세 납부를 유예하거나 감면하고 있으며(2018년부터 2027년까지 운영하는 '특례 사업승계세제 제도'), ③ 상공회의소, 사업지속지원센터 등을 통해 사업승계관련 무료 상담 및 컨설팅 서비스를 지원하고 있습니다.

# 본인 결정

**이지연**

– 농협은행 신탁부 재산신탁팀 팀장(유언대용신탁 총괄), '22.3~ 한국상속학회 이사, '22.2 "NH All100플랜 사랑
남김플러스신탁"공동 출시, '17.9 "NH All100플랜 사랑남김신탁"출시

나이가 들어가며 내가 일군 소중한 재산을 나의 결정으로, 내가 원하는 방식으로 활용하고, 사후에 누군가에게 남기고 싶어 하는 노년층이 증가하고 있습니다. 능동적인 노년층, 즉 액티브 시니어의 등장이 세상을 바꾸고 있습니다. 이런 영향으로 자신이 평생 일군 재산을 자신의 삶의 가치를 투영하고자 하는 노년층도 증가할 것으로 예상합니다.

본인 결정을 한 몇 가지 사례를 보도록 하겠습니다.

### 사례 1

90세 할아버지가 "내 재산 5천만 원을 내가 애지중지 키운 손주(당시 11세)가 대학생이 되었을 때 입학금으로 꼭 주고 싶다."며 영업점을 찾았습니다. 아들은 손주를 나 몰라라며 멀리 살고 있고, 며느리는 손주를 낳고 도망을 가버려서 할아버지와 할머니 그리고 고모들이 같이 키운다고 했습니다. 영업소 직원은 예금은 할아버지의 사후 법정상속인에게 상속이 되기에 유언대용신탁*을 권했고, 사후수익자를 손주로 정하고 손주가 성인이 되었을 때 직접 찾아가도록 특약을 지정했습니다. 할아버지 사후에 아들이 친권자로서 신탁을 찾지 못하게 하기 위해서 한 특약이고, 할아버지는 "손주가 이 돈으로 꼭 좋은 대학에 입학하면 좋겠다."고 하셨습니다.

* 유언대용신탁은 자신의 재산을 금융기관(수탁자)에게 맡기고, 생전에는 위탁자(자신)가 원하는 대로 관리 및 운용하다가 사망한 이후에는 생전에 미리 정해둔 수익자에게 미리 지정한 방법으로 상속을 진행하는 방식의 신탁이다.

**사례 2**

40대 중반 선생님이 5천만 원을 본인 사후에 자신이 아끼는 학생에게 남겨주고 싶다고 영업점을 찾았습니다. 본인은 뇌수술을 몇 번 하다 보니 생을 언제 마감할지 모르고, 본인의 가족들은 다 잘 살기 때문에 학생에게 주고 싶다고 하셨고, 영업점에서는 사랑남김신탁 계약을 하여, 학생을 사후수익자로 지정했습니다.

**사례 3**

70대 중반 할머니가 본인은 재가했는데, 재가를 오래전에 하다 보니 재가한 가정의 아들에게 재산을 좀 남겨주고 싶다고 했습니다. 이 아들은 법적인 가족이 아니다 보니, 상속해주고 싶어도 방법이 없다고 하셨기에 사랑남김신탁 계약을 하셨습니다. 요즘에는 고령층이 이혼 후 재혼하는 경우도 많은데, 법적 가족이 아닌 사실혼 형태의 가족이 증가추세에 있어, 유언대용신탁이 유용합니다.

**사례 4**

88세 할머니가 딸과 영업점을 찾았습니다. 자녀분이 세 분 계신 데, 따님 한 분은 돌아가셨고, 아들은 얼굴을 언제 보신 지 모르겠다고 하셨습니다. 할머니는 오래전부터 편찮으신데, 막내딸이 근 십 년 전부터 본인을 부양하고 있어, 본인이 살고 계신 집을 꼭 막내딸에게 남겨주고 싶다고 하셨습니다. 영업점에서는 할머니가 계신 집을 신탁 재산으로 하고, 막내 따님을 사후수익자로 지정하는 사랑남김플러스신탁으로 계약했습니다. 다행히 할머니가 몇 년 전에 다른 자녀들 모두에게 1억 원씩 증여한 적이 있으시다고 하여, 아파트 가액이 3억 원인 것을 감안하면 유류분청구소송에선 자유로울 것 같다고 답변드리니 묵은 체증이 내려가는 것 같다고 눈시울이 붉어지셨습니다.

**사례 5**

80세 할머니는 결혼을 안 하셔서 자매말곤 가족이 없다고 하셨습니다. 돈을 20억 정도 신탁을 하고, 생전에는 월 1,000만 원씩 본인 통장으로 받으시고, 사후에는 본인이 좋아하는 사람들 7명에게 돈을 n분의 1로 주고 싶다고 하셨습니다. 그런데, 7명의 명단을 보니 할머니보다 연세가 많으신 분들도 두 분이나 계셔서, 만일 고객님보다 먼저 돌아가셨을 때 그분들의 상속인에게 상속되니 매우 복잡할 것 같았습니다. 그래서 7명 중 할머니 사후에 살아계신 분에게만 n분의 1로 나눠주시면 어떤지 여쭤보니 흔쾌히 허락하셨습니다.

본인 결정은 국내외 노년층의 삶에 적극성을 더할 것으로 전망합니다. 나의 재산은 본인 결정대로 노후에 나의 삶을 풍요롭게 하는 데 쓰고, 사후에는 본인이 주고 싶은 사람에게 주고 싶은 데로 주려는 사람들이 증가할 것입니다.

# 노인을 위한 집, 시니어 코리빙 하우스 (Senior Co-living House)

**김수동**

— 사회투자지원재단 이사, 사회투자지원재단 부설 터무늬제작소 소장, 탄탄주택협동조합 이사장, 경기도 사회
  주택위원

많은 사람들은 고령화 사회를 '고립의 시대'라고 이야기합니다. 사회적 고립이 이슈화되는 것을 넘어서 이제는 사회적 질병으로 인식하고 있는 만큼, 이러한 문제를 예방할 수 있는 새로운 주거 형태가 필요합니다. 즉, 노년을 바라보는 중장년과 노후를 준비하기 위한 1인 가구가 나이 들더라도 고립되지 않고 누군가와 함께 살아가는 삶이 필요한 지금, 청년 1인 가구 사이에서 관심이 많아지고 있는 '코리빙 하우스'를 주목할 때입니다.

코리빙 하우스 중 맹그로브라는 브랜드가 있습니다. 맹그로브는 그동안 청년들을 대상으로 작은 원룸에서 독립된 주거공간과 다양한 커뮤니티 공간을 제공하였는데, 이제 고령화 사회에 발맞춰 시니어 코리빙 하우스를 설립하기 위하여 적극적으로 연구·준비하고 있습니다. 해외처럼 국내 역시 코리빙 하우스에 대한 관심이 늘어나면서, 형태나 추구하는 가치 등이 획일적이지 않은 개개인의 취향을 반영하여 서로 어울려 사는 사례가 늘어나고 있습니다. 앞으로는 노후를 준비한 상태에 따라 중장년층의 주거공간이 바뀌는 것이 아니라, 각자의 취향과 추구하는 가치를 담은 새로운 주거공간인 시니어 코리빙 하우스가 대두하게 될 것입니다.

북유럽에서 시작된 코하우징이라는 주거문화는 한 주택 단지 안에 여러 가구가 살아가고, 이와 달리 코리빙은 한 건물에 여러 가구가 살아간다는 점에서 차이가 있는데, 최근 일본에서까지도 다양한 세대들이 모여 공동체를 이루며 살아가는 컬렉티브 하우스라는 신 주거문화까

지도 나타나고 있습니다. 저 또한 노년의 삶을 요양시설에서 보내기보다는 이웃과 함께 더불어 사는 삶을 추구하면서 건강한 커뮤니티 속에서 살고자 코하우징으로 10세대가 모여 주택협동조합을 만들고 공동체 주택에서 살고 있습니다.

경기도 여주시에 70대 세 분의 싱글 할머니가 만든 '노루목향기'라는 마을공동체가 있습니다. 각자의 삶을 살아오다가 우연한 기회에 인연이 닿은 세 분이 여주에 집을 짓고 노후 주거의 대안으로 셰어하우스 생활을 시작했습니다. 노루목향기는 아이들의 돌봄 공간을 제공할 뿐만 아니라, 적극적으로 마을 활동을 한 덕분에 지금은 마을공동체에 인구가 유입되고 있을 정도로 유명해졌습니다. 또한 전라남도 전주시에 있는 '비비'라는 비혼여성 생활 공동체도 공동주택을 설립하여 마을공동체를 준비하고 있는 것으로 알려졌습니다.

앞으로는 고령화 사회의 피할 수 없는 문제인 사회적 고립을 예방해야 합니다. 공공복지나 기술발전, 도구의 변화만으로 노년층이 살아가면서 겪게 될 문제를 해결한다는 것은 한계가 있습니다. 따라서 국가의 예산이나 개인의 경제력, 개발에 따른 이익 등을 이제는 다른 방법으로 사람들이 모여 공동체 기반으로 관계를 구축하고 자주적이며 호혜적인 관계 속에서의 삶의 질을 확보하는 방향에서 찾아야 하는데, 이러한 해답을 시니어 코리빙에서 찾을 수 있습니다. 고령층의 복지로 인한 국가 예산의 증대에 따른 세대 간의 갈등을 넘어선 우리 사회에 긍정적인 영향을 미칠 수 있는 방안을 찾아야 합니다. 발달된 기술이나 도구가 고령층에게 편의를 제공할 수 있겠지만, 그것이 본질은 아닙니다.

결국 노년의 삶과 의미를 바라봐야 합니다. 노년에게 무엇이 필요한지, 노년이 행복해지기 위해 어떻게 접근해야 하는지, 이런 고민이 우리 모두가 잘 살고 행복하게 살 수 있는 사회를 만드는 인식의 전환이 되길 바랍니다.

# 작은장례, 애도문화확산, 재택임종

**전승욱**

– 2009~2023 예장통합소속 교회에서 청소년, 교구 목회. 2015~2023 (사)강북마을 마을활동. 2020~2023 한겨레두레협동조합연합회 채비플래너(상포계부장). 2022~2023 서울한겨레두레협동조합 이사

　작은장례는 1인 가구 증가 등의 인구변화에 따른 장례규모와 방식입니다. 적은 예산으로 원하는 장소에서, 적은 수의 참석자들이 간소하게 장례를 진행하는 것으로 장례용품이나 애도의례를 관습에 따르지 않고, 고인의 삶과 개성을 충분히 반영해 치를 수 있습니다. 작은장례는 일본에서 먼저 대중화되었는데, 특히 코로나19를 기점으로 더욱 확산되고 있습니다. 1990년대 이미 저출생과 고령화가 많이 진행되어 조문객이 줄었고, 2000년대 인터넷의 보급으로 개인화가 진행되는 경향을 따라 정부에서 2010년에 작은장례(小規模葬儀)를 장려하는 정책을 발표했습니다. 작은 규모와 개성을 살린 작은장례는 돌이키기 어려운 트렌드입니다.

　2025년이 되면 대한민국은 65세 인구가 1,000만여 명에 이르는 초고령화 사회에 진입합니다. 2022년 기준으로 보았을 때 전체 1인가구 중 60세 이상 노인 1인가구가 35.3%에 이른다. 증가하는 고령 1인 가구는 사회적 관계망이 넓지 않기 때문에 많은 조문객을 초청할 수 없습니다. 조문객이 많지 않으면 자연스럽게 부의금이 줄어들고, 장례에 사용할 수 있는 비용이 감소하는데, 이런 상황에서 수백 명의 조문객을 맞이하는 접객문화 중심의 장례방식을 지속할 수는 없습니다. 따라서 비용을 고려할 때 작은장례를 할 수밖에 없지만, 작은장례는 비용문제와 더불어 애도의 문제 때문에 할 수밖에 없습니다.

　가족과 가까운 지인 중심으로 진행되는 작은장례는 충분히 고인을 애도할 수 있는 시간으로 보낼 수 있습니다. 분주히 접객에 보내던 시간을 고인의 생애를 조명하고, 추억을 나누고,

슬픔을 표현하고 위로하는 시간으로 잘 만들어 갈 수 있습니다. 작은장례는 고인과 유족의 애도 욕구를 다양하게 풀어낼 수 있는 장례식입니다. 이런 흐름에 맞추어 장례를 비즈니스로 하는 회사는 다양한 작은장례예식을 개발할 필요가 있습니다. 그동안 장례는 상조회사나 장례식장 같은 전문업체만의 영역이었지만, 작은장례가 다양한 애도방식을 도입할 수 있기에 다양한 분야에서 장례업에 진입을 시도하고 있습니다. 대표적인 것이 AI나 메타버스 업체들이 온라인 추모관을 운영하고 고인을 AI로 실현해 내는 일입니다.

물론 최근에 코로나19가 장례를 소규모화되는 데 가장 큰 영향력을 끼쳤지만 지속적인 동기를 부여하지는 않았습니다. 지속적인 변화 동기는 인구구조 변화와 애도욕구의 개인화에 있습니다. 더불어서 지속가능한 지구를 위한 환경문제와 탈종교화된 죽음 정서, 온라인 추모관 등 장례가 작아지면서 동반되는 장례문화와 비즈니스의 여러 측면들도 함께 살펴볼 필요가 있습니다.

코로나19 초기 당시에는 바이러스가 사망 후에도 전염되는 것으로 보았기 때문에 코로나19 사망자는 장례 없이 2일 안치 후 바로 화장되었습니다. 화장장으로 직행한다고 '직장'이라고 불렀습니다. 코로나19 비상상황과 정책적 필요 때문에 어쩔 수 없었지만, 유족들의 상실은 말할 수 없이 컸습니다. 이때 한겨레두레협동조합에서는 '채비'라는 추모식 장례를 만들었습니다. '직장'을 해야 했기 때문에 전문장례식장 빈소를 빌릴 필요는 없었지만, 간단하게라도 애도의례를 진행하려는 유족에게 선뜻 공간을 내어 줄 카페나 마을공간, 심지어 교회도 없었습니다. 결국 충무로에 '공간채비'라는 추모식 공간을 만들었습니다. 전국에 있는 9개 조합의 수천 명의 조합원의 뜻이 모아진 결과였습니다. 공간채비는 카페처럼 아름다운 공간인데, 이곳에서 하루 빈소를 차리고 추모식을 진행했습니다. 말 그대로 작은장례식이었습니다.

어떤 작은 추모식 장례의 사례를 들면, 큰 손녀가 할머니의 작은 장례를 준비했습니다. 할머니의 생애사를 고모에게 쓰게 해서 조문보를 만들고, 아버지와 다른 고모에게 유품을 모으게 해서 추억 나누기를 하고, 형제들에게 이별편지를 준비하게 하고, 할머니가 좋아하시던 노래도 준비하며, 사진으로 생애를 엮은 추모영상도 제작했습니다. '공간채비'에서 한나절 빈소를 차려 조문객을 받고 간단한 다과를 대접하니 음식물이나 일회용품으로 인한 쓰레기가 거의 없었습니다. 조문보를 읽은 조문객들이 할머니와 유족에게 위로의 엽서를 많이 남겨주었습니다. 이 어르신의 유품 중에는 화투도 있었고, 지폐(1만 원 한 장, 1천 원 두 장)도 있었습니다. 고인의 아들이 말하기를 어머니 임종 후 몸정리를 하다 보니 바지 주머니에서 나왔는데, 아마 손주들 갈 때마다 주시던 밥값을 못 주고 가신 것 같아 유품으로 가져왔다고 했습니다. 고인과 유족 사이에 깊은 사랑을 확인하는 시간이었습니다. 이 작은 추모식장례는 전문 장례식장 음식과 빈소임대를 사용하지 않은 만큼 비용도 수백만 원을 줄였을 뿐 아니라 깊고 따뜻하게 애도한 시간이었습니다. 무엇보다 애도의 방식이 바뀌니 유족들의 마음도 새로웠다. 접객을 했지만 많지 않았고, 조문객들도 밥만 먹고 가지 않고 고인의 조문보를 읽고, 유품을 보고, 설명을 들으면서 고인을 좀 이해하게 되고, 아는 만큼 충분히 애도를 표현할 수 있었습니다. 조문객의 입장에서 유족을 위로하러 왔지만, 돌아가면서 자신과 부모님의 임종을 어떻게 준비할지 깊이 생각하는 계기를 주었다는 피드백을 받았습니다.

일반 3일장에서 유족들은 장례행사를 잘 치러야 한다는 생각에 긴장하고, 3일 내내 물품과 음식 등 계약 내용에 서명(sign)하며 정신없이 보냅니다. 그러다, 장례 후 혼자 집에 있게 되면 갑자기 상실감이 몰려오는데, 아무도 없어서 너무 힘들어한다고 합니다. 한편 작은장례를 치른 유족들은 시간 여유도 있지만, 추모식을 준비하는 과정에서 가족끼리 고인에 관해 이야기하고, 서로 위로하며 시간을 보냅니다. 함께 모이는 시간을 애도하고 위로하는 데 시간을 보내니 각자 집에 돌아가서도 좀 덜 힘들다고 했습니다. 작은장례는 애도는 물론 환경문제와 취약계층 장례를 돕는 문제까지도 도움을 줄 수 있고, 청장년들이 자기 개성대로 애도를 표현하는 데도 도움이 됩니다. 좋은 애도는 작은장례에서 잘 이루어집니다.

애도문화는 죽음을 받아들이고 그에 대한 슬픔을 표현하는 대중적 흐름입니다. 예전에 애도는 종교나 제의 중심으로, 조직이나 집단 안에서 표현되었습니다. 개인적으로 슬픔을 '표현'하는 것은 장려되지 못했습니다. 그러나, 최근에는 개인의 슬픔과 상실을 각자의 방식에 따라 주저 없이 '표현'하려는 경향성이 두드러지고 있습니다. 이는 매우 건강한 사회적 현상입니다. 더불어 사회적으로 당하는 상실을 직면한 대중이 애도하는 과정에서 공동체를 형성하기도 합니다. 이렇게 각자의 욕구를 따라 표현된 애도는 슬픔을 치유하고, 죽음을 자연스러운 삶의 한 부분으로 받아들이는 데 도움이 됩니다. 최근 우리 사회를 보면 개인적으로나, 사회적으로 상실을 경험하는 일들이 많았습니다. 더불어서 개인적으로나 집단적으로 애도를 표현하고자 하는 욕구도 증가하고 있는 것을 미디어를 통해서 알 수 있습니다. 애도문화의 확산은 우리 사회 장례 관습은 물론이고, 슬픔을 다루는 집단적 정서가 변하고 있다는 것을 보여주는 것입니다. 애도문화의 확산은 다음의 측면과 관련이 있습니다.

먼저는 개인마다 자신의 감정과 경험이 존중받고 인정받는 것을 중요하게 여깁니다. 개인이 자신의 슬픔과 애도를 나름의 방식으로 표현하고 체험할 수 있기를 바라는 욕구가 증가하고 있습니다. 국가라는 집체적 감정을 자신의 개인감정으로 내재화하고, 애도와 상실을 공통된 제도 안에서 표현하던 기성세대에 비해서 20대에 'X세대'라 불리던 현재 50대 초중반 이하의 세대는 집체적 감정과 개인의 감정을 구별하고, 개인의 감정을 다르게 표현하고자 하는 욕구가 강합니다. 당연히 애도와 상실을 개인적 차원에서 깊이 생각하고 표현합니다. 지난 세대에 비해서 다양성과 개방성이 매우 높아졌고, 종교와 국가별 경계, 인종별 경계, 남녀의 생물학적 경계도 상대적인 것으로 취급합니다. 따라서 각각 지리적, 문화적으로 독립해서 존재하던 애도문화가 빈번하게 상호교환되면서 개인별의 애도욕구가 다양한 방식으로 실현될 수 있는 가능성을 열어주었습니다.

기술발전이 한몫을 하고 있습니다. 메타버스나 AI 같은 디지털 기술의 발달이 애도와 추모를 온라인 공간에서도 가능하게 했고, SNS를 통해 글, 사진, 동영상 등 고인과 관련된 이야기를 공유하여 추모할 수 있게 되었습니다. 기술발전과 환경이라는 지구적 의제가 만나서 시체 처리 방식도 다양화되고 그것이 또 새로운 애도문화를 확산하고 있습니다. 최근 40년 사이에 화장은 대략 92%를 넘는 시체처리 방식이 되었고, 나아가 가수분해장이나 퇴비장 같은 다양한 시체처리 방식이 관심을 얻고 있습니다.

애도문화의 확산은 죽음과 애도에 대한 태도와 관행을 현대에 맞게 변화시키는 중요한 과정입니다. 이러한 변화는 사람들이 죽음을 더 열린 마음으로 다루고, 상실의 상처를 잘 치유하게 하고, 사회적 상실을 공동체적으로 치유하는 좋은 계기가 될 수 있습니다.

홈다잉 즉, '재택임종'은 환자가 본인의 집에서 편안하게 생을 마감할 수 있는 환경을 제공하는 것으로, 환자 중심의 접근방식과 환자와 가족의 요구와 가치를 존중하는 의료 및 보건서비스입니다. 죽음은 삶과 분리해서 다룰 수 없습니다. 죽음은 삶을 마무리하는 연속적 과정일 뿐입니다. 따라서 임종을 맞이하는 개인도 삶의 연속성이 잘 보장되는 상태에서 죽음을 맞이할 때 가장 좋은 죽음을 맞이했다고 느낍니다. 최근에 의료나 장례관련 설문조사를 보면 가장 선호하는 임종 장소로 '익숙한 곳', '살던 곳'에서 임종하고 싶다는 응답이 월등히 많습니다. 재택임종을 위해서는 재택치료를 받던 환자가 임종기에 들어가게 되면, 의료진과 사회복지사가 환자의 가정에 방문해 육체적으로나 정신적으로 편안함을 유지할 수 있도록 하고, 당사자는 가족의 돌봄과 격려를 받는 상태로 임종에 들어갈 수 있습니다. 그러나, 아직 죽음을 다루는 사회적 시스템은 죽음과정에 있는 환자를 당장에 일상으로부터 분리시키고, 단절된 죽음을 기다리는 존재로 전락시켜 버렸습니다.

죽음에 이르는 삶의 과정을 단절해서는 안 됩니다. 삶이 죽음으로 자연스럽게 이어지도록 도와야 합니다. 가능한 작은 것이라도 스스로 선택하게 해주어야 합니다. 가족과 지인을 만나며 자신에게 임박한 죽음에 대해서 이야기 나누고, 준비하게 해야 합니다. 2023년 6월에 인터엠디에서 의사회원 1,000명을 대상으로 진행한 설문에서 43.9%가 가족이나 의미 있는 사람과 함께 있는 상태에서 임종을 맞이할 때를 '좋은 죽음'이라고 응답했습니다.

재택임종은 윤리적 명제가 아니라, 실존적 명제입니다. 장기노인요양보험 같은 사회보장 시스템은 치료와 더불어 죽음까지 이르도록 보장해야 합니다. 고성장 시대에는 죽음이 생산 중단을 의미하기에 부정적인 것으로 여겨졌지만, 편안한 안식을 잘 준비해주는 것이 열심히 일하고 사회를 위해서 기여했던 사회구성원을 위해서 사회보장제도가 해주어야 하는 따뜻한 일입니다. 현재 90% 이상이 병원에서 임종하고 있지만, 조만간 재택임종에 관한 구체적인 욕구가 의미 있게 증가하는 것을 보게 될 것입니다.

재택임종은 아직 의료시스템이 지지해주지 않기 때문에 쉽지 않습니다. 정부가 노인장기요양보험에 장례까지 포함시키면, 재택진료와 재택임종은 연결될 수 있습니다. 의료사협(의료복지사회적협동조합)이 각 지역에서 통합돌봄을 주치의 제도로 실행하면서 재택임종의 필요성과 가능성이 높아지고 있습니다. 2023년에 제주도 모 지역에서 한겨레두레협동조합 조합원 노부부가 계셨는데, 남편이 임종하셨습니다. 유언이 재택임종과 집장례였는데, 사전연명의료제도의 제도적 미비점 때문에 할 수 없이 병원에서 임종을 맞았지만, 다행히 장례는 집에서 치렀습니다. 온 마을 사람들이 함께 도왔고, 나지막한 뒷동산에 수목장으로 안장했습니다. 너무 아름다운 장례식이었습니다. 이렇듯 삶과 연결된 죽음의 과정은 본인은 물론이고, 남아 있는 사람들에게 큰 위로와 감동을 주고, 죽음을 직면할 용기를 더했습니다. 죽음을 일상에서 분리하지 않고 연결되는 사건으로 이어갈 때 삶과 죽음은 서로를 끌어안아 위로할 수 있습니다.

대한민국의 60대를 베이붐세대라 부릅니다. 그들이 이제 은퇴할 때가 되고 노년의 시기를 맞이합니다. 최근 장례 문화에 관한 관심이 증가한 것은 베이붐세대의 욕구가 반영된 결과입니다. 열심히 달려 온 덕분에 경제성장을 이루었지만, 이제 한국 사회는 달리기만 해서는 안 됩니다. 함께 걷고, 둘러앉아 미뤄두었던 중요한 이야기를 나누어야 합니다. 그중에 '어떻게 죽을 것인가?'하는 이야기도 있습니다. 다양하고 열린 애도문화로 더 좋은 인생 마무리를 시작해야 합니다.

베이붐세대는 '액티브 시니어'라고 불립니다. 회사에서는 은퇴했지만 아직 건강하고, 여전히 풍부한 경험과 지식을 소유하고 있어 기회가 주어지면 좋은 역할을 할 수 있기 때문입니다. 창업, 특히 장례 사업에서 의미 있는 역할을 할 수 있습니다. 작은장례를 기획하고, 진행하는 '추모식 기획자'가 되고, 지역에서 임종과정에서 어려워하는 이웃들을 돌보는 '마을조문단'을 조직하고, 죽음을 인문학적으로 성찰하는 '웰다잉강사'도 되고, 장례에 필요한 업종에 청년 스타업을 불러들여서 새로운 기회를 주는 '공동체 경제 코디네이터'도 되고, 지역 사회를 죽음돌봄공동체로 새롭게 세워나가는 일을 충분히 잘 할 수 있습니다.

인구 감소가 진행되고 있는 시점에서 대한민국이 지금 베이붐세대와 같은 동력을 언제 다시 가져 볼지 장담할 수 없습니다. 따라서 다곤신전의 기둥을 몸으로 허물어 다음 세대에게 새로운 도약의 출발점을 제공했던 힘쎈 삼손처럼 베이비붐세대가 마지막 힘을 쏟아서 한국 사회가 애도와 위로와 화해가 넘치는 공동체로 만드는 일에 중요한 역할을 담당하기를 절실히 바랍니다.

# 연화식 푸드 등 고령친화식품

**최정환**

– 화성네트웍스 대표이사(대기업 식자재 유통사)

연화식이란 나이가 들면서 음식을 씹는 기능이 감소하는 것을 보완하는 음식입니다. 보통 병원의 환자들만 먹는 음식이라고 알고 있지만, 치아가 약해져 식사가 어려워진 고령층들이 먹는 부드러운 음식 역시 연화식입니다. 초창기 연화식 사업은 단지 환자, 고령층들이 먹는 부드러운 음식을 제공하는 것에 그쳤지만 최근에는 아워홈, 현대그린푸드 등 국내 식품 대기업에서는 고령층이라는 잠재고객들을 위하여 연화식 사업을 주목·발전하고 있습니다. 그리하여, 국내 식품 대기업은 연화식 사업을 확장하기 위하여 고령층들의 영양 상태를 고려하여 맞춤형 건강 식단을 제공하는 것은 물론, 가격 경쟁력까지 확보하고 있습니다.

고령화 사회에 접어들면서 정부, 언론, 기업 모두 연화식 사업에 대한 관심이 점점 많아지고 있습니다. 연화식 사업의 화제성을 증명하듯, 2023년 4월에 발표된 "고령화시대 케어푸드 쏠쏠하네"라는 기사를 통해 아워홈은 농림축산식품부와 국립중앙의료원 중앙치매센터와 협약을 맺고 고령자의 씹기 능력을 향상하기 위한 훈련식과 인지기능개선 관리 식단을 개발하고 있다고 밝혔습니다. 또한 같은 기사의 내용에 따르면 현대그린푸드는 그리팅(Great+Eating)이란 이름으로 판매 중인 소비자 대상 구독형 메디케어 품목을 2023년에 기존보다 두 배 이상으로 늘릴 뿐만 아니라, 2023년 상반기에는 신장질환자용 식단을 선보일 예정입니다. 이후에 식품의약품안전처가 신설하는 '케어푸드' 유형에 맞춘 추가 식단을 개발하는 것도 검토 중에 있다고 합니다.

연화식 사업의 장점은 연화식의 수요층이 아이와 노인이 모두에게 적용될 수 있다는 점입니다. 즉, 현재 실버타운이나 요양원, 주간보호센터, 사회복지시설 등을 중심으로 노인에게 제공하고 있는 연화식을 어린이집, 유치원, 학교에 있는 아이들에게도 공급할 수 있습니다. 최근 저출산 시대에 돌입하면서 아이들의 절대적인 수치가 줄어들고 있는 이 시점에서 유치원 사업이 요양원 사업으로 변하는 경우를 생각해본다면, 연화식 사업의 잠재성은 매우 크다고 볼 수 있습니다.

이렇듯 단기적인 유행, 더 나아가 장기적인 추세를 파악하기 위해 현장을 찾아야 합니다. 현장에 답이 있습니다. 현장에서 발생하는 또는 내포되어 있는 과제들의 해결책이 궁극적으로는 추세로 연결됩니다.

# 유튜브 쇼핑

**이준호**

– ㈜ 그레이스케일 대표

고령층에게 유튜브는 굉장히 익숙한 채널로 자리 잡고 있습니다. 몇몇 유튜버는 고령층 구독자가 1백만 명이 넘는 채널들도 있고, 이들은 고령층의 인플루언서로서 영향력이 커졌습니다. 2024년은 이들이 쇼핑을 연동해 유튜브 쇼핑이 새롭게 도입되는 원년이 되지 않을까 싶습니다.

유튜브 쇼핑이란 유튜브 채널과 쇼핑몰을 연동해 상품을 소개하고 매출을 발생시키는 것입니다. 유튜브 쇼핑에 대해서 2가지 관점으로 보고자 합니다.

• 유튜브 운영자 입장 : 유튜버 특히, 시니어 유튜버 중에서 구독자는 늘어나나 수익을 얻기 어려운 분들이 많습니다. 이런 유튜버의 입장에서는 직접 쇼핑몰을 운영하지 않더라도 자신이 운영하는 유튜브 채널과 관련 쇼핑몰을 연계해 매출을 발생시킬 수 있게 되어 채널을 운영하려는 시도가 더 증가할 것으로 보입니다.

• 유튜브 시청자 입장 : 고령층에게는 온라인 쇼핑몰이 아직은 익숙하지 않습니다. 하지만 그들이 많이보는 유튜브 채널에서 상품을 소개하고 쇼핑몰로 연결이 된다면 유튜브 채널을 통해 구매하는 인원이 증가할 것입니다.

요즘 트로트 방송 프로그램을 비롯한 트로트 가수들의 열풍이 불고 있습니다. 트로트가 음원차트의 높은 순위를 차지하고, 팬클럽의 연령이 높고 활동도 왕성히 이뤄지고 있습니다. 이와 같이 고령층이 유튜브 쇼핑이 활성화된다면 좋아하는 유튜버의 상품을 구매하게 되면서 온라인 쇼핑에 점차 익숙해지게 될 것입니다.

# 유튜브 콘텐츠 커머스

**최학희**

— 시니어라이프비즈니스 대표, 시니어라이프 대표이사, 실버산업전문가포럼 사무총장

최근 유튜브에서 새로운 비즈니스 모델로 유튜브 쇼핑이라는 새로운 서비스를 런칭했습니다. 유튜브 쇼핑이란 유튜브 인플루언서의 영향력을 기반으로 소비자가 쇼핑하도록 유도하는 모델로, 유튜브 영상 속에서 쇼핑몰로 유도하는 방식입니다. 라이브 커머스는 주로 인플루언서의 인스타그램 등을 통해 이뤄지는데, 중요한 점은 진정성을 확보한 채널에서 시간을 얼마나 보게 했는가와 콘텐츠의 깊이를 얼마나 깊게 하는가입니다. 유튜버라면 자신의 쇼핑몰을 만들 필요 없이 네트워크 협업으로 가능할 것입니다. 세밀한 구매층 타겟 선정에서 MD 제휴 능력이 굉장한 플러스 요인이 될 수 있습니다.

유튜브 콘텐츠 커머스에서 성공하기 위해서는 몇 가지 중요한 점을 생각해봐야겠지만, MD 선정과 운영 방향에 대해서 생각해볼 4가지 관점이 있습니다. 첫째, 시니어의 시간 · 공간 · 동선입니다. 시니어가 침대에 누워있거나 개인이동형장치를 사용한다면 그런 부분을 생각한 서비스가 이루어져야 합니다. 둘째, 라이프 스타일 키워드입니다. 시니어의 변화와 삶에 맞춘 상품구성이 이루어져야 합니다. 셋째, 비즈니스 트렌드 키워드입니다. 현재가 아닌 앞으로의 변화에 발맞춘 선택이 이루어져야 합니다. 넷째, 시니어 레거시(품격 있는 노년)의 요소들에 맞춘 하나의 대안을 제시할 수 있어야 합니다. 이 네 가지의 기준에 맞춰서 다른 제품들과 차별적인지, 가격 경쟁력이 있는지, 필수적 상품인지, 구매 빈도에 따라 구성과 운영 방향을 정해야 합니다.

몇몇 관련 산업의 대표들과 사업방향을 이야기 나누어 보니, 긍정적인 이야기와 제휴를 통한 시너지를 만들 수 있다는 결론이 나왔습니다. 또한 고령층용품과 서비스만 전문적으로 판매하는 곳이 있으면 좋겠다는 의견도 나왔습니다. 중요한 것은 고객에게 어떻게 구매경험을 줄 것인지, 어떤 방식으로 노출하고 가격은 얼마나 투명한 것인지입니다. 지불능력과 정확한 필요한 사람에게 더 나은 제품과 서비스를 연결할 수 있습니다.

시니어에게 유튜브 콘텐츠 커머스가 중요한 이유는 더 나은 시니어 삶을 위한 지원체계로써 사용할 수 있고 신뢰를 기반으로 하여 추천 구매가 가능하며, 더 나아가 품격 있는 비즈니스 생태계를 구현할 수 있기 때문입니다.

# 라이브 커머스와 비디오 커머스

**권순길**

– (전) GS홈쇼핑. 홈앤쇼핑 프로듀서. 라이브커머스 앱 "shaptv" 개발(2010년). 현재 라이브 커머스, 비디오 커머스 스타트업 "몰라이브" 대표

쇼핑의 경험이 점점 다양화, 개인화 되고 상품의 다양성이 심화되는 추세에서 깊이 있는 상품의 정보제공과 쇼핑경험을 위해 커머스 컨텐츠의 중요도가 올라가고 있습니다. 동영상이 더욱 소비자에게 친숙해지며 쇼핑을 위한 주요 매체 및 수단으로 라이브 커머스와 비디오 커머스는 더욱 확대되고, 발전할 것으로 예상합니다.

다음에서 라이브 커머스의 필요성을 보도록 하겠습니다.

- 새로운 판매 채널 개발 : 라이브 커머스는 판매자에게 새로운 디지털 판매 채널을 제공합니다. 이는 기존의 온라인 쇼핑 경험을 보완하고 확장시키는 역할을 합니다.
- 소비자 경험 향상 : 라이브 커머스는 상품에 대한 실시간 정보를 제공하므로 소비자의 구매 결정을 돕습니다. 또한 라이브 스트리밍을 통해 자세히 상품을 보고 판매자와 소통할 수 있어 상호작용성을 강화시킵니다.
- 온라인 커머스의 인간적인 요소 강화 : 라이브 커머스는 디지털 커머스에 인간적인 요소를 추가하며, 판매자와 구매자 사이의 관계를 강화시킵니다.
- 소셜 미디어 통합 : 많은 라이브 커머스 플랫폼은 소셜 미디어와 연동되어 있으며, 이를 통해 제품을 소개하고 홍보하는 것이 용이합니다.
- 마케팅 전략의 확장 : 기업들은 라이브 커머스를 활용하여 제품을 더욱 효과적으로 마케팅하고 브랜드 인식을 증가시킬 수 있습니다.
- 글로벌 시장 접근성 : 라이브 커머스는 지리적 제약을 극복하며 글로벌 시장에 진입하는 데 도움을 줍니다.

- 데이터 수집과 분석 : 라이브 커머스는 풍부한 데이터를 생성하며, 이를 통해 고객의 구매 습관 및 관심사를 파악하고 마케팅 전략을 개선할 수 있습니다.
- 경쟁력 강화 : 라이브 커머스를 활용하는 기업은 시장에서 경쟁력을 확보하고 고객들에게 혁신적인 경험을 제공함으로써 기존에는 없었던 새로운 판매 기회를 창출할 수 있습니다.

쇼핑은 은근히 많은 시간이 소요되는 활동으로 알게 모르게 사람의 생각에 많은 영향을 주고 있습니다. 다음에서 라이브 커머스가 미치는 영향을 알아보도록 하겠습니다.

- 컨텐츠 품질과 다양성 : 라이브 커머스에서 성공하려면 품질 높은 콘텐츠가 필수적입니다. 더 다양한 콘텐츠 형식, 예를 들어 튜토리얼, 언박싱, 제품 시연 및 엔터테인먼트가 제공될 것으로 예상합니다.
- 소셜 미디어와 통합 : 라이브 커머스는 주로 소셜 미디어 플랫폼에서 활발하게 이루어집니다. 소셜 미디어와의 통합이 더 강화될 것으로 예상되며, 소비자는 편리한 구매 경험을 찾기 위해 플랫폼을 이탈하지 않고도 라이브 커머스를 즐길 수 있을 것입니다.
- AI 및 머신러닝 활용 : 개인화된 제안 및 쇼핑 경험을 제공하기 위해 인공지능 및 머신러닝 기술이 적용될 것입니다. 이는 고객의 관심사에 따라 상품을 추천하고 상호작용을 개선하는 데 도움이 될 것입니다.
- 글로벌 확장 : 라이브 커머스는 국가 간 경계를 넘어 글로벌 시장으로 확장할 것으로 예상합니다. 이는 다양한 문화와 언어로 다양한 고객을 대상으로 하는 기회를 제공할 것입니다.
- 빅데이터 분석 : 구매 데이터 및 사용자 행동을 분석하여 경영자들에게 유용한 정보를 제공할 것이고, 이를 통해 비즈니스 전략을 조정하고 최적화할 수 있을 것입니다.
- 실시간 상호작용 : 고객은 라이브 커머스 중에 질문을 하고 응답을 받을 수 있는 실시간 상호작용을 중요시합니다. 이는 고객들이 더 신뢰하고 구매 결정을 내리기 쉽게 만듭니다.
- 가상 및 확장 현실 : 가상 및 확장 현실 기술은 제품을 체험하고 시연할 수 있는 기회를 제공함으로써 라이브 커머스를 보다 혁신적으로 만들 수 있을 것입니다.

# 평생 커리어 설계

**이기호**

— 한국시니어랩 대표

대한민국의 평균 퇴직나이는 49.3세로 퇴직 연령이 점차 낮아지고 있고, 퇴직 이후의 삶을 위해 새로운 직장을 찾거나 직업을 찾는 사람들이 많습니다. 이들에게 필요한 것이 평생 커리어 설계사업입니다. 능력향상을 위한 교육이 필요하고, 취·창업 등 국가의 정책과 방향에 맞춰 지원되어야 합니다. 앞으로의 이 문제는 증가하는 고령층의 인구에 따라 시급한 과제가 될 것입니다. 현재 정부와 지방자치단체에서 서비스를 광범위하게 지원하고 있으며, 많은 민간기관과 전문가들의 참여도 이어질 것으로 예상합니다.

평생 커리어 설계는 초고령화 사회의 대한민국의 중장년층과 고령층에게 원하는 은퇴시기에 경제활동을 마칠 수 있게 할 수 있습니다. 또한 이는 이들의 노년을 행복하고 여유 있는 생활을 즐길 수 있도록 하는 기반이 될 것입니다.

최근 고용노동부에서는 중장년, 시니어분들의 재취업과 창업(귀농귀촌, 사회공헌 포함)을 지원하는 (신)중장년 새출발 커리어 카운슬링 사업을 시범적으로 하고 있습니다. 이는 퇴직 후에도 건강하게 경제활동에 참여하고, 생활하는 것을 지원하기 위한 국책사업입니다.

민간기관으로는 50+재단이나 인지니어스, 이음길, 스카우트와 같은 전직지원 전문기관에서 연평균 10만 명 이상을 대상으로 평생 커리어 설계 서비스를 제공하고 있습니다.

# 자기돌봄(건강관리와 돌봄)과 노인돌봄일자리 확대

**윤서희**

– 웰다잉통합예술교육협회 대표. 한국폴리텍대학교 강서캠퍼스 시니어헬스케어과정 강의. 사전의료의향서 실천모임 교육 기획자문 및 상담사, 웰다잉강사, 구술작가 등

건강관리는 주로 전문적인 의료 서비스를 통해 개개인의 신체 건강을 관리하는 것에 중점을 둡니다. 반면에 돌봄은 기능상 제한된 사람들에게 일상생활에서 필요한 지원과 관심을 제공해 그들의 삶의 질과 복지를 향상시키려는 종합적인 접근 방법입니다. 자기돌봄이란 이 둘을 종합해 스스로 자신의 건강을 관리하고, 일상생활을 돌본다는 것입니다.

고령인구 확대와 기대수명 연장에 따라 유병장수(有病長壽) 시대가 되었고, 이로 인해 사회적 의료비용 또한 기하급수적으로 늘어나고 있습니다. 2020년 기준, 질병 및 유병 기간을 제외한 '건강수명'은 66.3년에 그쳤습니다. 기대수명 83.5년 가운데 17.2년은 병으로 고생할 수 있다는 뜻으로, 평균 수명 증가에 따라 유병장수 시대가 가속화되고 있습니다. 노인 2명 중 1명은 3개 이상의 만성질환을 가지고 살아가는 시대에, 우리는 지역사회에서 오래 건강하기를 기원하며 타인에게 돌봄을 의존하는 시기가 늦춰지거나 없기를 바라며 살고 있습니다. 그러기 위해서는 개인은 신체적, 정신적 건강유지와 개선, 주변환경을 스스로 관리하는 것이 자신이 할 수 있는 최우선과제가 될 것입니다.

현재, 노인복지관, 지역보건소 등에서는 자기돌봄을 위해 여러 가지 구체적이고 실천적인 노력을 기울이고 있습니다. 본인이 소속한 사전의료의향서 실천모임에서도 고령층의 자기돌봄을 위한 프로그램을 자체적으로 개발하고, 지역사회복지관과 협력해 고령층 스스로 자기돌

봄을 할 수 있도록 교육하고 있습니다. 자기돌봄은 돌봄 의존기를 늦출 수 있는 최선의 방법으로 지역사회에서 고령층이 좀 더 오래 활동성을 갖고 거주할 수 있도록 도울 수 있는 방법입니다.

노인돌봄일자리는 노인들에게 돌봄과 지원을 제공하는 일자리를 말합니다. 이는 노인들이 일상생활에서 필요한 도움과 관심을 받을 수 있도록 돕는 의료, 가정돌봄, 사회활동, 거주시설 등을 포함한 삶의 질과 복지를 향상시키는 관련 일자리입니다.

인구고령화와 가족구조변화로 돌봄인력부족과 돌봄공백이 발생합니다. 또한 고령화 문제와 함께 대두되는 여러 문제 중에 늘어나는 중장년 퇴직자 문제가 있습니다. 중장년 퇴직자는 퇴직 이후 자신의 학력과 경력을 살린 일자리로 돌아가는 것 또한 매우 어려운 실정입니다. 이들의 일자리로 노인돌봄일자리는 부족한 돌봄 서비스를 보완하는 역할을 할 것입니다.

2022 국내외 직업 비교 분석을 통한 신직업 연구(보건복지 분야를 중심으로)에 참여하여 사전연명의료의향서 상담사를 새로운 직업으로 소개한 적이 있습니다. 또한, 현재 중장년층에서 돌봄일자리 교육을 진행하고 있습니다. 노인돌봄일자리는 자신의 경험과 지식을 나눔으로써 사회적 연결성과 정서적 안정감을 향상시킬 수 있습니다. 또한, 여전히 경제활동에 대한 욕구를 갖고 있는 중장년과 노인에게 일자리를 통해 경제활동에 참여해 소득을 얻거나 자신의 역량과 기여를 발휘할 수 있는 기회를 얻게 됩니다. 노인돌봄일자리는 고령화 사회에서 개개인 및 사회 전반에 긍정적 영향을 주며, 그들의 복지와 자립성 유지를 위해 필수적입니다.

# 베이비붐 세대 일 코디네이터

**최학희**

– 시니어라이프비즈니스 대표, 시니어라이프 대표이사, 실버산업전문가포럼 사무총장

일 코디네이터는 베이비붐 세대 중 5060세대를 대상으로 개인 맞춤형 일자리 설계 및 진로 가이드를 통해 제2의 주된 일자리를 찾아 주는 사람입니다. 주된 일자리에서 퇴직한 50대 초중반만 하더라도, 재취업이나 창업을 통한 근로소득을 이전처럼 벌기가 어렵습니다. 현실에서는 '나이'가 주는 한계로 젊은 세대에 비해 경쟁력이 떨어진다고 낙인찍히고, 임금도 최저시급에 맞춰진 일자리로 형성되기 쉽습니다. 아직 자녀 사교육비 지원이나 부모님 돌봄 부담이 존재하는 50대는 근로시간이 긴 일자리를 찾고 싶습니다. 현장에서 만난 50대는 '나이가 주는 한계'에 절망감을 호소했고, 60세가 되면 그나마 주어졌던 기회의 문도 사라집니다. 동네 떡볶이 가게에서도 만 60세 이하를 구하는 척박한 현실입니다. 이전에 화려한 경력을 갖추고 있더라고 희망하는 일자리에 취직하는 운은 희박합니다. 최근 더 힘들어진 취업 현장에 노인 일자리까지 탐색하는 베이비붐 세대가 등장했습니다. 어느 정도 자녀부양과 부모님 돌봄 부담이 적은 60대를 중심으로 적정한 일자리를 찾는 경향이 늘고 있는데, 이는 노인 일자리가 탄력적인 구성이 가능하기 때문입니다. 또한 하루 3~5시간씩 주 3회가량의 일자리 형태도 존재하기에, 상대적으로 현금흐름에 대한 부담이 적거나 나이 들어 자녀들의 눈총을 피해 일자리를 찾는 경우도 발생합니다. 무엇보다 이전보다 10~20년은 젊어진 모습 때문에 더욱 일자리에 관한 관심은 여전히 존재합니다.

베이비붐 세대 중 70대인 경우는 소일거리를 찾거나 삶의 의미를 찾기 위한 일자리 탐색도 존재하고, 70세를 넘어서도 50대처럼 왕성하게 현장에서 일자리에 임하는 고령자도 급증하

고 있습니다. 반면 화려한 인생 1막을 보내다가 상대적으로 늘어난 시간을 선용하기 위해 일자리를 적극적으로 탐색하는 고령자도 늘고 있습니다. 일하는 70대는 자신의 건강함과 노인 일자리를 통해 일하는 즐거움과 어울리는 즐거움, 나아가 소액이라도 수입이 발생해 이를 손자녀 선물 등에 활용하는 즐거움을 만끽합니다.

무엇보다 노인은 일하고 싶어 합니다. 은퇴 전에는 무조건 쉬는 것을 선호한다고 생각했으나, 하루를 여가로만 채우는 것도 쉽지 않고, 일하는 즐거움은 노후의 삶에 있어 중요한 가치로 되새김 되고 있습니다. 일자리의 형태도 민간형 일자리에는 시장형 사업단, 취업 알선형, 시니어 인턴십, 고령자 친화 기업 등 다양해지고 있습니다.

현장에서 만난 A씨는 50대 중반으로 50세가 되면서 기업 현장에서 밀려났습니다. 자영업부터 여러 일자리를 찾아 나섰지만, 아직 고등학생인 자녀 학비를 마련하는 것은 큰 부담입니다. 최근에는 나이가 50세 중반이라는 이유로 원하는 일을 찾기가 어려워졌습니다. 벌써 구직활동만 한 지도 1년이 되어가고, 그동안 모아 둔 돈도 바닥이 나기 시작했습니다. 막막함에 새로운 가능성을 찾아보지만, 어디서도 최저시급을 넘어서는 일자리 기회는 막혀있는 것 같아 막막하다고 호소했습니다.

B씨는 주된 일자리에서 화려한 임원 생활로 마무리했습니다. 정년을 꽉 채우고서도 몇 년 더 일할 기회가 주어졌고, 대기업의 고위급 임원 경력이기에 현금흐름도 탄탄합니다. 자녀들이나 손자녀도 잘 자라 걱정이 없고, 몸 관리도 잘 되어 있어 모든 것이 편안해 보입니다. 그런데 이런 B씨도 새로운 고민이 생겼습니다. 더 이상 하루하루를 여가 등으로 보내는 일이 만만치 않기 때문이다. 봉사활동을 찾아 활동도 해 보고, 교육도 받아봤지만, 여전히 빈 시간과 건강한 몸을 생각할 때 무언가 더 가치 있는 일자리를 찾아 나서고 싶습니다. 70대인데도 노인 일자리로 활력을 찾는 친구의 조언을 받아, 진지한 탐색을 시도 중입니다.

C씨는 평생 전업주부로 지냈습니다. 전문직인 남편 덕분에 여유로운 삶을 누렸고, 다양한 취미와 사교활동도 가능했습니다. 그런데 노년기에 남편의 투자 실패로 강남의 집을 정리하고 이전보다 절약하며 살기로 했지만, 70대인데도 여전히 젊고 활동적입니다. 어느 날 손자

녀가 "왜 아무 일도 안 하세요?"라며 무심코 던진 말에 고민이 시작되었습니다. 자녀들이 주는 용돈으로 여가생활을 누린 것이 눈치가 보였습니다. 그래서 월 30만 원가량의 노인 일자리에 관한 관심이 생겼습니다. 크지 않은 돈이지만, "할머니도 일해요."라고 당당하게 말하고 싶습니다. 또 인테리어나 예술적 감각은 뛰어난 편입니다. 주변의 70대에도 소소한 취미로 일거리나 평생 현역의 일을 찾는 모습을 보고 듣습니다. 그녀는 '무엇보다 일하는 즐거움과 나의 가치를 느끼고 싶다.'고 나이가 들어 속마음을 이야기했습니다.

베이비붐 세대의 일자리 관심은 정부뿐 아니라 시장에서도 점차 새로운 시도로 나타날 것입니다. 고령 선진국인 일본에서 이미 오래전부터 노인 세대가 서비스업에서 종사하는 모습을 볼 수 있었습니다. 더 젊어진 노인 세대는 김태유 교수가 '은퇴가 없는 나라'에서 말한 거시적 차원 청장년의 특장점을 고려한 노인 세대의 강점을 활용할 필요가 있습니다. 특히 노인 돌봄과 손자녀 돌봄의 커진 수요는 5060세대에서 '요양보호사' 자격증을 따려는 열풍으로 반영되고 있습니다. 꼭 자격증을 활용한다기보다, 부모님 돌봄에서 활용하려는 의지도 반영되고 있고, 상대적으로 체력적 조건이 좋은 남성 요양보호사의 경우 점차 활동 종사자의 수가 늘고 있습니다.

이러한 늘어난 관심은 크게 3가지 방향에서 고도화될 전망입니다. 먼저 베이비붐 세대의 재취업에 관심을 가진 젊은 헤드헌터의 접목이 기대됩니다. 또한 고등학교 3학년의 취업 담당 선생님의 전문적인 진로지도처럼, 제2의 주된 일자리를 찾으려는 베이비붐 세대에게도 지도가 절실합니다. 현재는 최저시급으로 굳어진 근로환경이지만, 인생 2막 이후는 인생 로드맵을 그리듯 정밀한 지도가 필요합니다. 셋째, IT 기업의 최근 구인 활동이 전문기술을 가르치는 학원 중심의 포트폴리오 만드는 경험에 집중하는 모습에 주목할 필요가 있습니다. 단순한 일자리 연계가 아닌, 인턴십과 같은 정밀한 수준의 마치 포트폴리오 구성까지 지원하는 연결이 이뤄질 전망입니다. 물론 신체적인 제한으로 여러 어려움이 예상되지만, 베이비붐 세대 개개인의 '건강, 현금흐름, 시간' 등의 여력을 반영한 맞춤형 시도는 새로운 기회로 열릴 것입니다. 큰 틀에서는 사회 서비스형처럼 고령 친화적 일자리가 중심이 되겠지만, 정밀한 '인생

로드맵에 기초한 일자리 역량 교육과 헤드헌팅 수준의 맞춤형 지도'가 정책적 지원과 맞물릴 가능성이 커지고 있습니다. '노년의 삶'에서도 여전히 '일자리나 일거리'는 생각보다 중요한 자리를 차지합니다. 그 일의 방향이 생계 수단을 넘어서는 자아실현의 중요한 수단으로 자리를 잡길 기대합니다.

# 글로벌 트렌드

# 4-1
# 2024 시니어
# 글로벌 트렌드 방향

　전체적인 시각에서 시니어 글로벌 트렌드를 파악하려면 어떻게 하는 것이 좋을까? 오랜 연구 결과가 쌓여있는 고령화 관련 기관이나 단체의 인사이트를 참고하는 방법이 있다. 우선 명망 있는 기관으로 가장 많은 회원 수를 보유한 '미국은퇴자협회(AARP ; American Association of Retired Persons)'[148]를 꼽을 수 있다. 미국은퇴자협회는 미국의 비영리 단체로 주로 50세 이상의 성인들을 대상으로 하는 조직이며, '주택, 건강, 금융, 고용, 노후 생활 및 관련된 다양한 주제에 관한 정보, 리소스, 혜택 및 서비스'를 제공한다. 주로 '사회적 참여, 건강과 웰빙, 금융과 경제 안정, 고용, 교육 및 정보' 등에 관한 정보와 리소스를 다양하게 제공하고 있다. 미국은퇴자협회에서 최근 눈에 띄게 볼 수 있는 분야로 '에이지테크(AgeTech)'를 꼽을 수 있다. 에이지테크는 전 세계 고령화 인구의 요구를 충족시키기 위해 설계된 기술 솔루션의 범주다. 고령화에 따른 제반 '제품, 서비스, 경험'을 포함한다. 주로 언급되는 키워드는 '헬스 테크(Health Tech), 핀테크(Fin Tech), 이동성(Mobility), 인공지능(Artificial Intelligence), 가상/증강현실(Artificial/Augmented Reality), 디지털 헬스(Digital

---

148)  https://www.aarp.org/

Health), 게임(Gaming), 교육(Education), 소통(Communication), 스마트홈(Smart Home)과 사물인터넷(Internet of Things ; IoT), 로보틱스(Robotics)' 등이다.

미국은퇴자협회와 함께 포괄적인 단체를 꼽으라면 미국노년학회(ASA ; American Society on Aging)[149]을 들 수 있다. 미국노년학회는 '노화를 개선하기 위해 노력하는 모든 사람을 단결시키고 힘을 실어주며 옹호한다.'라는 미션을 가진다. 홈페이지에 5가지 전략적 우선순위[150]를 밝히고 있다. 주요 전략 키워드로 '연령(차별)주의와 문화(Ageism & Culture), 경제적인 안정성(Economic Security), 혁신과 사회적 영향(Innovation & Social Impact), 건강과 웰빙(Health & Well-being), 평등과 정의(Equity & Justice)'이다. 1954년부터 이어진 미국노년학회 활동 중에 가장 대표적인 것은 전시회다. 'On Aging 2024'에서는 크게 '시대 기술, 건강 및 웰빙, 노령화의 형평성, 소비자 제품 및 기타 서비스'로 영역을 구분해 전시할 예정이다.[151] 2024년 미국노년학회의 핵심 키워드를 조금 더 구체적으로 보면 '고령 친화적(Age-friendly), 세대 간·연령 포괄적(Intergenerational·Age-inclusive), 지역에서의 노화(Aging In Community), 완화치료(Palliative Care, 심각한 질병의 통증 및 기타 증상을 완화하는 데 초점을 맞춘 전문 의료), 돌봄 및 돌봄 제공자(Caregiving & Supporting Caregivers), 경제적인 안정성(Economic Security), 고령자 사기(Fraud), 고령 친화 기술 혁신(Age-tech innovations), 평생학습과 영성(Lifelong Learning, Spirituality), 외로움 사회적 고립과 유대감(Loneliness, Social Isolation & Connectedness), 정신 및 행동 건강(Mental & Behavioral Health), 기후 변화 영향과 두뇌 건강(Climate change impacts, Brain health), 원격의료와 임종 및 완화치료(Telehealth, End-of-life & palliative care)' 등이 필자의 눈에 들어오는 키워드다.

---

149) https://www.asaging.org/

150) https://asaging.org/about-asa · strategic-plan

151) https://site.pheedloop.com/event/OnAging2024/exhibit

이를 미국에서 노년학(Gerontology)를 배우고 시니어비즈니스 현장에서 오랜 시간을 보내고 있는 조한종 서울시 50플러스 강서센터장의 조언을 곁들여 다시 '건강-현금흐름-시간'으로 구조화하여 요약하면 다음과 같다.

| 구 분 | 키워드 | 주요 내용 |
|---|---|---|
| 건 강 | 환경 노년학<br>(Environmental Gerontology) | 어디서 누구와 어떻게 노년기를 안전하고 편리한 환경에서 살아갈 것인가? |
| | 기술 노년학<br>(GeronTechnology) | 기술의 진화가 노년기의 삶을 얼마나 풍요롭게 할 것인가? |
| 현금 흐름 | 금융 노년학<br>(Financial Gerontology) | 어떻게 재무적 준비와 비재무적 준비의 조화와 균형을 이룰 것인가? |
| | 조부모 경제<br>(The Grandparent Economy) | '가족 통합, 세대 소통과 공감'을 위한 적극 소비와 유산(Legacy)을 남기기 위해 무엇을 할 것인가? |
| 시 간 | 창의적인 노년기<br>(Creative Aging) | 내 인생 최초로 나이 듦을 경험하며 문화 예술 분야에서 어떻게 취미·여가 활동과 사회공헌활동을 통한 자아실현을 할 것인가? |
| | 제3의 아지트<br>(Cafe + Concept) | 가정, 직장에 이은 제3의 아지트이자 플랫폼에서 평생 동무들과 시간 소비 콘텐츠를 어떻게 만들 것인가? |
| | 여행+학습+커뮤니티<br>(Travel+Study Model) | 새로운 벗들과 '여행과 학습을 통한 커뮤니티 구축, 활동 확대, 영성 추구'를 어떻게 실현하고 있나? |

아마도 이 정도의 트렌드 키워드를 살펴보면 종합적인 관점에서의 중요한 키워드를 놓치지는 않을듯싶다. 제시된 키워드 중에서 '라이프 스타일과 비즈니스 트렌드'에서 충분히 소개되지 않은 사례를 중심으로 전체적인 글로벌 트렌드를 살펴보자.

# 환경 노년학

**어디서, 누구와, 어떻게 노년기를 안전하고 편리한 환경에서 살아갈 것인가?**

### 사례 1 살아온 집에서 노후 보내기(AIP ; Aging In Place)

글로벌 주거 트렌드를 보면, 민간 자본의 유입으로 요양을 포함한 신기술 기반 제휴 서비스가 시도되는 특징을 보인다. 일본의 솜포케어[152]는 서비스 수준별로 브랜드의 요양시설을 제공한다. 또한 새로운 기술을 도입해 '안면인식 소형 로봇, 움직임 및 수면 센서' 등을 적용한 유료 노인 홈을 운영한다. 개호 서비스를 넘어선 생생하고 활력있는 일상을 지원하기 위해 '이키 가이드'라는 전임 컨시어지 제도를 도입했다. 이키 가이드는 매일 일상의 어려움은 맞춤형으로 대응하여 '건강, 식사, 즐거움, 시청, 연결' 등을 제공한다.[153]

또한 고령자의 살던 곳(Aging In Place)인 지역 특색을 반영한 '지역사회 돌봄, 주거 고급화, 대학 연계, 공동체 활동' 등이 다양하게 이뤄지고 있다. 미국 'PDX Commons'[154]는 시니어 협동 주거 형태로 '자연 은퇴공동체(NORC ; Natually Occuring Retirement Communities)' 모델이다. 오랜 시간에 걸쳐 자연스럽게 고령자 비율이 높아진 지역에 생활지원과 케어 서비스를 제공해, 그곳에서 더 오래 살 수 있도록 돕는다. 특이한 점은 입주민이 되면 최소 한 달에 한 번은 함께 저녁 식사를 한다는 점이다. 노인주거시설을 커뮤니티 중심으로 보고, 이들이 지역사회에서 참여하고 생산 활동할 수 있도록 지속 가능한 삶을 지원하는 목적을 지닌다. 미국

---

152) https://corporate.sompocare.com/company/outline/

153) https://careyell.com/

154) https://pdxcommons.com/

오크해먹(Oak Hammock)[155]은 도심 근교 전원에 자리 잡은 '대학 연계형(UBRC ; University Based Retirement Community)' 모델이다. 입주한 고령자에게 주거시설의 관리 및 보안 서비스를 제공하고, 별도의 식당을 통해 식사를 준다. 또한 건강한 노후 생활을 위한 대학과 연계한 다양한 교육 프로그램을 갖추고 있다. 일본 '시바우라 아일랜드'[156]는 세대 결합형으로 시니어와 젊은 세대가 거주하며, 세대 간 상호작용으로 고령층의 고독사와 사회적 고립 문제 등을 해결하고자 한다. 노인복지시설과 어린이집을 함께 운영하는 특징을 보인다. 일본 '긴모 쿠세이 우라야스'는 지역주민과 교류하며 노후를 보낼 수 있는 서비스형 고령자 주택이다. 24시간 상주 직원이 있고, 간호인력이 목욕 및 대사 등 간호 서비스를 제공한다. 식사 서비스를 선택할 수도 있고, 실내외 환경도 아늑하고 편안한 주거 공간의 느낌이 들도록 꾸몄다. 또한 입주자의 자유로운 생활이 가능하도록 제한 규정을 별도로 두지 않고 있다. 특히 눈에 띄는 부분은 입주자 중 치매 환자가 많지만, 현관을 잠가두지 않는다는 점이다. 치매 환자의 자유를 제한하지 않는데, 혼자 외출하고자 할 때는 연락처를 적은 작은 메모를 몸에 지니게 해 곤란한 일을 예방한다. 당사자와 가족의 의향을 반드시 확인하고, 건물 입구의 과자가게는 지역 교류를 돕는 역할을 한다. 이곳의 돌봄 원칙은 '자립 지원'[157]이다. 자신의 역할을 통해 보람을 느끼도록 돕는다. 아이를 좋아하면 과자가게를 봐주고, 정원 가꾸기를 원하면 화단 잡초 관리를, 식사 준비를 돕고 싶으면 돕도록 한다.

### 사례 2  Eden 요양원

누구나 살던 곳에서 삶을 마무리하고 싶지만, 언젠가는 이웃의 돌봄이 필요한 시기를 겪게 된다. 점차 1인 가구가 증가하는 현실 속에서 요양시설로 옮기는 것은 피하기가 어려운 선택지일 것이다. 점차 요양시설의 철학이나 운영이 고도화되면서, 외로움을 피하며 간호 서비스

---

155)  https://www.oakhammock.org/

156)  https://www.krihs.re.kr/galleryPdfView.es?bid=0025&list_no=29798&seq=1

157)  https://hotelrestaurant.co.kr/mobile/article.html?no=9311

를 제공받을 수 있는 선택지로 발전하고 있다. 국내에서 유닛 케어(Unit Care, 소규모 생활 케어 방식)의 선도자 역할을 한 김영희 헤리티지 요양원장은 '고독을 피해 돌봄 종사자와 소통할 수 있는 따스한 공간으로 변하고 있는 요양 현장'을 소개한다. 그는 요양시설의 선택지로서 '전문 간호인력의 보유와 고품질 식사 서비스'를 추천한다. 무엇보다 운영자의 철학은 공통으로 적용되는 휴먼서비스 영역의 기본임도 밝힌다.

미국에서는 '장기 요양을 위한 대안 모델에 관한 연구'를 통해 미래 모습을 제안하고 있다. 대표적으로 빌 토마스(Bill Thomas) 박사가 제시한 '에덴 대안 모델(Eden Alternative)'[158]이 있다. 요양원에서의 '외로움, 지루함, 무력감'에서 벗어나 삶의 질을 높여줄 7가지 웰빙 영역 [159]을 소개한다.

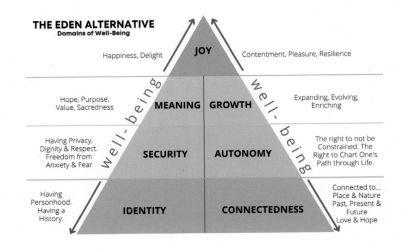

158) https://open.spotify.com/episode/4WVqZTkDnd4j0EyPazt8XT

159) https://experience.care/blog/the-eden-alternative-model-for-long-term-care/

'신원(Identity)'은 서로 알며, 개성이 있고, 역사가 있음을 의미한다. '성장(Growth)'은 삶에서 발전을 경험하거나 사물을 바라보는 방식이 진화함을 뜻한다. '자율성(Autonomy)'은 선택할 수 있는 자유를, '안전(Security)'은 개인의 안전과 사생활 및 존엄성이 보장되는 것을, '연결성(Connectedness)'은 소속감으로 지역사회에 참여함을, '의미(Meaning)'는 삶의 중요성과 희망을 뜻한다. 가장 위에는 '기쁨(Joy)'이 있고, 행복과 만족감을 나타낸다. 토마스 박사는 이미 2000년대 초에 그린하우스(Green House) 프로젝트[160]를 제안했다. 그린하우스는 '인테리어 디자인, 조직 구조, 직원 배치 및 전문 서비스' 등에서 기존과 다르다. 크게는 '따뜻한 집과 같은 주거 구조, 스마트한 편리한 시설, 녹색의 식물이나 채광과 마당' 등의 당시 색다른 주거환경을 제시했다. 또한 에덴 요양시설은 10가지 운영 원칙을 명시하고 있다. '외로움 무력감 지루함의 제거, 활기찬 커뮤니티, 사귐, 나눔, 의미, 의료적 치료, 주민의 의사결정 참여, 평생 학습, 리더십'이다.

### 사례 3  치매 커뮤니티

외로움에서 벗어나 서로 어울리는 공간으로서의 요양시설은 치매 환자에게도 유사하게 적용한다. 우리나라 노인의 경우 80대 후반으로 넘어가면 40% 이상이 치매 환자다. 국내 요양시설에 입소한 고령자의 약 90%가 인지장애를 겪고 있는 현실은 일반인에게는 다소 생소한 모습일 수 있다. 영국의 치매 친화 지역사회(Dementia-Friendly Communities) 관련 정책은 일찍이 2012년부터 시작했다.[161] 치매 환자라도 이해와 존중을 받고 무언가에 이바지할 커뮤니티를 제공한다는 뜻이 담겼다. 이를 위해서는 지역주민이 치매에 대해 더 많이 알고 공부가 되어 있어야 한다. 치매 당사자뿐 아니라 돌봄 가족을 넘어선, 지역주민 모두가 치매를 잘 알고 있어야 한다. 또한 단지 돌봄의 대상으로 죽음을 기다리는 존재가 아닌, 지역사회 일원으로서 자기 주도적으로 살 수 있도록 돕도록 한다.

---

160)  https://en.wikipedia.org/wiki/Green_House_Project

161)  남궁은하, 영국의 치매 친화 지역사회 정책, 국제사회보장리뷰 2022 가을호

OECD에서도 치매 관리 정책의 10대 핵심 정책[162]을 소개하고 있다. 예방을 통해 치매 발병 위험을 최소화하며, 치매 증상으로 염려되면 신속하게 치매 진단을 받을 것을 권고한다. 치매에 대한 염려가 큰 만큼, '예방을 위한 학습과 조기 진단의 중요성'을 강조한다. 치매 경과에 따라 초기에는 안전하고 수용적인 지역사회 조성이 필요하고, 이를 위한 치매 인식개선 캠페인과 학교에서의 치매 교육 등을 예로 들고 있다. 또한 치매에 걸린 친구나 친척을 돌보는 이들에 대한 지원이 있어야 한다. 특히 독박 돌봄과 같은 피하기 어려운 현실 속에서 치매 환자 당사자뿐 아니라 돌봄 가족에 대한 배려와 지원의 중요성은 더 커지고 있다. 치매 중기에는 '안전하고 적절한 환경에서의 삶 영위, 양질의 안전한 공적 돌봄서비스, 효율적으로 관리하는 보건시설'이 필요하다. 치매 말기에는 원하는 곳에서 품위 있게 임종할 수 있는 치매 환자의 권리 보호가 뒤따라야 한다. 병원 밖에서의 생애 말기 돌봄에 대한 접근을 높이고, 완화의료(Palliative Care)에 대한 재가 돌봄 인력의 지원과 훈련이 필요하다. 특히 호스피스 완화의료에 관한 관심과 지원이 요청되는 대목이다. 호스피스 병동의 부족은 물론 일반 시민의 인식이 높지 않은 점도 함께 생각할 부분이다. 존엄한 삶의 마무리를 위한 환경이 마련되어 있는 호스피스에 대해 시민 인식과 정책적 관심은 초고령 다사 사회 속에서 더 부각할 것이다. 또한 통합연계 체계 및 기술을 통한 돌봄 지원도 10대 목표에 포함되어 있다.

전문가들이 추천하는 치매 관련 책자인 '치매의 거의 모든 기록[163]'도 '치매 환자가 어디서 어떻게 살아야 할지'에 대해 중요한 단서를 제공한다. 치매 당사자이자 의료인인 웬디 미첼(Wendy Mitchel)은 '치매가 있어도 좋은 삶은 가능하다'라고 말한다. 그는 먼저 '치매를 안고 산다'고 표현한다. 그 속에는 '치매 변화를 인식하고, 마치 아이를 돌보듯이, 끝까지 곁에 함께 있기'의 중요성을 표현한다. 또한 치매 환경에 대해서는 '세상과 소통할 수 있는 창문과 벤치(예 공원 의자)'가 중요하다고 말한다. 매일의 일상인 '걷기와 자연'과의 연결 또한 중시한다. 나아가 삶을 '사람들과 어울리며 감사'할 수 있는 여건과 환경을 꿈꾼다. 이 책 속에는 치

162)  한국보건사회연구원, 국가치매관리체계 형평성 제고를 위한 기초연구, 2022

163)  https://product.kyobobook.co.kr/detail/S000061863294

매 마을에 대한 시각도 담고 있다. 치매와 관심 있는 사람이라면 한 번쯤 들어봤을 네덜란드 호그벡(De Hogeweyk) 치매 마을에 대해 온전히 지지하지 않는다. 여전히 치매 환자를 위해 돌봄 인력이 일정 부분 쇼(Show)를 하는 모습이 덜 자연스럽기 때문이리라. 그는 현실적 대안으로 녹색 케어(Green Care)를 소개한다. 치매 환자가 주변의 텃밭에서 자연 속에서 사람들과 어울리며, 무언가 기여하는 모습의 환경을 선호한다. 치매 전문가와의 인터뷰 등을 통해 봐도, 점차 '치매 환자를 여전히 존중받을 사람으로 바라보고, 격리가 아닌 함께 살아가는 사랑하는 이웃과 가족'으로 대함의 중요성을 엿본다. 마치 암 환자에 대해서 차별이 덜한 것처럼 말이다. 우리는 이미 암과 함께 살아가고 있다. 웬디 미첼의 희망처럼 나이가 들어도 치매가 있어도 좋은 삶은 가능하다. 이러한 돌봄의 철학과 정책 그리고 지원을 돕는 시스템의 구현이 시니어 글로벌 트렌드에 선명한 흔적을 남기고 있다. 무엇보다 증가하는 '고령 치매 환자'를 둘러싼 '건강, 현금흐름, 시간' 측면의 대응은 미래 사회에서 더욱 중요해지고 있다.

# 기술 노년학

기술의 진화가 노년기의 삶을 얼마나 풍요롭게 할 것인가?

**사례 1 제론테크(GeronTech)**

기술의 진화를 심도 있게 다루는 국제행사로 국제제론테크놀로지학회(ISG ; International Society for Gerontechnology) 행사를 들 수 있다. 국제제론테크놀로지학회는 1991년부터 2년에 한 번씩 세계대회를 개최하고, 2022년 행사를 국내에서 개최한 바 있다. 추구하는 핵심 가치는 '주거, 이동성, 안전, 의사소통, 활동' 등 삶의 전 영역에서 노년층이 평등하게 자립할 수 있는 삶이다. ISG 2022의 주제는 '기술과 삶: 인공지능 시대 100세 인생'이었다. 박영란 조직위원장은 전 세계적으로 고령인구가 급증하며 고령층 복지 향상을 위해 상품과 서비스를 제공하는 '고령 친화 산업'에 대한 수요 확대와 ESG의 'S(Social, 사회)' 가치인 '더불어 사는 사회'의 일환으로 '고령인구 웰빙'에 관심이 커지고 있음을 강조한다. 고령 친화 기술은 노인을 위한 '돌봄, 안전, 삶의 질 향상' 등을 높이고자 한다. 4차산업혁명 기술을 활용해 노인에게 적합하도록 적용된 기술이다. 이는 '제론테크놀로지(Gerontechnology)' 또는 '제론테크(Grontech)'라는 용어로 쓰인다. 이러한 제론테크는 노년층의 디지털 형평성 증진을 위해 등장한 개념이다. '노인학(Gerontology)'와 '기술(Technology)' 두 단어의 복합화다. 즉, 노년층이 편안하고 안정적인 삶을 영위하도록 그들에게 최적화시킨 기술을 의미한다. 사물인터넷(IoT) 기술을 접목한 '인공지능 돌봄, 원격진료, 위급상황 시 도움 요청 연계' 등이 우선 쉽게 이해할 수 있는 제론테크 사례다. 지난 제13차 ISG의 기조연설 주제는 '포용적 AI, 고령친화 도시, 스마트홈, 건강한 노화 10년 전망, AgeTech의 구축' 등 4가지였다. 국내 기업으로는 '반려로봇 효돌, 네이버 클로바케어콜, 치매 진단하는 맑은내친구' 등 고령자의 건강과 안전,

독립적인 삶과 사회참여를 가능케 하는 제론테크 제품 서비스를 소개했다. 또한 학술프로그램은 크게 '주거와 일상생활, 이동과 교통, 신체와 정신건강, 정보통신, 일과 사회참여, 거버넌스와 사회정책, 이외 분야'로 광범위하게 노년의 삶을 기술이 지원할 수 있는 방향에 대해 다뤘다.

**▍ISG 2022, 제13차 제론테크놀로지 국제학술대회 하이라이트**[164]

| 구 분 | 구두 발표 | 포스터 | 심포지움 | 비 고 |
|---|---|---|---|---|
| 주거와 일상생활 | 15 | 12 | 2 | 30 |
| 이동과 교통 | 1 | 1 | 1 | 3 |
| 신체와 정신건강 | 35 | 27 | 10 | 72 |
| 정보통신 | 21 | 11 | 3 | 35 |
| 일과 사회참여 | 8 | 2 | 0 | 10 |
| 거버넌스와 사회정책 | 3 | 1 | 1 | 5 |
| 이외 분야 | 11 | 14 | 5 | 30 |

164) https://isg2022.org/kor/

　고령자를 위한 해외 의료기기 개발 동향을 살펴보면, 빅데이터를 활용한 의료 기술 개발이 눈에 띈다. 글로벌 빅테크 기업은 의료 파트너십을 통해 노인이 실생활에서 건강하고 안전한 삶을 살도록 기술을 개발한다. 대표적인 예로 구글 알파벳(Google Alphabet)은 건강 데이터를 활용해 신약 개발을 모색하고 있다. 자회사인 칼리코(Calico Life Science)는 노화 방지 약물을 개발하기 위해 협력 연구[165]를 수행하고 있다. 또한 암을 비롯한 노화 관련 질병에 대한 저분자 치료제를 찾는 노력 등 항노화 신약 개발에도 공동연구를 추진하고 있다. 애플(Apple) 또한 건강 앱을 위한 의료 소프트웨어 생태계에 참여하고 있다. 크게 '리서치 키트(ResearchKit), 케어 키트(CareKit), 헬스 키트(HealthKit)[166]'를 갖추고 있다. 3개의 키트를 통해 '데이터 수집, 개개인 건강 이해도 증진을 위한 질환 관리 플랫폼, 상태변화 모니터링에 따른 응급상황 대처'를 지원한다. 또한 노인의 실생활과 밀접한 부분에서 생활의 질을 높이려는 접근도 다양하게 펼쳐지고 있다. 미국 스타트업 기업인 FRENZ[167]는 숙면을 돕는 헤어 밴드를 개발했다. 수면 중 머리에 쓰면 사용자의 뇌파와 머리 눈 움직임 같은 정보를 실시간 추적해 사용자의 수면 질을 파악한다. 골전도 스피커를 통해 숙면을 유도하기 위해 밴드에 15개 이상의 기술을 하나의 작고 세련된 형태로 제공한다. 고령자의 숙면을 통해 뇌 건강을 지켜주는 제론테크의 한 사례다. 또한 눈 건강을 지켜주는 제론테크도 있다. 스위스 RetinAi[168]는 눈 건강 실증 데이터를 수집하고 분석하여 '황반변성(AMD), 당뇨병성 망막병증(DR), 녹내장' 개선에 도움을 주고자 한다.

---

165)　CBINSIGHTS, The Big Tech in Pharma Report, 2023

166)　https://www.apple.com/kr/researchkit/

167)　https://frenzband.com/

168)　https://www.retinai.com/

**돌봄 기술**

　돌봄이 필요한 고령자와 돌봄 인력을 돕기 위한 로봇의 개발 또한 활발하다. 일본 파나소닉[169]은 로봇 케어 침대인 'Resyone Plus(레시오네 플러스)'를 통해 침대 일부를 분리해 휠체어로 사용하는 이동 방식을 소개한다. 간호 직원을 위해서는 '무 리프트 간호'로 허리 통증을 보호하고, 이용자는 활동적인 생활방식을 유도하는 효과와 욕창 방지 및 자세 변화도 기대한다. 미국의 Electronic Care Giver는 인공지능 가상 케어 서비스를 제공한다. '애디슨 케어(Addison Care)'[170]라는 태블릿 단말기를 통해 음성으로 교류하고, 환자의 건강 상태를 측정하고 모니터링하며 데이터를 축적한다. 약 복용이나 각종 검사 스케줄을 관리하고, 음식이나 운동 방법도 추천한다. 또한 문진 및 걸음걸이 분석을 통해 낙상 위험도를 미리 측정하여, 관련 정보를 전문의료인에게 연결하여 건강을 관리해 준다. 미국 리봉고(Livongo)[171]는 원격 모니터링을 통해 '당뇨, 전 당뇨, 고혈압, 정신건강'에 대해 예방 치료 관리 서비스를 제공한다. 이는 '당뇨, 고혈압, 전 당뇨, 체중 관리'가 각각 상관관계가 높은 점에 착안했다. 데이터 수집과 분석을 통해 만성질환 환자의 진료 이후 관리까지 솔루션으로 제공하고자 한다. 나아가 이용자의 라이프스타일에 맞춰 정서적 돌봄을 제공하는 기술이 고도화되고 있다. 미국 라이라(Lyra)[172]는 우울, 불안 등을 파악해 상담 및 치료를 매칭하는 플랫폼이다. 가상 멘탈케어(Mental Care) 서비스를 제공하는데, 인공지능을 활용해 분석 후 진료와 치료 및 관리를 연계해 준다. 특히 명상 애플리케이션 캄(Calm)과 제휴를 통해 '명상, 수면 개선, 마음 챙김' 등의 콘텐츠를 제공한다. 일본 보청기 기업 '올리브 유니언(Olive Union)'[173]은 인공지능을 활용해 사용자 환경에 최적화된 소리를 들려주고자 한다. 사용자 환경에 맞춰 설정값을 자동으로

---

169)　https://holdings.panasonic/global/corporate/about/business-segments

170)　https://electroniccaregiver.com/addison-care/

171)　https://www.livongo.com/

172)　https://www.lyrahealth.com/

173)　https://oliveunion.shop/olivePlan.html

조정하는 기능이 있다. 인공지능 학습을 통해 시간이 지남에 따라 청각 경험을 높여 주길 기대한다. 과거 의사나 청능사(Audiologist)에 의존했던 일을 앱을 통해 지원한다. 특히 69세 이하 자녀 고객을 위한 '부모 사랑 효도 플랜'이라는 구독 서비스도 시도하고 있다.

### 사례 4   이너 뷰티테크(Inner Beauty Tech)

제론테크는 화장이나 미용에도 적용된다. 나이가 들어도 아름다움에 관한 관심은 여전하고, 남성들의 관심도 점차 높아지고 있다. 이러한 관심 증가와 함께 피부 데이터 분석을 통한 '인공지능, 로봇, 증강현실' 등 신기술을 활용한 뷰티테크(Beauty Tech) 역시 발전하고 있다. 프랑스 로레알은 인공지능 기반의 피부 진단기기와 함께 두피 모발 진단 기기 등을 통해 가정에서도 전문가 수준의 진단이 가능하도록 돕는 제품을 개발하고 있다. 향후 '개인화와 자기표현[174]'을 가능하게 하는 뷰티테크를 고도화하고자 한다. 일본 가네보[175] 화장품의 메이크업 브랜드 케이트(KATA)는 인공지능 기술을 활용해 개인 맞춤형 아이섀도 팔레트를 조합해 판매하는 자판기를 운영한다. 장착된 카메라를 통해 개인에게 가장 잘 어울리는 색상을 조합한 아이섀도 팔레트와 화장법을 추천한다. 이러한 서비스는 온라인에서도 가능하며, 실시간 소통도 지원한다.

이러한 뷰티테크를 넘어선, 몸과 마음의 풍요로움에 초점을 맞춘 '이너 뷰티(Inner Beauty)'가 등장하고 있다. 일본 시세이도는 2024년에 '시세이도 뷰티 웰니스(Shiseido Beauty Wellness)'[176]를 시작할 예정이다. 이는 고객의 일상생활에서 '심신의 풍요로움'에 대한 욕구가 커짐에 주목한 조치다. 즉, 소비자는 점차 '피부와 신체와 마음이 연결되어 있고, 피부가 깨끗하기 위해서는 안쪽으로부터 정돈하는 것이 필요하다'라고 생각하고 있다.

---

174)   https://economychosun.com/site/data/html_dir/2023/02/18/2023021800011.html

175)   https://www.kanebo.com/kr/

176)   https://corp.shiseido.com/jp/news/detail.html?n=00000000003689

# 금융 노년학

**어떻게 재무적 준비와 비재무적 준비의 조화와 균형을 이룰 것인가?**

### 사례 1 디지털 보안

코로나19를 겪으며 더욱 가속화된 디지털 환경은 고령자에게 새로운 도전으로 등장하고 있다. OECD도 고령자가 금융에서 소외되는 요인[177]의 하나로 '디지털 역량 미흡'을 꼽고 있다. 이를 돕고자 공공 및 금융기관을 중심으로 디지털 접근성에 대한 다양한 노력이 진행되고 있다. 다만 20대부터 60대까지 전 세대를 대상으로 볼 때, 초기에는 디지털 격차(Digital Divide)나 소외로 인해 어려움이 크게 작용한 부분이 적지 않았다. 아무래도 디지털 원어민 (Digital Native)인 젊은 세대와 비교할 때 어쩔 수 없이 발생하는 격차는 생각보다 컸다. 그럼에도 고령층 세대는 상대적으로 여유로운 시간과 필수적인 생활 속에서 디지털과 익숙해지는 노력을 통해 격차를 줄여가고 있다. 나라마다 디지털 환경 및 수준에 따라 차이를 보이나, 디지털 금융 환경은 점차 자리를 잡아가고 있다.

특히 금융사기를 막기 위한 새로운 보완책이 먼저 등장하고 있는데, '디지털 보안 시스템' 이 대표적이다. 미국의 에버세이프(Eversafe)[178]는 디지털 감시 기능을 제공한다. 고령자의 자산관리와 금융 거래에서 이상 징후가 포착되면 알려준다. '지출 및 현금 사용의 변화, 휴면 카드 사용, 정기예금 누락, 의심스러운 공급업체' 등을 스마트 알림으로 알린다. '청구서 주기, 계좌 잔액, 및 주택 가치' 등 돈과 관련된 정보를 쉽게 파악할 수 있도록 돕는다. 또한 무

---

177)  OECD, Financial Consumer Protection and Aging Populations, 2020년

178)  https://www.eversafe.com/home-21/

한대의 모듈 생성기를 통해 높은 수준의 동적 보안 모듈을 생성한다. 매번 새로운 보안 모듈을 통해 주기적으로 보호 단계를 유지한다.

### 사례 2 **금융 학대**

경도인지장애 등과 같은 인지 고령화 현상은 노인이 금융사기에 노출될 위험성을 높인다. 미국은 제도적으로 금융계좌를 개설할 때 본인이 신뢰하는 '제3자(Trusted Contact Person)'에 대한 정보를 제공하는 규정[179]을 두고 있다. 영국도 '재산관리 대리제도(LPA ; Lasting Power of Attorney)'[180]를 통해 피후견인의 재산과 금융 관련 의사결정을 돕는다. 고령자를 위해 수탁재산 범위를 소극재산인 채무와 담보권 등으로 확대했다. 또한 치매 신탁 전문 신탁사의 진입 여건을 보완해 후견 신탁의 활성화를 꾀했다. 후견 신탁은 인지 상태가 양호할 때 금전을 신탁하면, 재산관리와 간병 비용 등까지 맡아준다. 피후견인은 법정대리인인 '전문 또는 친족 후견인'이 관리하는 계좌를 통해 신탁업자(증권사, 은행 등)로부터 정기금을 받는 구조다. 이러한 고령자를 위한 보호장치 속에서도 금융 학대는 여전히 발생할 수 있다.

영국 영화 '퍼펙트 케어(I Care a Lot, 2020)[181]'에서는 아예 1인 가구 고령자를 대상으로 금융 학대까지 이어지는 위험성을 잘 보여준다. 영화 속에서 은퇴자들의 건강과 재산을 관리하는 CEO 말라(Marla)는 '노인은 요양원으로, 집과 가구는 경매' 등으로 영혼까지 탈탈 터는 모습을 보여준다. 영화 속에서 말라는 금융사기와 확대를 통해 미국 전역에 걸쳐 가디언 그룹을 세운다. '부동산, 법률, 재활훈련, 의료, 제약, 요양원 체인'까지 갖춘다. 이러한 금융사기를 넘어선 학대는 영화 소재로까지 등장할 정도로 우리 곁에 가까이 다가오고 있다.

179) 송홍선, 인구구조 변화에 따른 고령친화적 금융서비스의 발전 방향, 2020년

180) 금융위원회, 고령 친화 금융환경 조성방안, 2020년

181) https://movie.daum.net/moviedb/main?movieId=144168

### 사례 3  비재무 서비스

　고령자의 재무적 관리를 넘어선 비재무 영역의 지원을 통해, 고객의 '웰니스(Wellness, 웰빙)와 안전도'를 높이는 모습이 늘고 있다. 미국 웰스파고(Wells Fargo)는 65세 이상 고액 자산가를 대상으로 'Elder Care Program'을 제공한다. 이 프로그램은 고령자의 '병원 예약, 간병인 서비스, 집안 심부름과 집수리' 등의 생활 서비스를 지원한다. 먼저 개인별로 신체적 의학적 심리적 요구 사항을 평가해 맞춤형 치료계획을 세운다. 종합적인 평가 후에는 자산관리와 함께 세금·보험·청구 납부도 돕는다. 나아가 비재무 서비스인 '의료문서, 위임장, 사전지시서, 유산/장례 계획 및 정리'까지도 작성을 돕는다. 미국 '유나이티드 헬스케어(United Healthcare)'는 '랠리(Rally) 플랫폼'을 통해 보험상품과 밀접하게 연동해 서비스를 제공한다. 랠리의 '웰니스(Wellness) 솔루션'은 '금연과 다이어트, 운동 코칭, 만성질환, 수면 습관, 정신 심리 건강' 등을 다룬다. '케어(Care) 솔루션'을 통해서는 '의료기관, 비용, 일정, 원격방문' 등의 서비스를 제공한다. 자체 보상(Reward) 프로그램을 통해 개개인의 '활동, 식습관, 정신건강, 치료' 등에서 목표를 달성하면 코인을 줘 동기를 부여한다.

### 사례 4  금융 전문가 교육

　금융 노년학(Financial Gerontology)[182]은 학문적 교육과 전문 교육을 모두 포괄하는 '다학문적 연구' 분야다. 노화와 인간 발달에 관한 연구와 금융 및 비즈니스 관련 연구를 통합하고, 특히 노화와 금융을 볼 수 있는 '인구 고령화, 개인 노화, 가족 고령화, 세대별 노화'에 주목한다. 미국에서는 노인학 연구자인 닐 커틀러(Neal Cutler)의 노인학에 대한 금융적 관점의 접목에서 시작되었다. 금융 서비스 산업 및 노인학 학술 분야의 전문가들이 핵심 과정과 선택 과목의 커리큘럼 초안을 작성했고, 이는 자격 과정인 RFG(Registered Financial Gerontology)'로 구체화 되었다. 교육과정은 '자산 범위 계획의 새로운 과학, 노화의 기본 과

---

182)  https://en.wikipedia.org/wiki/Financial_gerontology

정, 고령 고객 서비스, 장수 자금 조달, 가족 노령화, 노화된 네트워크, 장기 요양 솔루션, 재정 준비, 마케팅, 메디케어(Medicare)' 등이다.

필자는 2015년 서울대학교 노화고령사회연구소와 체계적인 은퇴 준비를 지원하기 위한 '은퇴설계전문가(CRP)'과정을 도입한 경험이 있다. 크게 은퇴 설계의 3대 핵심 영역인 '삶의 질, 건강, 재무'를 조합해 구성했다. 재무적인 은퇴 설계는 '연금, 은퇴금융상품, 주거, 상속 설계' 등이 중심이었다. 비재무적 은퇴 설계는 '고객 니드'에 기반한 접근을 시도했다. 건강 은퇴 설계는 '중대 질환, 근골격계질환, 치아 관리' 등을 서울대 의대 교수진을 중심으로 제공했다. 2022년에는 이러한 경험을 바탕으로 「시니어 레거시(Senior Legacy), 품격 있는 노년기를 위한 24가지 체크리스트」라는 도서를 중심으로 '재무, 비재무, 비즈니스' 측면의 주요 요소를 소개했다. 은퇴 설계가 중심인 기존의 금융교육에, 시니어의 삶을 이해하는 다양한 시각을 접목한 것이 금융 노년학이다. 금융 전문가는 스스로 가지는 장단점이 명확하다. 단점은 금융 전문가 자신이 경험한 세계를 바탕으로 고객과 소통하기 때문에 주로 발생한다. 비교적 고령화가 심하기 전에는 금융인은 건강한 고객을 대상으로 충분한 소통이 비교적 쉬웠다. 지금처럼 초고령화 사회를 앞두고는 고객의 상당수가 나이 들고 있다. 무엇보다 은퇴 후에도 예전보다 20~40년을 더 살아가는 풍경은 처음 겪는 일이다. 노인 당사자도 그런데 고객 서비스를 하는 금융 전문가는 더더욱 생소할 수 있다. 자산 측면에서 보더라도 고액 자산가의 무게 중심은 점차 고령인구로 옮겨가고 있다. 특히 다사 사회에서는 사망자가 출생자보다 많고, 상속 분쟁이 이혼 분쟁을 넘어서고 있다. 사전연명의료의향서 작성도 2백만 명을 넘어섰다. 주위를 둘러보면 연로하신 부모님들을 돌보는 이야기가 넘쳐난다. 고령일수록 인지장애 비중도 커 간다. 예전처럼 단편적이고 일반적인 시니어 고객의 이해만으로는 불충분하다. 마치 MZ세대가 '2년 나이 차이에서도 세대 차이를 느껴요'라는 소리는 고령자라고 아주 크게 다르지 않을 수 있다. 이미 세분화된 시니어 고객층이고, 각자의 삶의 경험치는 다양해지고 있다. 세대가 갖는 보편적인 경험은 있다손 치더라도, 세부적인 환경은 생각보다 크게 다를 수 있다. 이제야말로 '세밀한 금융 노년학에 관한 관심과 학습'이 제대로 필요한 시점이다.

신탁제도만 일례로 들더라도, 아직 법과 제도가 미비한 현실이다. 법과 제도만 부족한 것이 아니라, 관련 종사자도 모두 자신이 처한 처지에 따라 이해가 다르다. '법조인은 분쟁보다 크게 사업적인 수익이 적어, 금융인은 내부 인센티브나 수익구조가 불분명해, 사회복지기관은 수요를 연계할 방법을 몰라서' 등 이런저런 이유로 가야 할 길이 아직 멀다. 그럼에도 일본에서 보듯이 신탁을 전문으로 판매하는 자격제도도 다시 정비될 것이다. 신탁에 대한 수요는 해를 달리할수록 급증할 것이다. 고령자의 삶을 잘 이해하기 위한 '건강과 현금흐름' 외에도 늘어날 '시간'에 대한 준비와 학습 방법이 마땅치 않다. 은퇴 후 삶을 이전에 살아오던 대로 지속하려다 보니 시행착오가 계속된다. 급속히 변하는 현실 속에서 제대로 방향을 잡아야 한다. 금융인으로서 재무 외에도 폭넓게 '비재무' 솔루션을 제대로 소통하고 연결해 줄 금융 노년학 전문가에 대한 수요는 점점 커지고 있다.

# 창의적인 노년기

**내 인생 최초로 나이 듦을 경험하며 문화 예술 분야에서**
**어떻게 취미 여가 활동과 사회공헌활동을 통한 자아실현을 할 것인가?**

### 사례 1  지역미술관

고령인구 증가에 따라 지역사회를 더 노인 친화적으로 만들려는 노력이 이어지고 있다. 큰 틀에서 보면 '고령 친화 도시 · 커뮤니티(AFC ; Aging-Friendly Cities and Communities)'를 만들려는 노력이 대표적이다. 세계보건기구(WHO)는 2006년부터 '활기찬 노년과 정든 곳에서 나이 들어감'을 목표로 고령친화도시 국제네트워크(GNAFCC ; Global Network of Age-Friendly Cities & Communities) 프로젝트[183]를 추진해 오고 있다. 'WHO 고령친화도시 가이드[184]'는 '외부 환경 및 시설, 교통수단 편의성, 주거환경 안정성, 인적 자원의 활용, 여가 및 사회활동, 존중 및 사회통합, 의사소통 및 정보, 건강 및 지역 돌봄'의 8대 영역을 선정하고 있다.

이러한 노인 친화적 커뮤니티 조성은 문화 예술 분야에서도 예외는 아니다. 네덜란드의 반 고흐(Van Gogh) 미술관[185]은 미술관 네트워크를 운영한다. 이를 통해 노인층의 미술관 관람을 꾀한다. 예술작품에 관한 지식을 나누고, 체험과 피드백을 공유하는 활동을 제공하며, 예술인의 삶과 연관되는 특정 장소들과 연계해서 활동한다. 이를 통해 문화예술시설에 대한 접근성을 높인다. 자연스럽게 미술관과의 친밀함을 느끼는 이용자는 '유산'을 기부하기도 한다.

---

183)  https://afc.welfare.seoul.kr/afc/about/about.action

184)  https://afc.welfare.seoul.kr/afc/about/about.action

185)  https://www.vangoghmuseum.nl/en

반고흐 미술관은 지역미술관 네트워크 연계를 통해 노인의 '여가 및 사회활동과 함께 존중 및 사회통합'을 돕고 있다.

### 사례 2  두뇌 헬스클럽

최근 정신건강에 관한 관심이 높다. 이러한 관심은 '두뇌 헬스코치'와 같은 제론테크로 반영되고 있다. 미국 바이브런트 브레인스(Vibrant Brains)는 피트니스 센터에서 운동하듯이 두뇌 운동 훈련을 지원한다. 고객은 소프트웨어가 설치된 지점을 방문해 이용한다. 월정액을 내고 '두뇌 헬스클럽'에 참여해 전문 코치로부터 훈련받는다. 하루 최소 30분이며, 주 3~5회 실시한다. 훈련분석 결과를 제공하고, 다양한 오프라인 '기억 건강, 정신건강' 프로그램도 병행한다. 두뇌도 근육과 같다고 보고, 인지 능력도 정기적인 훈련이 필요함을 강조한다.

건강에 관한 관심은 시대를 막론하고 중요한 화두다. 예전에는 상대적으로 덜 강조되었으나, 지금은 정신건강이 건강에서 절반의 비중을 차지할 정도로 높다. 인지장애에 대해 높아지는 불안과 걱정도 한몫한다. 치매 현장 전문가들은 환자가 고립되지 않고 '열린 소통'이 이뤄져야 함을 강조한다. 상호 관계를 통한 뇌 자극과 뇌 운동도 이상적인 소통방식 중 하나일 것이다. 은퇴자에게 '두뇌 트레이닝'과 같은 정기적으로 방문하고 어울리며 소통할 장소는 중요하다. 마치 '제3의 장소(Third Place, The Great Good Place)[186]'와 같이 의미 있게 '갈 곳'이 있기 때문이다.

---

186)  https://www.yes24.com/Product/Goods/76594355

**복지 미용**

일본 '커트 크리에이트21'은 복지미용실로 불린다. 60세에 인생 2막을 준비하던 후지타 이와오씨가 개업한 점포로, 돈벌이 대신 다른 사람을 돕는 일을 하고 싶어 시작했다. 그는 노인 시설에서 노인들이 이·미용 서비스를 받고 기뻐하는 모습에서 착안했다. 사전에 미용 전문 교육을 받았고 요양조무사 경험도 거쳤다. 그 결과 '복지 미용'이라는 모델을 생각해냈다. 거동이 불편한 고령자에게 출장 미용도 병행했다.

국내에도 사진을 찍어주는 봉사를 하는 '바람봄[187]'이 있다. 빛으로 사람을 모으고 세상을 바라본다고 뜻이다. '베리어프리 무료 사진(Barrier Free Photo)'을 통해 공익활동 수행한다. 나종민 대표를 중심으로 크고 작은 어려움 속에서도 수년을 꾸준히 지속하고 있다. 신개념 여가와 일자리 모델에는 누군가의 사업 철학과 헌신이 필요함을 엿 볼 수 있다. 상대적으로 건강한 몸과 안정된 현금흐름을 갖춘 액티브 시니어들이 늘고 있다. 이들은 창직과 봉사의 자세로 '복지 미용'과 같은 새로운 영역을 하나둘 새롭게 선보일 것이다. 매슬로우(Maslow)가 말하는 욕구 5단계의 최상층인 자아실현(Self-Actualization Needs)의 단계를 '자기다움'의 방식으로 개척해 갈 것이다.

사례 4 **국립창조노화센터(NCCA ; National Center for Creative Aging)**

미국 국립창조적노화센터(NCAA)[188]는 창의적인 표현과 건강한 노화 사이의 중요한 관계에 대한 이해를 촉진하고자 설립되었다. 창의적인 노화에 대한 충분한 이해를 바탕으로 프로그램을 개발한다. 특히 인지 상실이 있는 노인을 지원하는 작업에 초점을 두고 있다. 창의적 노화는 '시각, 문학, 공연' 예술 워크숍을 통해 의미 있는 창의적 표현의 기회를 제공하려 고안되었다. 노화에 대한 제한적인 믿음에서 벗어나, 개인이 평생 계속해서 성장하고, 배우고, 지역사회에 기여하도록 돕겠다는 철학을 가지고 있다. 예술 참여가 노인에게 '신체적 정신적

---

187) http://baravom.co.kr/xe/

188) https://creativeagingresource.org/organization/national-center-for-creative-aging-ncca/

건강'의 다양한 이점이 있음을 강조한다. [189]

한 예로 교육 예술가인 안젤리크 린치(Angelique Lynch)는 테네시주 존슨 시립 도서관에서 2년에 걸쳐 15개의 창의적 노화 프로그램을 실험했다. 프로그램에는 '아프리카 카리브해 드럼 연주 및 창작 운동, 애팔래치아 음악, 창의적인 글쓰기, 조각, 사진'이 있다. [190] 또한 고등학생과 55세 이상의 성인이 참여한 '세대 간 프로그램'인 'Working Stories' [191]도 있다. '세대 간 프로그램'은 전통적으로 해 오던 노인이 스토리텔링이나 멘토링하고, 젊은이가 창작하던 역할을 뒤집어 진행했다. 나이 많은 학생들과 어린 학생들 모두 함께 참여해 스토리텔링 및 공연을 만들었다. 만드는 과정에서 모든 세대의 사람들이 함께 예술 형식을 탐구하고, 위험을 감수하고, 자신의 이야기를 공유하고, 대중 앞에서 동등한 역할을 했다.

미네소타 오페라는 'Voices of Opera'라는 프로그램도 있다. 이전의 청소년 중심의 프로그램에서 벗어나, 노인 고객을 예술 제작자로 참여하도록 했다. 오페라 기술을 '모든 연령층을 위한 오페라'로 만들었다. 노인들은 단지 수동적인 관객이 아닌, 활동적이고 활력 있는 예술 작품 창작자로 인식되었다. 이러한 창조적 노화 분야에 참여하는 조직 [192]은 '미국은퇴자협회(AARP), 미국박물관연맹(AAM), 미국도서관협회(ALA), 미국노화학회(ASA), 영국노인학학회(BSG) 및 다양한 문화예술기관' 등이 참여하고 있다.

K-컬처가 주목받는 지금 우리도 '문화 예술 활동을 통한 창조적 노화 지원' 프로그램이 있다. 한국문화예술교육진흥원을 중심으로 전국 각지에서 시니어를 위한 문화예술교육이 제공되고 있다. 필자도 수년간 시니어의 문화 예술 활동 현장 목소리를 듣고 관찰해 오고 있다. 문화 예술을 통한 창조적 나이 듦의 즐거움과 그 가능성은 참여자의 반응을 통해 분명히 확인할 수 있었다.

189) https://creativeagingresource.org/resource/impact-of-arts-participation-on-health-outcomes-for-older-adults/

190) https://creativeagingresource.org/resource/johnson-city-public-library/

191) https://creativeagingresource.org/resource/school-one/

192) https://creativeagingresource.org/organization/

# 4-2

# 전문가 전망

- ▶ 치매친화적, 1인 가구, 고독사
- ▶ 노년 투표층(Grey Voter)
- ▶ '시니어복지파이' 조리 준비할 올빼미
- ▶ 조부모경제(The Grandparent Economy)
- ▶ 사회적경제(사회연대경제)와 사회적경제 조직 간의 연대
- ▶ 롱런과 롱런(Long Run & Long Learn)
- ▶ '각자도생' vs '시민적 돌봄'
- ▶ 웰다잉세대(Well Dying Generation)

# 치매친화적, 1인 가구, 고독사

**조범훈**

— 치매이야기 대표, 대한치매협회 회장, 성남시지역사회보장협의체

## ■ 치매친화적

치매친화적이란 치매 환자를 이해하고 지지하며 포용하는 환경, 조직 또는 커뮤니티를 형성하는 것을 의미합니다. 이는 치매 환자가 의미 있고, 만족스러운 삶을 살 수 있도록 편의를 제공하며, 변화를 꾀하는 동시에 가족 등 간병인도 지원할 수 있도록 하는 것을 포함합니다. 치매 환자가 만족스러운 삶을 영위하고, 지역사회에 참여하며, 웰빙과 존엄성을 유지하는 데 필요한 지원을 받을 수 있는 자비롭고 포용적인 사회로 발전해야 합니다.

전 세계 많은 국가에서 인구고령화로 인한 인구통계학적 변화를 경험하고 있습니다. 고령화율과 더불어 치매 유병율도 증가할 것으로 예상되고, 이러한 인구통계학적 현실은 치매 관련 문제를 해결하고 치매친화적 사회에 대한 관심이 증대시킬 것입니다. 치매친화적인 이니셔티브(Initiative, 진취적인 계획)는 치매 환자의 존엄성, 권리, 복지를 강조하는 인도주의 및 윤리적 원칙에도 부합합니다.

의료 및 사회 서비스 부문은 치매 환자의 요구를 더 잘 충족시키기 위해 발전해 왔고, 인지 장애가 있는 노인을 위한 사람 중심의 케어와 지원의 중요성에 대한 인식이 높아지고 있습니다. 원격 의료 서비스부터 보조 기기 및 스마트 홈 솔루션에 이르기까지 기술은 시니어 비즈니스와 실버산업 발전의 잠재력을 가지고 있습니다. 지속적인 기술 발전은 치매친화적인 환경을 조성하는 혁신적인 방법으로 이어질 수 있습니다.

정부는 이미 정책 이니셔티브와 연구 및 서비스 자금 지원을 통해 치매친화적 관행을 장려

하기 위한 조치를 취하고 있고, 이러한 노력은 치매 유병률 증가에 대응해 계속 탄력을 받을 수 있습니다. 지역사회 기반 단체, 옹호 단체, 지역 커뮤니티는 치매친화적인 이니셔티브를 홍보하는 데 적극적으로 참여하고 있고, 풀뿌리 노력과 커뮤니티 참여는 이 분야에서 추진력을 유지하는 데 도움이 될 수 있습니다.

치매 환자와 가족들을 이해하고 배려하기 위한 치매파트너 및 파트너플러스 양성, 치매안심마을 운영, 치매극복을 위해 기업, 기관, 단체, 학교, 대학, 도서관 등 치매극복선도단체로 지정해 치매친화적 사회문화조성이 진행되고 있습니다. 또한 9월 21일은 치매극복의 날, 치매극복주간으로 지정해 치매친화적 사회를 만들기 위해 노력하고 있습니다. 이러한 노력으로는 치매 환자에 대한 인식 개선 및 교육, 공감과 이해, 접근성, 의사소통, 지원 서비스, 훈련 및 교육, 사회적 포용, 존엄성과 자율성 존중 등이 있습니다. 치매에 대한 인식 개선을 통해 낙인을 줄이고, 교육을 통해 사람들이 치매 환자가 직면한 어려움을 이해하도록 돕기 위함입니다. 치매 환자에 대한 공감과 이해를 통해 존중과 존엄하게 대하는 것이고, 질환을 넘어서 그 사람을 보는 것이 중요합니다.

물리적 공간, 대중교통, 공공시설 등 치매 환자가 접근하기 쉽고 안전하게 이용할 수 있도록 명확한 표지판, 조명이 밝은 공간 등으로 설계하는 배려가 필요합니다. 또한 치매 환자에 맞게 의사소통을 조정하는 것도 필요합니다. 명확하고 간단한 언어 사용, 시각적인 단서 제공, 상호작용 시 환자의 입장에서 인내심을 발휘하는 것 등이 필요합니다.

치매친화적 커뮤니티는 치매 환자와 간병인의 필요에 맞는 다양한 서비스를 제공해야 합니다. 종사자, 자원봉사자, 지역사회 구성은 치매 관리 및 지원에 대한 훈련과 교육을 받고, 이를 통해 적정한 도움과 이해를 제공합니다. 치매 환자가 지역사회 활동과 행사에 참여할 수 있는 기회를 만들어 사회통합을 이루고, 이를 통해 치매 환자들이 흔히 겪는 사회적 고립을 방지해야 합니다.

치매친화적인 사회는 치매에 대한 이해와 공감, 적절한 지원을 촉진함으로써 치매 노인의 삶을 지속적으로 크게 개선할 수 있습니다. 이는 낙인 감소, 사회 참여 증가, 맞춤형 케어 서비스에 대한 접근성 향상으로 이어질 수 있습니다. 전 세계 인구의 고령화가 지속됨에 따라 치매 케어 서비스에 대한 수요는 증가할 것입니다. 치매친화적인 이니셔티브는 인지 장애가 있는 노인의 고유한 요구에 대한 인식을 높여 전문 케어 서비스에 대한 수요를 높일 것입니다. 장기요양기관, 기억력 관리 시설ㆍ기술 제공업체와 같은 치매 케어 전문 비즈니스는 이러한 서비스에 대한 수요가 확대됨에 따라 성장 기회의 발판이 될 것이고, 투자자와 기업가들은 노인 케어 시장의 잠재력을 인식하고 치매 케어 솔루션 및 서비스 연구 개발에 대한 투자를 늘릴 것입니다. 전 세계적인 고령화 추세에 따라 치매 치료에 대한 모범 사례와 지식을 공유하고 국경을 넘어 표준화된 접근법을 홍보하는 등 노인 케어 분야에서 국제적인 협력의 기회가 될 것입니다.

## ■ 1인 가구

1인 가구는 '1인 거주 가구'라고도 하는데, 아파트, 주택, 콘도미니엄 등과 같은 주거지에서 한 사람만 거주하며 독립적으로 생활하는 가구 형태를 말합니다. 가구의 규모와 구성은 주택 수요, 사회적 지원 네트워크, 경제적 고려사항에 중요한 영향을 미칠 수 있는데, 1인 가구는 인구 통계의 변화, 도시화의 증가, 사회 규범의 변화, 다양한 라이프스타일 선택으로 인해 전 세계적으로 보편화되어 있습니다. 이는 결혼시기가 늦어지고, 미혼율 및 이혼율의 증가와 함께 사회가 고령화되면서 1인 가구의 비중이 높아지고 있습니다.

우리나라도 사회적 변화에 따라 1인 가구가 크게 증가하고 있습니다. 전통적으로 가족과 공동체 생활을 중시하는 사회였지만, 최근 몇 년 사이에 혼자 살기를 선택하는 인구가 늘고 있으며, '혼밥'이라는 새로운 문화도 나타났습니다.

일본은 세계에서 인구고령화가 가장 빠르게 진행되고 있는 국가 중 하나로, 노인인구가 증가함에 따라 1인 가구 역시 크게 증가하고 있습니다. 이러한 변화는 일본 사회에 큰 영향을 미치고 있습니다. 젊은 세대의 늦어지는 결혼 시기에 따라 출산율이 감소하고, 청년들이 가정을 꾸리기보다는 자신의 커리어나 포부를 중시하는 것 역시 1인 가구 증가에 기여하고 있습니다.

청년의 1인 가구보다는 노인의 1인 가구가 사회적으로 문제화되고 있습니다. 사별이나 이혼 또는 선호에 따른 독립적인 생활로 노인 1인 가구가 보편화될 것이고, 이들을 위한 지원 네트워크에 영향을 미칠 것입니다. 특히 노인의 사회적 고립과 외로움이 문제로, 신체적 또는 정신적 건강을 위한 사회적 참여와 지원 서비스가 더욱 강조됩니다.

노인 1인 가구의 건강유지를 위해 돌봄 서비스가 필수적이고, 재택간병서비스, 식사 배달, 일상생활 지원 등의 수요는 갈수록 증가할 것입니다. 또한 노인의 나이들어감에 따라 안전과 편의성을 위한 생활공간개조, 예를 들어 손잡이, 경사로, 스마트홈 기술 설치 등도 필요합니다.

사회적 고립을 해결하는 것도 중요한 문제입니다. 노인 센터나 사교 클럽, 교통 서비스 등 사회적 고립을 해결하고 참여를 유도하기 위한 프로그램과 활동의 다양화를 위한 개발이 역시 필요합니다. 그리고 발전된 기술을 통해 원격 의료 서비스, 원격 모니터링, 커뮤니케이션 도구 등 노인이 의료서비스 제공자나 사랑하는 사람과의 연락을 유지할 수 있도록 하는 것이 중요합니다. 연장선으로써 향후 요양시설에 대한 대비와 계획, 법적인 지원과 재정적 고려사항 등이 고려되어야 하며, 이를 위한 노인 케어 사업의 수요는 증가할 것입니다.


### ■ 고독사

'외로운 죽음'을 뜻하는 고독사는 홀로 살다가 쓸쓸하게 맞이하는 죽음을 말하는 것으로, 1인 가구가 사망하고, 몇 주 또는 몇 달 동안 장기간 발견되지 않는 상황과 관련이 있습니다. 개인이 정기적으로 안부를 확인하는 가까운 가족이나 친구가 없다거나, 사회적 고립으로 인해 사회적 교류가 없고, 커뮤니티 활동이나 이웃과의 연결이 없는 상황에서 사망한다면, 시신이 발견되지 않고 부패하는 상황이 발생합니다. 그래서 고독사는 대개 백골이 된 상태로 발견이 되며, 이는 사회적 문제로 대두되고 있습니다. 근래에는 원격근무나 재택근무가 늘어나고, 가족구조의 변화, 사회적 역학 관계의 지속적인 변화로 인해 사회적 관계가 약화되기에 관계를 강화시키는 것이 중요합니다.

노년층의 사회적 고립과 외로움을 해결하는 것이 고독사를 예방하는 중요한 방법이고, 사회적 교류 및 지원시스템의 강화가 필요합니다. 고립으로 인한 정신적 고통과 두려움은 노년층의 정신건강에 문제를 일으킬 수 있기에 노년층의 정신건강서비스 및 지원에 관심이 집중될 것입니다. 지역사회는 이들의 고립을 방지하고, 노인거주자의 복지를 보장하기 위한 프로그램과 서비스를 시작해야 하고, 노인센터, 자원봉사 프로그램, 사회참여 등이 진행되어야 합니다.

집에서 노후를 보내는 것을 선호하는 노년층이 증가하면서 재택간병서비스의 수요가 증가하고 있습니다. 재택간병서비스는 독거 노인에게 필수적이고, 동반자 관계를 제공하여 고립감을 줄일 수 있습니다. 노인케어산업에서는 이를 위해 모니터링 장치와 같은 발전된 기술의 이용이 증가할 것이고, 이런 장치들은 노인과 그 가족에게 안정감을 줄 것입니다.

2024년에도 사회적 고립, 외로움, 독거노인의 복지 문제를 해결하는 것은 정부, 지역사회, 노인케어 업계의 중요한 우선순위가 될 것입니다. 목표는 노인이 존엄하게 나이를 먹고, 필요한 지원을 받으며, 노후에 좋은 삶의 질을 누릴 수 있도록 하는 것입니다. 고립되고 눈에 띄지 않는 사망의 위험에 처한 개인을 식별하고 지원하기 위한 더 나은 사회적 지원시스템, 정신건강서비스, 지역사회 참여의 필요성을 포함하여 중요한 사회 및 공중 보건 문제가 강조됩니다.

# 노년 투표층(Grey Voter)

**정용재**

– 사회적경제 전문가, 커뮤니티 교육활동가, 중앙대학교 국제경영대학원 경영학 석사. 現 사단법인 시니어라이
프 시티즌리터러시 활동. 前 재단법인 희망제작소 소기업발전소장, 사단법인 소셜벤처파트너스 서울 이사장,
사단법인 도시마을 공동체 공동대표, 순천향대학교 교수

2024년 4.10 총선거, 1,200만 명이 넘는 60대 이상이 최다 유권자층을 형성할 것입니다. 이들 Grey Voter의 표심의 향방은?

Grey Voter(그레이 보터, 노년 투표층)는 총 유권자 중에서 60대 이상 연령층을 뜻하는 단어입니다. 거대한 인구집단으로 등장한 노년층은 그레이 보터로서 앞으로 다가올 대변혁의 중심에 서있다고 해도 과언이 아닙니다. 장차 노년층의 선택이 사회 전반에 걸친 모든 변화를 주도할 것이며, 새로운 트렌드를 만들어 갈 것입니다.

고령자들도 각자의 시대상황과 핵심 이슈의 영향을 받습니다. 예를 들어 한국전쟁을 겪은 세대는 아직도 이념논쟁에 대한 강한 호불호를 보이고, 경제부흥기를 경험한 세대는 배고픔과 산업역군으로서의 자부심에 대한 기억을 가집니다. 그리고 독재와 민주화를 경험한 세대인 베이비부머의 등장은 이전과는 또 다른 관심과 성향을 보입니다. 마치 MZ세대에서 "2년의 나이 차이가 세대 차이로 느껴진다."고 말하는 것과 마찬가지입니다. 예전에는 비슷한 경험을 가진 세대가 다수인 선거였다면, 앞으로는 새로운 경험과 가치를 가진 세대의 등장으로 이전과는 조금 다른 정치 성향을 나타낼 것입니다.

최근 60+ 기후행동이라는 사회단체를 통해 한국판 그레이 그린(Grey Green) 운동이 주도

되었고, 우리나라에서도 서서히 그레이 그린 운동이 시작되는 신호로 해석하고 있습니다. 점차 후세대를 위해 유산을 남기기 위한 활동이 늘어날 것이고, 미국의 조부모경제(Grandparents Economy)와 같이 손자녀에 대한 사랑의 표현은 더욱 강화될 것입니다. 마찬가지로 조부모의 돌봄으로 자란 손자녀가 정서적으로나 정치적으로 유사한 성향을 보이는 것이 최근 정책분석에도 조금씩 반영되고 있습니다. 투표수에 있어 무려 20%를 차지하게 된 노년층의 표심에 대해 선출직 공직자의 관심은 쏠릴 수밖에 없으며, 이는 점차 그레이 보터라는 신조어처럼 노년층이 선거에 지대한 영향을 끼치는 경향으로 점차 나타날 것으로 전망합니다.

# '시니어복지파이' 조리
# 준비할 올빼미

**이윤영**
– 한국언론연구소 소장, CJI 연구소 운영위원장, 국회의장배 대학생토론 심사위원

미국의 경제정책기조로 여러 말이 많은 한 해입니다. 미국에는 금리 인상의 경제정책 강경파인 매파, 금리 인하를 지지하는 비둘기파, 그리고 중립 입장을 취하는 올빼미파가 있습니다. 여러 파들 중에서 현재 미국은 매파의 정책기조를 취하고 있습니다. 아마도 2024년이 되어도 매파 정책기조를 유지하겠지만, 만약 경제정책기조의 변환점을 마련하기 위해서라면 올빼미파로 정책기조를 바꿀 가능성도 높습니다.

주식투자는 대체로 이동평균선 차트분석으로 주가의 향방을 예상합니다. 그러나 굵직한 사건이나 한 해 혹은 10년 주기의 금리정책 등을 무시하면 투자에 큰 낭패를 볼 수 있습니다. 주류경제학만 보더라도, 기존 사회 시스템을 유지하기 위한 '경제정책 기조와 흐름'은 대체로 10년 정도의 주기 순환 기간을 따릅니다. 호황과 불황 등을 겪어가는 상승과 하락의 주기 순환이 그것입니다. 때론 10년 주기가 15년 주기로 바뀌기도 하는데, 이는 지진이나 폭염, 코로나19 전염병 등 재난여파 규모에 따릅니다. 단지, 기간의 주기 폭만 변화될 뿐입니다. 주식시장뿐만 아니라 부동산도 이와 같은 정책기조를 따르고, 이런 순환을 흔히 '사이클'이라 부릅니다.

물가안정을 위한 금리 인상 등에 대한 매파의 정책 여파로 가정 경제의 파탄 등 인간의 본래 존재 모습이 흔들려 왔습니다. 미래의 먹거리를 찾지 못한 시니어의 경우, 생존의 위협과

외로움이 엄습해 왔고, 심지어 우울증도 한몫하면서 자살률이 급증했습니다.

이에 따라 2024년을 기점으로 비둘기파의 금리 인하에 대해 문제 제기할 것입니다. 한시적으로 지난 2017년처럼 중립적인 올빼미파 정책기조가 엿보일 듯싶습니다. 이때가 투자의 황금기로 시기는 2024년부터 2028년까지로 경제정책 주기 순환에 입각해봅니다. 이 시기에 주식이나 부동산 등의 투자거래가 활발해지고, 정부에서는 그동안 부족했던 세수를 확보할 수 있습니다.

세수를 확보한 정부는 복지에 증가된 예산을 배정할 수 있고, 생존마저 위협받던 고령층의 삶에 활기를 불어넣을 규모의 노인복지 예산도 기대합니다. 공적인 예산확보 기대감에 시니어 비즈니스에 긍정적인 신호탄 역할이 되는 것이고, 이로 인해 안정된 시니어 비즈니스의 '파이'가 형성될 여력이 생길 것으로 조심스레 전망합니다.

# 조부모경제
# (The Grandparent Economy)

**조한종**

‐ 서울시 강서50플러스센터장, 금융노년전문가(RFG ; Registered Financial Gerontologist), 동국대학교 교육서
 비스대학원 대우교수, 前 서울특별시 노인행복도시 노인정책 실행그룹 위원 등

고령선진국에서는 조부모의 경제(The Grandparent Economy)에 대한 관심이 높아지고 있습니다. 조부모경제는 손주를 위해 조부모들이 소비를 한다고 해서 '손주비즈니스'라고도 불립니다. 특별히 조부모들의 소비습관과 경제적 영향력에 대한 연구로 '그랜드페어런팅 (Grandparenting, 조부모와 손주가 함께 행동하는 것)'에 대해 주목하고 있습니다. 인구통계 분석가 피터 프랜시스(Peter Francese, American Demo graphics의 설립자)의 연구결과에 따르면, 미국 전체 자산의 약 75%를 차지하는 조부모들은 매년 약 81조(63.5billion 달러)를 손주를 위해서 지출하고 있습니다. 조부모들은 이전 세대보다 훨씬 젊고 수입과 자산도 상당합니다. 주목할 만한 사실은 많은 조부모가 손주들과 함께 혹은 위성가족(satellite family)으로 가까이 살고 있으며 음식, 의류, 여행, 엔터테인먼트, 교육 등에서 그랜드페어런팅이 이루어지고 있다는 것입니다.

그랜드페어런팅이 소비로 이어져 조부모경제의 한 단면을 볼 수 있는 사례가 바로 '조부모의 날(Grandparents Day)'입니다. 미국은 9월 둘째 주 일요일, 일본은 10월 셋째 주 일요일에 조부모의 날을 기념하고 있습니다. 조부모의 날은 원래 할아버지, 할머니에 대한 감사하는 날이지만 조부모, 자녀, 손주들이 서로 선물을 주고받고, 함께 쇼핑이나 외식도 하고 사랑을 표현하며 즐기는 이벤트입니다.

우리나라도 10월 '노인의 날', '경로의 달'을 특정세대를 위한 특정 기념일로 접근하기보다는 5월의 '어린이날', '어버이날', '부부의 날'과 더불어 시너지를 내는 가정의 달로 접근하는 지혜가 필요해 보입니다. 마치 빼빼로데이, 핼러윈데이, 추수감사절처럼 세대를 넘나들고 가족과 지역사회가 같이 즐기는 문화가 많아진다면 바로 그것이 우리에게도 가까이 다가온 조부모경제, 손주비즈니스의 사례, 인사이트일 것입니다.

# 사회적경제(사회연대경제)와
# 사회적경제 조직 간의 연대

**윤모린**

– 現 서울시협동조합지원센터 성장지원팀장, 한양대학교 공공정책대학원 겸임교수, 서울사이버대학교 휴먼서
비스대학원 겸임교수. 前 인하대학교 정책대학원 초빙교수, 잉쿱영어교육협동조합 이사장, 서울시교육청 시
민장학사

사회적경제(사회연대경제)는 사회구성원 간의 호혜와 연대를 통해 재화와 용역의 생산과 판매 과정에서 사회적 가치를 창출하는 모든 경제적 활동으로, 취약계층의 일자리 창출, 사회서비스의 개선, 지역공동체 상생 등 다양한 사회적 가치의 실현을 추구합니다. 지속적인 글로벌 경제위기와 국내 경기침체의 현시대에 국민의 사회·경제적 삶을 정부와 기업 중심의 시장에만 의존하는 것은 어느 때 보다 한계를 드러내고 있습니다. 특히, 취약계층의 삶을 돌보는 과제를 사회적경제 조직인 사회적기업, 협동조합, 마을기업, 자활기업, 소셜벤처 등의 연대를 통해 새로운 '연대'사업으로 창출하고 운영하는 것이 필요합니다.

한국은 초고령화사회에 접어들었습니다. 이는 60세 내지 65세 즈음에 은퇴하고도 25~30년 이상의 삶을 계획하고 꾸려 나가야 하는 시대를 의미합니다. 하지만 고령 인구의 증가와 함께 은퇴자(시니어)들의 새로운 삶과 연관된 시장이 주로 소비부문으로 빠르게 생겨나고 있습니다. 사회적경제 조직은 은퇴자들이 생산과 유통, 소비 전 분야에 걸쳐 그들의 소중한 역량(경험, 기술, 지식)을 사회적으로 공유하는 가운데 새로운 경제적 삶(일자리, 소득)과 사회적 보람(사회적 가치 창출)을 찾게 만드는 연대조직으로 기능할 수 있습니다. 은퇴자의 일자리를 만들고, 공공의 이익과 공동체의 발전에 기여하는 사회적경제는 인생 2막을 가치 있게

보낼 수 있는 하나의 방법입니다.

　2023년 4월 국제연합(UN)은 제77차 정기총회에서 '지속가능한 발전을 위한 사회연대경제 활성화(Promoting the Social Solidarity Economy for Sustainable Development)' 결의안을 채택했습니다. UN은 해당 결의안을 통해 사회연대경제가 지속가능한 사회·경제적 구조를 만드는 데 기여하고, 기존의 불평등을 해소하고 인권을 증진하는 등 지속가능발전목표(SDGs) 달성을 촉진한다고 표명했습니다. 양극화, 일자리 부족, 복지 사각지대의 문제, 기후위기, 초고령화사회 등 지구적이자 국내의 복합 위기 속에서 사회적경제의 활성화와 새로운 연대사업으로의 확장은 그 대안의 하나로 자리매김할 수 있습니다.

　저는 잉쿱사회적협동조합(前 잉쿱영어교육협동조합)에서 사업기획과 실행을 현장에서 담당(이사장)했었습니다. 잉쿱사회적협동조합은 '차별없는 꿈'을 핵심 목표로 소외계층 학생들의 영어교육을 중심으로 교육격차 해소를 위해 활동하고 있고, 40여 명의 영어강사 조합원으로 구성된 비영리 사회적협동조합입니다. 조합원 출자금, 기업 후원, 저렴한 시니어 교육을 통해 재원을 마련해 경력단절 여성강사들에게는 일자리를 제공하고, 소외계층 학생들에게는 무료로 영어교육을 가르치는 선순환 구조를 가지고 있습니다.

　풍부한 역량과 사회적 경험을 가진 은퇴자들이 은퇴 후 적극적으로 삶을 개척해 나갈 수 있도록 사회적경제 관련 정보에 쉽게 접근이 가능한 정보 플랫폼과 다양한 교육프로그램이 있어야 하며, 관련 사업과 활동 추진에 도움을 줄 수 있는 지원 조직과 예산이 보다 확충되어야 할 것입니다.

# 롱런과 롱런
# (Long Run & Long Learn)

**김재희**

– 現 제주연구원 고령사회연구센터 전문연구위원, 제주특별자치도 노인복지과 노인복지정책위원회, 제주특별
자치도 사회복지공동모금회 배분분과실행위원회, 제주 한라일보 칼럼 필진. 前 제주특별자치도청 정책기획
관 균형발전팀 연구원, 경기복지재단 정책연구실 초빙연구위원, 한국직업능력연구원 진로교육센터 연구원,
제주양로원 생활복지사, 석운노인전문요양원 요양보호사

롱런(Long Run)은 장기간에 걸쳐 오랜 시간 동안 흥행한다는 것을 의미합니다. 이 용어는 은퇴 이후에도 사회에서 물러나지 않고 현역으로서 지속적으로 활기차고 건강하게 자신의 삶을 살아간다는 의미로도 정의할 수 있습니다. 같은 발음이지만 뜻이 다른 롱런(Long Learn)은 살아가는 동안 지속적으로 꾸준하게 인생을 배우고 학습한다는 의미를 지닙니다. "롱런(Long Run) 하려면 롱런(Long Learn) 해야 한다."는 말이 회자 되듯이 100세 시대를 살고 있는 우리들에게 삶의 새로운 의미를 다시금 생각해보게 합니다. 즉, 삶은 은퇴 이후에 끝나는 것이 아니라 그동안의 인생 경험을 바탕으로 지속적으로 배움과 경험을 쌓고, 더더욱 활동적인 삶을 지속적으로 영위해 나아가는 과정인 것입니다.

2025년은 대한민국이 초고령사회에 진입할 것으로 예상하는 해입니다. 초고령사회 진입은 우리 사회를 주도적으로 이끌어가는 연령층이 본격적으로 노인세대로 변하게 되는 것을 뜻하기도 합니다. 앞으로 고령층이 보다 능동적이고 활동적인 사회구성원으로서의 참여하는 데에 사회적 관심이 더욱 주목될 것입니다. 다시 말해 은퇴 후 사회적으로 물러나지 않고 롱런이 가능한 다양한 방안들이 더욱 활발하게 논의가 될 것입니다.

우리나라는 2017년에 65세 이상 노인인구가 14%를 넘는 고령사회에 진입하면서 신노년, 액티브 시니어, 스마트 시니어, 올드, 뉴그레이 등의 용어들이 등장하며 이들이 향후 비즈니스 시장을 주도할 것이라는 논의가 꾸준히 있었습니다. 그러나 여전히 소비시장 트렌드의 중심은 청장년층에 집중되어 있고, 고령층은 빈곤하고 가난한 복지의 수요자로서 인식하는 등 새로운 시니어 산업에 대한 공감대가 크게 형성되지 않았습니다. 하지만, 이제 초고령사회를 앞둔 2024년에는 고령층의 새로운 사회적 역할이 더욱 주목될 것입니다. 특히, 낮은 출산율로 인한 소멸 위기에 대한 심각성이 활발하게 논의되고 있어 향후 소멸 위기에 대한 대안으로서 고령층이 주요한 생산가능인구로서 역할을 할 수 있는, 롱런하는 삶에 관심이 커질 것으로 생각합니다.

롱런(Long Run)하는 삶을 뒷받침하는 데에 일자리 분야를 최우선적으로 꼽습니다. 노인 분야 연구를 수행하는 과정에 지역의 어르신들을 만나면 가장 많이 듣는 이야기가 "계속 일을 하고 싶다.", "노인일자리를 늘려 달라." 등 일자리에 대한 요구입니다. 실제로 최근 통계청의 〈고령자 통계〉에서도 65~74세는 59.6%, 75~79세는 39.4%가 장래에 근로를 희망하는 것으로 나타나 노인들의 취업에 대한 욕구가 매우 높은 것을 확인할 수 있습니다.

롱런(Long Run)은 고령층이 경제활동, 즉 일자리에 지속적으로 참여하는 것과 밀접하게 관련되어 있습니다. 일자리에서의 롱런을 통해 경제적 어려움을 해소하고, 보다 건강하고 행복한 노년을 보낼 수 있다는 점에서 고령층의 삶의 질 향상에 긍정적인 영향을 미칠 수 있습니다. 이를 위하여 시니어 비즈니스에서 고령층이 지속적으로 일자리에 참여할 수 있는 환경을 조성하기 위한 노력이 필요합니다.

평생학습(교육) 분야인 롱런(Long Learn)은 고령층의 자기계발과 성장의 욕구가 점차 커져감에 따라 나날이 성장할 것입니다. 한 가지 예로 '시니어 유학'을 눈여겨보겠습니다. 일본은 1990년대 후반부터 시니어들을 대상으로 한 유학이 성행했고, 관광과 유학을 병합한 비즈니스 모델이 활발하게 운영되고 있습니다. 아쉽게도 코로나19로 중단되었으나, 다시 일상으로의 회복이 이루어지면서 재차 활성화될 가능성이 있습니다. 우리나라도 해외여행에 대한 수요와 함께 자기계발에 대한 욕구를 충족할 수 있는 시니어 유학이 성행할 것입니다. 그리고 우리 사회가 빠른 속도로 변화되고 있는 비대면 서비스와 디지털 기술에 적응하기 위해서 지속적인 학습과 성장이 더욱 필요합니다.

롱런(Long Learn)은 미래세대의 성장과 사회통합의 역할을 수행하는 것도 있습니다. 한국국학진흥원에서 운영하는 '아름다운 이야기할머니(실버이야기예술인)' 사업은 고령층을 대상으로 일정한 교육을 이수한 후 어린이집과 유치원 등에서 아이들에게 이야기를 들려줌으로써 세대 간 소통을 도모하기 위한 자원봉사활동입니다.

롱런(Long Learn)을 위하여 고령층이 관심 있어 할 교육콘텐츠를 다양하게 개발할 수 있고, 교육에 참여하는 것뿐만 아니라 교육자로 양성하는 기회도 확대할 수 있을 것입니다. 실제로 자기계발 열망이 강한 액티브 시니어들이 늘어나면서 이들을 위한 새로운 산업 분야가 더욱 활성화됨으로써 관련 산업 분야의 일자리 창출과 경제적 성장을 이룰 것으로 기대됩니다. 이는 시니어 개인들이 새로운 꿈을 꾸고 실행함으로써 보다 행복하고 질 높은 노년의 삶을 살아가는 데 도움이 될 것입니다.

# '각자도생' vs '시민적 돌봄'

**김혜준**

– 現 ㈜무한상상플러스 대표이사. 前 부천문화재단 대표이사, 영화진흥위원회 사무국장, 희망제작소 소기업발
  전소 사무국장

돌봄은 시민의 권리이자, 시민의 공통된 지위이고, 시민다움을 유지하고 발휘하는 것입니다. 시민적 돌봄을 위해 돌봄 문제가 시민 모두에게 해당하는 공통의 문제임을 확인하고 합의한 상태로 사회연대 기반의 돌봄 체계를 구축해야 합니다.

현실 정치가 공동체 구성원인 시민의 삶에 미치는 영향은 가히 절대적입니다. 합리적이고 정의로운 시민적 돌봄은 가족, 친밀한 공동체, 한 지역, 한 나라에서만이 아니라, 지구적 차원에서 돌봄이 순환하도록 보장하는 것입니다. 드러나는 수치나 숫자 위주로 상황을 보는 '솔루션 중심 사고'는 역설적이게 '각자도생'의 가치가 지배하는 젠더 부정의, 계급 부정의의 상황을 더 악화시키게 될 것입니다.

태국의 치앙마이 요양원에서 일하는 여성 폼은 유럽 스위스에서 온 알츠하이머 여성 환자를 돌봅니다. 이 환자는 스위스에 남편과 세 딸이 있고, 그들에게는 이 환자를 돌볼 시간과 능력이 충분하지 않다고 여겨 치앙마이로 보내 돌봄을 받게 하고 있습니다. 이 환자는 폼을 포함해 3명의 돌봄노동자로부터 24시간 돌봄을 받고 있습니다. 폼에게는 어린 딸이 있지만, 폼의 돌봄노동으로 인해 딸은 노모가 키우고 있습니다. 치앙마이에서 7시간 떨어진 집에 한 달에 한 번 가면, 딸은 엄마가 온 순간부터 울기 시작합니다. 오랜만에 온 엄마가 곧 떠나리라는 걸 알기에 만나는 순간부터 이별의 고통을 느끼는 것입니다.

인도네시아 자바섬에는 간병인으로 해외 취업을 원하는 여성들을 훈련시키는 학교가 있습

니다. 열악한 환경에서 숙식하면서 기저귀 케어 같은 돌봄 기술과 고용주를 응대하는 법을 배우고, 이들의 목적지는 대만이나 홍콩입니다. 현지 고용주들과는 영상으로 면접이 이루어지는데, 자주 등장하는 질문은 몸무게에 대한 것인데, 무거운 환자를 들어 올릴 만한 몸인지 미심쩍어서 묻습니다. 학교에서는 20대 초중반인 여성들에게 자꾸 몸집을 늘릴 것을 요구하지만, 예비 간병인들은 빈약한 식사를 하면서도 구직 요건을 충족할 만큼 살이 안 찐다고 걱정합니다. 해외에서 돈을 벌어서 송금해주길 기대하는 부모의 마음도 이들을 돌봄노동 이주로 유도하는 주요 동인 중 하나입니다.

통상의 권리 문법에 따르면 권리 주체 – 권리 내용 – 의무 주체 등으로 이루어진 삼각형이 그려집니다. 이때 권리 주체는 타인과 분리되고 구별된 개인, 소유자이거나 생산노동의 주체로서 자율적이고 독립적이며 합리적인 주체이고, 의무자는 일종의 계약 관계에서 상정된 상대방입니다. 돌봄권을 말할 때 이런 권리 문법을 적용하자면 문제가 많습니다. 권리 주체의 능력을 따지게 되고, 권리 내용은 특정 재화와 서비스로 국한되고, 의무자는 인과관계를 따져 책임을 추궁할 수 있는 존재로 한정되기 때문입니다. 돌봄권은 이런 문법을 바꾸려는 시도에서 출발합니다. 권리 내용은 특정 재화와 서비스가 아니라 돌봄 관계이고, 의무와 책임은 인과관계를 따진 법적 책임을 넘어서 돌봄의 가치와 윤리를 지탱하는 사회문화적, 정치적 책임을 포함합니다.

돌봄권은 인간 존재의 본질을 재확인하는 데서 출발해야 합니다. 돌봄을 주고받는 활동은 특정 취약자에 한정되지 않고, 보편적인 인간의 의존성에 근거하기에 돌봄 관계는 동등합니다.

※ 참고자료. 김영옥, 류은숙 지음(2022), 「돌봄과 인권」

# 웰다잉세대
# (Well Dying Generation)

**이양원**

– 서울대학교 법학학사, 제24회 사법고시 합격. 現 법무법인 부천종합법률사무소 대표변호사, 유언법제개선변
 호사모임 부회장

웰다잉(Well Dying)은 '사망시점' 개념이 아닌, '사망에 이르기까지의 기간' 개념입니다. 통상적인 은퇴 시기부터 사망에 이르기까지의 기간 동안 충만한 삶을 살고자 하는 거대한 인류 집단이 발생하고 있고, 이들을 웰다잉세대로 범주화하고자 합니다.

이제까지 고령화사회, 고령사회, 초고령사회 등 평균수명 연장의 추세를 단순히 노인인구의 증가로 파악했을 뿐 인구구조의 변동에 따른 패러다임의 변화로 인식하지 못한 것이 사실입니다. 은퇴 이후 100세까지 30~40년을 살게 될 엄청난 규모의 인구집단은 이전에는 존재하지 않았고, 이 집단은 21세기 이후 새롭게 출현한 '세대'이며, 이 세대가 공동으로 추구하는 삶을 '웰다잉'으로 명명한다면, '웰다잉세대'는 우리의 미래를 만들어가는 첫 세대가 될 것입니다.

웰다잉세대는 이전의 어느 세대도 겪어보지 못한 삶을 열어가는 첫 세대이므로 그 앞날은 불안과 혼란이 가득합니다. 하지만, 웰다잉세대는 살아온 삶의 지식과 경험 그리고 우리 사회의 부의 큰 부분을 가지고 있기에 이들의 여가와 노동에 관한 사회적, 경제적 관심이 높아질 것이고, 특히 심신이 건강하고 자력이 있는 이들의 여가나 투자를 돕는 산업이 성장할 것입니다. 또한 노인이나 고령자 집단이 아닌, 새로운 100세 시대를 열어가는 웰다잉세대 자체에 대한 관심과 연구가 깊어질 것입니다.

기존의 통상적인 은퇴 시기에 따라 은퇴를 한 이후에도 수십 년간 활발한 정신적, 육체적 활동을 하는 고령층의 수가 증가하고 있습니다. 수년 전부터 '액티브 시니어'라며 적극적으로 삶을 즐기는 60~70대가 나타났고, 그러한 활동이 개인의 수준을 넘어 같은 고령층에게 지식과 정보를 제공하는 강연이나 유튜버 등으로 활동하고 있습니다. 한편으로는, 이전이라면 은퇴하였을 자영업자, 중소기업인, 전문직 종사자 등이 60대, 70대 이후에도 상호작용을 통하여 현업에서 일하는 경우도 증가하고 있습니다.

　청소년세대의 삶에 관심을 가지듯 웰다잉세대의 삶에 더 많은 관심을 가져야 합니다. 우리 사회의 미래가 바로 웰다잉세대의 삶 속에 있기 때문입니다.

5

# 맺음글

# 5-1
# 시니어 트렌드 2024
# 작업 회고

    최근 들어 시니어 라이프와 비즈니스에 관한 관심이 급격히 늘고 있다. 초고령사회를 앞두고 예전보다 시장의 반응도 뜨겁다. 2023년 초에 여러 관련 전문가들과의 대화 속에서 "시니어 시장은 어떻게 될 것인가?"라는 화두로 긴 대화를 나눴다. 그리고 이러한 내용을 담은, 2024년을 예상할 수 있는 책을, 함께 고민하고 생각을 해봐야 할 내용을 담은 책을 집필해야겠다는 목표가 생겼다. 동시에 약 4년 전에 한국FPSB에서 출판했던 '시니어 마케팅 전문가' 과정의 반응이 높아졌다는 소식을 들었다. 초년도에 수백 명이 참여했는데 최근 만여 명 이상으로 수강자가 늘었다 한다. 확실히 고령층에 대한 관심이 높아지고 있다. 서점에 들러보니 이런저런 고령층 시장에 대한 트렌드 전망 서적이 있다. 특이한 점은 연재된 사례는 별로 없다는 점이다. 막연하게 초고령사회 관심이 높겠다는 판단이었겠지만, 여전히 긴 호흡이 필요한 일이다. 여러 전문가와 함께 이러한 내용을 서로의 생각을 나누면서 긴 호흡을 가지고 연재로 출간해서 시대를 읽고, 함께 고민하고, 방향을 찾아가야 한다는 목표도 생겼다. 당장이야 큰 흔적이 아니지만, 길게 보면 자리를 잡아갈 것이란 생각이 들었다. 김난도 교수의 '트렌드 코리아'는 2009년부터 2024년까지 매해 시장을 전망한다. 학계의 대학원생들과 시장 전문가의 참여로 체계적인 분석을 시도한다.

일반적으로 미래 트렌드 분석에는 '문헌조사, 전문가, 워크숍, 트렌드 분석, 설문조사, 오픈 서베이 및 패널 회의' 등 다양한 방식이 복합적으로 활용된다. 하지만 시장조사 전문가인 필자로서는 시니어 트렌드 2024를 연구함에 있어 새로운 접근방법의 필요함을 느꼈다. 컨설팅 과정을 보더라도 식견을 갖춘 전문가 심층 인터뷰는 상당히 중요한 비중을 차지한다. 요즘은 쉽게 구글링 등으로 검색되는 2차 자료도 큰 도움이 된다. 무엇보다 공공이나 민간기관에서 전문성 있게 제공하는 심층 보고서도 늘고 있다. 최근 한 바둑 대국에서 해설자가 한 말이 귀에 맴돈다. "프로 바둑기사에게 인공지능이 곁들여져서 여러 개의 선택지를 빠르게 줄 수 있다면, 가장 이상적인 해법을 얻을 수 있다."라는 말이다. 마치 ChatGPT도 정확한 질문(지시문)과 함께 전문가의 정성적인 해석이 곁들여질 때 더 정확한 정답을 얻듯이 말이다.

본서는 고령층의 삶에 기초하여, '글로벌 트렌드 – 비즈니스 트렌드 – 라이프 스타일'의 관점에서 접근했다. 집필진은 시장에서 이야기되는 핵심적인 키워드를 분야별로 다뤘다. 글로벌 트렌드는 노년학(Gerontology)를 공부한 조한종 저자가 그 흐름을 잡았다. 매년 글로벌 시각에서 주어지는 핵심 키워드와 트렌드를 가급적 객관적이며 종합적으로 제시했다. 비즈니스 트렌드는 한국보건사회진흥원의 고령친화산업 전망을 바탕으로 기초 키워드를 잡았다. 라이프 스타일은 20여 년 넘게 시니어 라이프를 연구하고 있는 집필진의 경험을 바탕으로 영역을 그려내었다.

기본적으로 놓치는 키워드가 없도록 설계한 후, 시장의 전문가들에게 기고문을 받았다. 고령층 관련 전반에서 왕성한 활동을 하는 분들을 중심으로 한두 개의 키워드를 소개받았다. 주요 질문으로는 "2024년 핵심 키워드는? 키워드의 정의는? 왜 그렇게 생각하는지? 키워드 관련 주요 사례는? 키워드가 미칠 임팩트(Impact, 영향력)는? 시니어 트렌드에 바라는 점은?" 과 같은 정형화된 질의서로 취합되었다. 취합된 원고를 전문 편집인이 간단히 각색해서 글에 담았다. 전문가 그룹으로 참여하신 분 중에는 시니어 영역에서 이미 저명하신 분들도 계시다. 또는 현장에서 실질적인 영향력을 끼치거나 진정성 있게 연구하는 분들을 모셨다. 몇 분은 기한 내 일정을 맞추지 못해 아쉽게도 모시지 못하기도 했다.

이 책은 구성상 크게 9개의 주제별 구성이 가능하다. 예를 들어 '시간 – 라이프 스타일 – 글로벌 트렌드'와 같은 식의 세분된 구성이 가능하다. 향후 업계의 구루(Guru, 전문가 또는 권위자)를 모셔 국제 세미나를 진행하고도 싶다. 아니면 분야별로 전문가 초청 세미나를 진행하고 싶다. 영상으로 구성해 이러닝(E-Leaning) 교재를 구성하고도 싶다. 이러한 일의 전제는 '독자들에게 이 책이 도움이 되어야 함'이 우선일 것이다. 첫 시작이라 여러 가지 개선해 갈 부분은 많다. 그럼에도 중요한 것은 "어떻게 하면 더 나은 시니어 라이프 비즈니스를 만들 수 있을까?"하는 질문에서 시작된 점이다. 이 책에 소개된 전문가들은 바쁜 일정 속에서도 그 '방향'에 대해 공감하고 글을 전달해 주셨다. '2025년 시니어 트렌드'로 지속되기를 소망하며, 더 많은 전문가와 시장 참여자들이 함께 지혜를 모아가는 플랫폼이 되길 바란다.

# 5-2
# NEXT 2025
# 시니어 트렌드제시

2024년 이후의 시니어 트렌드는 어떻게 변할 것인가? 시니어 트렌드 2024에서 몇 가지 눈에 띄는 방향성을 발견할 수 있었다. 물론 상당 부분은 현장에서 수년 동안 매해 1천여 명의 고령층을 만나 묻고 듣고 경험한 것들의 총합이 일부 반영된 부분이다. 다분히 집필진의 시각으로 구성된 방향이다. 다시 2025년 시니어 트렌드의 연구를 시작하면서, 우리의 방향에 대한 예측과 가정이 맞는지 확인해 가고자 한다. 당장은 아니겠지만, 수년 후에도 이 작업을 꾸준히 해 나가고 싶다. 여럿의 지혜가 모여 더 나은 방향과 더 세밀한 키워드와 구현 방향에 대해 논의할 수 있는 플랫폼의 시작이면 좋겠다.

앞서 2025년 시니어 트렌드 방향이 '양극화 가속화와 품격 있는 삶의 모색'이라고 조망했다. 고령층 삶의 관점에서 세부적으로 보면 양극화는 가속화될 것이다. 건강만 하더라도 80대 중반의 약 40%가 치매 환자이다. 고령인구의 증가는 치매 환자의 수를 증가시킬 것이고, 획기적인 치료제가 발견되지 않는다면, 점차 치매도 암처럼 함께 가는 질병으로 인식될 것이다. 치매 환자를 돌보는 사람에 관한 관심과 함께, 환경에 대한 배려도 증가할 것이다. 반면 건강수명을 훌쩍 넘겼음에도 여전히 왕성한 건강 상태를 보일 노인의 수가 늘 것이다. 주변에도 몸짱 노인은 물론, 다소 과격해 보이는 운동도 큰 부담 없이 즐기는 분들이 늘고 있다. 나이는 숫자에 불과함을 과시하며, 자기다운 삶의 새로운 길을 보이는 분들이 늘 것이다.

현금흐름 측면에서도 노후 파산처럼 괴로운 시기를 보낼 분들은 늘 것이다. 사회안전망은 더욱 촘촘하게 구축되어갈 것이지만, 늘어나는 노인 수 증가는 우려되는 부분이다. 코로나19처럼 예측하지 못한 위기에 처한 중장년 소상공인이 받을 타격은 크다. 아직 고령이라는 나이가 주는 한계가 큰 사회다. 그만큼 재무적 회복이 매우 어려워질 수 있다. 반면 안정적인 현금흐름과 줄어든 지출구조 속에서 유산을 남길 방안을 모색하는 분들 또한 늘 것이다.

시간활용에서도 액티브 시니어로서 새로운 인생 2막을 펼칠 기회가 늘고 있다. 마치 고3 수험생 시절을 마친 이들처럼, 새로운 대학 생활과 인턴 생활 등을 통해 길어진 삶을 설계하는 사례가 늘 것이다. 부동산 자산의 처리나 1인 가구를 둘러싼 유산을 정리하는 문제도 점차 늘 것이다. 상속과 관련된 소송이 이혼소송을 넘어선 사회에서는 자연스럽게 웰에이징(Well Aging)을 넘어선 웰다잉(Well Dying)에 대한 진지한 탐색이 시작될 것이다. 자기 결정권과 함께 '재산이나 의료적 연명치료'에 대한 새로운 방식을 학습하고 실천해 갈 것이다.

'라이프 스타일 - 비즈니스 트렌드 - 글로벌 트렌드' 관점에서도 '품격 있는 삶'에 대한 모색이 늘고 있다. 70대 중반 이후 더 절실하게 느끼는 '시간 부자'에 대한 인식은 일부 선도자를 중심으로 '창조적 노년'의 시도로 이어질 것이다. 지인 중 70대 고령을 바라봄에도 ChatGPT와 같은 신기술을 배워 가르치거나, 종이접기와 같이 소소해 보이는 취미를 30여 년 지속하며 명인의 경지에 이른 분들을 본다. 시간 부자가 가지는 장점을 창조적으로 승화시키는 것이다. 종이접기에 수학적 사고나 치매 예방과 결부하는 새로운 가능성이 늘 것이다.

실버산업전문가들은 최근 일본 박람회에 가보라고 제안한다. 필자도 수년 전에는 일본 박람회에 여러 번 참석했었지만, 그때는 별 특이점을 못 느꼈었다. 다만 그들의 진정성 있는 연구 자세에서 큰 격차를 느끼곤 했다. 예를 들어 시설에서 노인이 가장 오랜 시간을 보내는 '의자의 적정 높이'에 보이는 진정성이다. '어느 높이일 때 정말 편안할까?'에 대한 탐구의 깊이에 대한 기억이 생생하다. 그런데 지금은 돌봄 로봇의 수준이 예전보다 향상되었다는 전언이다. 꾸준히 개발해가는 그들의 자세를 볼 때, '정말 큰 진전도 가능하겠구나!'라는 생각이 든다. 점차 돌보는 사람을 돕는 기술이 발전되어 갈 것이다. 단지 보이기에만 그럴듯한 반려로봇이 아니라, '부모사랑효돌'처럼 진심으로 이용자 관점에서 접근하는 노력은 빛을 발할 것이다. 나이가 들며 이동 동선이 축소되지 않고, 시공간 소통과 교류를 도울 솔루션이 등장할 것이다. 돌봄도 격리와 고립이 아니라, 친환경 속에서 세대 소통의 방향을 모색할 것이다. 단순히 비용 합리적인 지역 통합 돌봄의 수준에서 나아가, 고령층이 원하는 주거환경에서 함께 어울리는 디지털을 포함한 시공간이 설계될 것이다. 신체기능 저하로 인한 고립과 외로움을 넘어설 연결된 소통과 이동(Mobility)을 도울 솔루션이 등장할 것이다.

무엇보다 '왜 살아가나?(Why Survive?)'와 같은 진지한 고령층 삶의 질문에 의미를 부여하는 '가치에 기초한 목적'이 다시 재조명될 것이다. 웰다잉 현장에서 전문가들의 이야기를 경청하다 보면, 공통적인 이야기가 있다. 바로 지혜로운 고령층은 '세상을 긍정적으로 해석하며, 나와 가족을 넘어선 이웃을 향한 봉사'를 지향한다는 점이다. 이는 나이가 들면서 '과거'나 '자신'에게 고립되는 방향과는 다르다. 과거의 향수를 즐기거나, 현재에서 세대 소통에 힘쓰며, 미래세대를 위한 유산을 남기는 방향이다. '아무리 건강했고, 재산이 많고, 경력이 화려했고, 취미가 많다'라고 하더라도 말이다. 마치 치매 환자가 보이는 공통적인 현상이 '시간, 공간, 사람'의 순서로 기억을 잃는다고 말을 들은 것이 기억난다. 과거에 갇히고, 어울리지 못하고 고립되며, 활동할 자원을 잃는 과정의 악순환 고리에 빠지는 과정이다.

시니어 트렌드 2025에서는 "양극화는 가속화될지언정, 품격 있는 삶에 대한 탐구와 시도가 늘 것이다."라는 자그만 희망을 엿보길 바란다. 이 책이 '더 나은' 시니어 라이프 비즈니스의 방향타가 되면 정말 좋겠다.

이 책이 퇴직이나 은퇴 후 삶에 대해 '호기심'을 가지고 이웃과 '어울리며' 나아가 '자기다움'을 만드는데 단서가 되길 진심으로 소망한다.

# 좋은 책을 만드는 길, 독자님과 함께 하겠습니다.

## 시니어 트렌드 2024

| | |
|---|---|
| 초 판 발 행 | 2024년 01월 05일 (인쇄 2023년 11월 30일) |
| 발 행 인 | 박영일 |
| 책 임 편 집 | 이해욱 |
| 저 자 | 최학희 |
| 편 집 진 행 | 박종옥 · 유형곤 |
| 표 지 디 자 인 | 김도연 |
| 편 집 디 자 인 | 임아람 · 윤준호 |
| 발 행 처 | 시대인 |
| 공 급 처 | (주)시대고시기획 |
| 출 판 등 록 | 제 10-1521호 |
| 주 소 | 서울시 마포구 큰우물로 75 [도화동 538 성지 B/D] 9F |
| 전 화 | 1600-3600 |
| 팩 스 | 02-701-8823 |
| 홈 페 이 지 | www.sdedu.co.kr |
| | |
| I S B N | 979-11-383-4820-1 (02190) |
| 정 가 | 18,000원 |

'시대인'은 종합교육그룹 '(주)시대고시기획 · 시대교육'의 단행본 브랜드입니다.

# 시니어 레거시

## 품격 있는 노년기를 위한 24가지 체크리스트

조한종, 김신혜, 최학희 저 | 144쪽 | 정가 16,000원

### 1,000만 노인시대 당신의 인생 후반전, 품격 있는 노년기는 준비되었습니까?

**노인 인구 1천만 시대가 눈앞에 닥쳤습니다.**

어떤 이는 이를 거대한 시니어비즈니스의 새로운 패러다임 전환 기회라고 하고, 어떤 이는 '다사 사회, 노인 빈곤, 고독사, 무의미한 연명시대 등'으로 우려를 나타내기도 합니다. 고령 선진국에서는 '빅 시프트(마크 프리드먼, Big Shift)'에서처럼, '100세 시대 중년 이후 인생의 재구성과 시니어 삶의 새로운 절정을 준비'하는 사례를 여럿 보여줍니다. 나아가 세대 지속성을 고려한 품격 있는 노년 이 남길 유산과 진정한 자아실현 단계의 삶을 보여주기도 합니다. 이러한 시대변화 속에서 시니어는 누구나 '건강자산, 시간자산, 재무자산 구축'이라는 중대한 숙제를 풀어야 합니다.

**품격 있는 삶의 조건을 제시합니다.**

'시니어 레거시, 품격 있는 노년기를 위한 24가지 체크리스트'는 노년의 삶이 재무에만 치우치지 않고 비재무 영역까지 아우르는 품격 있는 삶의 조건을 제시하기 위해 써졌습니다. 아직 우리에게는 먼 미래처럼 보이는 '재무적 나이 듦' 외에도 비재무적인 영역인 '사회적ㆍ소명적ㆍ영성적ㆍ지성적ㆍ감정적ㆍ육체적 나이 듦'의 24가지 구체적인 품격 있는 나이 듦의 갖추어야 할 조건들을 풀어 소개합니다. 고객의 자산관리 현장에서, 또 비재무적 삶의 구현에서, 나아가 더 나은 시니어 비즈니스 연구 현장에서 만난 세 명의 진지한 고민과 경험을 나누고자 합니다.

※ 도서의 구성 및 이미지는 변경될 수 있습니다.

# 추억의 나무 Q&A

## 나를 찾아 떠나는 인생 기록!

유태곤 저 | 212쪽 | 정가 9,000원

## 나를 찾아 떠나는 인생 기록!

### 추억을 떠올리게 하는 질문이 가득한 추억의 나무 Q&A

단어를 보면 드는 생각이나 느낌을 쓰면서 생각나무를 채워보세요.
단어와 연관된 질문에 답을 하면서 잊고 살았던 나만의 추억 속으로 떠나보세요.

### 나만의 생각나무를 만들어보자!

주제별로 다른 단어가 적힌 생각나무를 채워보세요. 생각나무에 적힌 단어를 보고 연관되는 단어나 생각, 느낌을 잎사귀에 적어 나만의
생각나무를 완성해 보세요. 나무를 채우다가 주어진 칸이 부족하면 여백에 새로 가지와 잎사귀를 그려서 작성하셔도 좋습니다.

### 질문에 답하면서 나만의 추억 속으로 떠나보자!

정해진 양식이나 틀이 없으니 자유롭게 생각나무에 적힌 단어와 연관된 질문에 대한 나만의 얘기를 적어보세요. 어린 시절, 청춘, 황혼
각 주제별로 다른 질문에 대한 답을 적으며 그동안 잊고 살았던 과거의 추억을 떠올려 보세요.